老年人沟通技巧

主　　编　马　荣　管晶晶
副 主 编　崔东艳　蒋铭萍
参　　编　俞　珺
行业专家　刘治宇

北京理工大学出版社
BEIJING INSTITUTE OF TECHNOLOGY PRESS

版权专有 侵权必究

图书在版编目(CIP)数据

老年人沟通技巧 / 马荣,管晶晶主编. -- 北京：北京理工大学出版社,2021.11
ISBN 978-7-5763-0641-5

Ⅰ. ①老… Ⅱ. ①马… ②管… Ⅲ. ①老年人 - 心理交往 - 中等专业学校 - 教材 Ⅳ. ①C912.11

中国版本图书馆CIP数据核字(2021)第219707号

出版发行 / 北京理工大学出版社有限责任公司	
社　　址 / 北京市海淀区中关村南大街5号	
邮　　编 / 100081	
电　　话 / (010) 68914775（总编室）	
（010) 82562903（教材售后服务热线）	
（010) 68944723（其他图书服务热线）	
网　　址 / http://www.bitpress.com.cn	
经　　销 / 全国各地新华书店	
印　　刷 / 定州市新华印刷有限公司	
开　　本 / 787毫米×1092毫米　1/16	
印　　张 / 12	责任编辑 / 李慧智
字　　数 / 275千字	文案编辑 / 李慧智
版　　次 / 2021年11月第1版　2021年11月第1次印刷	责任校对 / 周瑞红
定　　价 / 34.00元	责任印制 / 边心超

图书出现印装质量问题，请拨打售后服务热线，本社负责调换

前　言

"老年人沟通与技巧"是养老护理专业中职学生必修课之一。老年人沟通在老年护理中具有重大意义。沟通作为人类交往的重要方式，可以满足人类交往的精神需求，促进人类的身心健康，有助于建立良好的人际关系。老年人沟通是帮助老年人适应环境、适应社会的必要条件，具有心理保健功能。护理人员实现与老年人的良好沟通，既能保证老年人的安全感，又能增强与老年人之间的亲密感，与老年人达到行动上的协调一致，可以帮助老年人实现安度晚年的生活目标。

本书作为中职学校二年级老年照护专业学生第一学期的教学用书，梳理了老年人沟通概述、老年人语言沟通与非语言沟通技巧、特殊场景及情况下老年人沟通技巧等方面的知识，力求以丰富的护理案例、生动活泼的语言，向学生展现养老护理过程中沟通的魅力。本课程是对学生进行老年人沟通技巧方面的训练，其任务是帮助学生了解老年人沟通的基本要求，掌握老年人沟通的作用和基本规范，增强与老年人的沟通能力，提高与老年人沟通的技巧，培养学生的老年服务素养，引导学生树立正确的价值观，提高学生老年服务的专业技能。

本书在编写过程中得到了黑龙江省民政职业技术学校和南京市玄武中等专业学校两所院校教师的大力支持。黑龙江省民政职业技术学校马荣教师编写了项目一，崔东艳教师编写了项目二、三、四，南京市玄武中等专业学校管晶晶教师编写了项目五，蒋铭萍教师编写了项目六，俞珺教师编写了项目七。黑龙江省海员爱心护养院刘治宇行业专家提出的大量指导性意见，在此一并表示衷心的感谢。

由于编写时间有限，本教材中难免会出现偏颇和欠缺之处，恳请广大读者给予指正。

编　者

目　录

项目一　老年人沟通概述 ………………………………………………………… 1
　　任务一　探索老年人沟通的意义 …………………………………………… 3
　　任务二　掌握老年人沟通的概念与类型 …………………………………… 4
　　任务三　识别老年人沟通障碍 ……………………………………………… 8
　　任务四　了解沟通相关理论 ………………………………………………… 11
项目二　与老年人沟通前的准备 ………………………………………………… 16
　　任务一　沟通前老年人资料的准备 ………………………………………… 17
　　任务二　沟通前的沟通者准备 ……………………………………………… 23
　　任务三　沟通前的环境准备 ………………………………………………… 32
　　任务四　沟通提纲设计 ……………………………………………………… 35
项目三　与老年人沟通中的基本技巧训练 ……………………………………… 40
　　任务一　识别语言沟通与非语言沟通 ……………………………………… 41
　　任务二　了解与老年人语言沟通的特点 …………………………………… 45
　　任务三　掌握与老年人语言沟通的技巧 …………………………………… 50
　　任务四　了解与老年人非语言沟通的特点 ………………………………… 69
　　任务五　掌握与老年人非语言沟通的技巧 ………………………………… 71
项目四　与老年人沟通后的记录 ………………………………………………… 85
　　任务一　掌握沟通结束时的告别技巧 ……………………………………… 86
　　任务二　掌握填写沟通记录的技巧 ………………………………………… 89
　　任务三　了解沟通后的回访 ………………………………………………… 91
项目五　与家庭养老、居家养老老人的沟通 …………………………………… 93
　　任务一　认识家庭养老 ……………………………………………………… 96
　　任务二　掌握家庭养老服务沟通技巧 ……………………………………… 100

任务三 认识居家养老 ………………………………………………………… 109
  任务四 掌握居家养老服务沟通技巧 ………………………………………… 118
项目六 机构养老与沟通实务 …………………………………………………… 128
  任务一 认识机构养老 ………………………………………………………… 130
  任务二 了解机构养老老年人的心理特点 …………………………………… 132
  任务三 掌握与机构养老老年人沟通的技巧 ………………………………… 136
  任务四 机构养老老年人常见问题沟通实例 …………………………………… 138
项目七 特殊情景下老年人沟通训练 …………………………………………… 153
  任务一 掌握与安宁疗护老年人沟通的技巧 ………………………………… 155
  任务二 掌握与初期认知障碍老年人沟通的技巧 …………………………… 162
  任务三 掌握与多元文化老年人沟通的技巧 ………………………………… 172
  任务四 掌握与危机干预老年人沟通的技巧 ………………………………… 177
参考文献 ………………………………………………………………………………… 184

项目一 老年人沟通概述

【知识目标】

◇ 了解沟通相关理论。
◇ 理解沟通要素相互关系。
◇ 掌握沟通的概念和类型。

【能力目标】

◇ 分析要素关系、增强逻辑辨析能力。
◇ 通过实操训练,掌握假设–推演方法。
◇ 提炼各理论精华,提升材料分析能力。

【素质目标】

◇ 展示学生沟通技能,加深学生对老年人的情感。
◇ 促进学生之间、学生与家人间的沟通,培养学生的情商。

【思维导图】

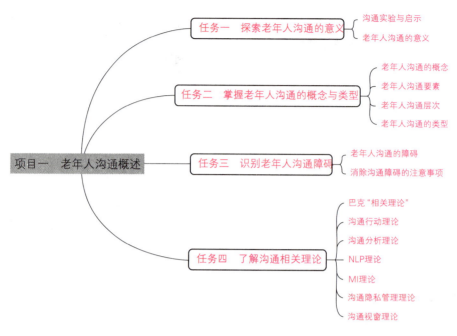

案例导入

王晓丽是A社区的一名社会工作者，从业已经三年。王社工平时负责社区里老年人的档案登记、老年人家庭拜访、老年人活动组织、老年人个案介入、老服务资源链接等工作，而这些工作都需要她与老年人进行沟通。有时与老年人沟通简单到一句问候或是一次点头微笑就可以完成，有时与老年人沟通复杂到几天甚至几年才能完成。王社工采取的沟通形式也多种多样，有时她会将多位老年人聚在一起，或是一起聊天，一起活动，或是她讲老年人听着；有时她又会单独找到某个老年人，促膝而谈；有时她会拿着社区的档案登记表逐一和老年人核对，并盖上社区的印章；有时她与老年人偶遇，寥寥数语就把事情解决了。据王社工说，在社区为老年人服务也不总是成功的，有时同样的沟通信息，有的老年人就无法准确接收，甚至会产生一些误会，需要及时反复沟通解决。

【思考】

都是与老年人沟通，为什么王社工用的方法、形式却不尽相同呢？寥寥数语和促膝而谈是否都能够达到沟通的目的呢？一对多人的沟通和一对一的沟通哪种沟通效果更好呢？沟通不成功产生误会时如何查找原因继续工作呢？

带着这些疑问，我们先来了解与老年人沟通的基础知识吧！

任务一 探索老年人沟通的意义

【知识目标】

◇ 了解沟通实验与启示。
◇ 掌握老年人沟通的意义。

【能力目标】

◇ 通过实验分析，提升思考能力。
◇ 通过实操训练，增加人际交往能力。

【素质目标】

◇ 培养学生树立良好的沟通观念。

一、沟通实验与启示

沟通实验：美国科学家曾经做过一个有趣的实验。实验内容是让志愿者在一个密闭的房间内居住，房间没有窗户，留有换气孔和一个随时汇报用的麦克风。志愿者在房间内没有任何书籍以及与外界沟通的媒介，只能在床上躺着，而且志愿者被蒙上了眼睛。志愿者可以随时说出自己的想法，也可以自言自语，但是不会有任何声音反馈给志愿者。科学家用很高的报酬招募到一些志愿者，而且志愿者在房间内停留的时间越长，得到的报酬也就越多。起初，志愿者们觉得这是一个很简单的实验，但是，在实验八小时后，大部分志愿者开始出现不同的负面情绪，有的自言自语，有的烦躁不安等。持续时间越久，志愿者的负面情绪越激烈，有的甚至出现了幻觉，称自己见到了上帝，不良的情绪也导致生理上的一些变化，有的志愿者会颤动、反应迟钝、行走困难等。实验结果让人出乎意料，即便科学家给出了巨大的经济诱惑，也几乎没有实验志愿者能挨过三天。

实验启示：人是社会性动物，沟通作为人类交往的重要方式，可以满足人类交往的精神需求，促进人类的身心健康，有助于建立协调的人际关系。在社会活动中，人与人之间需要进行沟通，人们之间的沟通是运用语言等人类所特有的符号系统和他人进行信息交流、情感沟通。人们只有通过相互的沟通，才能相互影响、相互了解，才能达到行动上的协调一致，实现共同的活动目标。

二、老年人沟通的意义

虽然老年人由于身份角色和身体情况逐步退出了社会生活，但沟通的需要不仅没有减少，反而增多。因此，老年人沟通在老年服务中具有重大意义，主要体现在两个方面：

一是老年人沟通是帮助老年人适应环境、适应社会的必要条件。沟通是人与人之间发生相互联系的最主要的形式。通过与老年人的良好沟通，可以帮助老年人了解他人及他人周围的许多情况，哪些是有利的，哪些是不利的，从而及时调整自己的行为，使自己的目标得以实现。同时，通过与其他人进行沟通以及了解他人对自己的态度和评价，可以使老年人更正确地了解和认识自己，提高自我意识水平，适应生活环境。

二是老年人沟通具有生理、心理保健功能，有助于老年人的生理健康，能有效帮助老年人舒缓不良情绪。与他人沟通是老年人最基本的社会需要之一，同时也是老年人赖以同外界保持联系的重要途径。服务者与老年人实现良好沟通，可以保证老年人的安全感，增强与老年人之间的亲密感，从而促进老年人身体的健康。如果沟通的需要得不到满足，就会影响老年人的身心健康。

案例：张爷爷退休前是事业单位的一把手，退休后由于家中子女无法照顾他，他只能自己独居在老房子里。一天，张爷爷突然手脚蜷缩，被紧急送到医院，但经过一系列检查并未发现张爷爷有任何器质性病变，可张爷爷的手脚却一直呈现蜷缩状，无法伸展。后经家属商量，将张爷爷送至养老机构进行照护。在养老机构的日子里，护理员和社工经常陪伴张爷爷，总是找他聊天，带他参加机构的老年人活动，张爷爷的手竟渐渐展开了。

知识链接

死囚放血实验

美国著名心理学家马丁·加拉德曾做过一个实验：一个死囚犯蒙着双眼，被绑在床上，身上被放上了各种探测体温、血压、心电、脑电的仪器。法官来到床边宣布对他执行死刑，牧师也祝福他的灵魂早日升入天堂。这时，他被告知将用放血的方法致死。随着法官的一声令下，早已准备好的一位助手走上前去，用一个小木片在他的手腕上划了一下，接着把事先准备好的一个水龙头打开，让它向床下一个铜盆中滴水，发出"叮咚"的声音。伴随着由快到慢的滴水节奏，死囚心里产生了极大的恐惧感，他感到自己的血正在一点点流失。各种探测仪器如实地把死囚的各种变化记录了下来：囚犯出现典型的"失血"症状；最后，那个死囚昏了过去。

——引自360问答

任务二
掌握老年人沟通的概念与类型

【知识目标】

◇ 了解老年人沟通的概念。

◇ 掌握老年人沟通的要素、层次、类型。

【能力目标】

◇ 通过实操训练，提升沟通能力。
◇ 分析不同沟通类型，增强辨析能力。

【素质目标】

◇ 培养学生对老年人的人本主义关怀。

一、老年人沟通的概念

老年人沟通是指个体或组织与老年人进行信息交流的过程，也就是服务者与老年人在共同活动中彼此交流各种观念、思想和感情的过程。老年人沟通是具有专业性和工作性的沟通，多渠道、范围广的沟通，需要运用多学科知识来进行，具有一定道德和法律意义的沟通，时刻以老年人为中心。这种交流主要通过言语、表情、手势、体态以及社会距离等来表示。老年人沟通的内容包括帮助老年人不良情绪的疏导，及时帮助老年人与其子女沟通，帮助解决老年人的其他问题，帮助老年人学会情绪自救等。

二、老年人沟通要素

沟通要素包括沟通主体（发送者）、沟通客体（接收者）、信息、信息渠道等基本要素。主体（发送者）即信息源与沟通发起者，这是沟通的起点。编码即组织信息，把信息、思想与情感等内容用相应的语言、文字、图形或其他非语言形式表达出来就构成了编码过程。信息通道即媒介、信息的传递载体。沟通除面谈外，还可借助电话、传真、电子邮件、手机短信等媒介传递信息。解码即译码，是接收者对所获取的信息（包括中性信息、思想与情感）的理解过程。客体（接收者）即信息接收者、信息达到的客体或信息受众。反馈是接收者对信息的理解和态度，接收者向发送者传送回去的反应即反馈[1]。例如，护理员小张说："李爷爷，今天您的午饭按营养师的要求增加了一个鸡蛋，您要好好补充营养呀！"在这里，小张是沟通的主体，李爷爷是沟通的客体，沟通的渠道是面对面，为李爷爷午餐加蛋补充营养是沟通的信息。

沟通要素之间相互联系，也可以相互转化。上述案例中李爷爷如果给出反馈，那么此时，李爷爷就成为沟通的主体，而护理员小张就是沟通的客体。

信息传递员

训练要求：

1. 时间控制：15分钟左右；

2. 场地：室内；
3. 所需道具：若干段随意选择的短文。

训练过程：
1. 按班级座位顺序，纵排为一组，注意人数相同；
2. 各小组用5分钟的时间进行准备；
3. 教师把短文告诉每组的最后一名成员，由最后一名成员依次向前面的成员传递，传递要求口耳相接，直到传递至最前面的一名成员；
4. 所有成员在整个训练过程中不能离开自己的位置、不允许说话、不允许回头、不允许传递任何物品、不允许发送手机短信；
5. 传递结束以后，请最前面的成员将获得的信息说出来；
6. 可进行多次比赛，传递的信息可多样化，信息传递正确的小组胜出。

训练分享：
1. 对照沟通要素，谈谈你是如何完成要素之间的转化的。
2. 有什么好的方法提高传递信息的准确率吗？

三、老年人沟通层次

老年人沟通一般分为五个层次（图1-1）。最底层是一般性沟通，这是建立下一步沟通的开始，多为礼节性沟通。比如："张爷爷早上好！"这种沟通没有实质性的内容，却是人际关系建立的基础。第二层是事务性沟通，是将已经或将要发生的事情表述清楚，不涉及个人感情、好恶、看法、评价。比如："王奶奶，今天10点我会带您去洗澡。"第三层是分享性沟通，是较高层次的沟通，即相互交流、分享个人的想法与判断。比如："李爷爷，您儿子给您买的新衣服真好看啊，颜色特别适合您。"第四层是情感性沟通，指某个人对某件事情不仅有看法，还会出现相应的情绪感受与反应。比如："张奶奶，看见您最近人都消瘦了，我很难过。"第五层是同理性沟通，是沟通中的最高层次，是指双方达到一致认同。比如："李奶奶，您的难过我感同身受，刚到机构来，一个人都不认识，担心和孤独是一定的。"

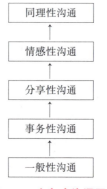

图1-1 老年人沟通层次

四、老年人沟通的类型

1. 语言沟通与非语言沟通

沟通中，语言沟通和非语言沟通是相互联系、相辅相成的关系。

语言沟通是指沟通者以语言符号的形式将信息发送给接收者的沟通行为，是以自然语言为沟通手段的信息交流，包括口头语言、书面语言、图片或者图形。

非语言沟通是指语言沟通之外的交流，即非语言符号系统进行的信息交流。包括形体语言（目光、表情、手势、动作）、空间距离、衣着打扮等。

2. 直接沟通与间接沟通

直接沟通是运用人类自身固有的手段，无须借助沟通媒介的沟通方式。直接沟通在老年沟通中最为常见，也是最有效的沟通方式。直接沟通能快速建立与老年人的关系，沟通者可以通过面对面给老年人感官印象，加深老年人对沟通者的印象。

间接沟通是除依靠传统的语言、文字外，还需信件、电话、电报、网络等媒介做中间联系的沟通。间接沟通随着现代社会科技的发展使用也比较广泛，比如老年人与外地子女的沟通多是间接沟通。一些间接沟通的方式也随着时间的推移而被淘汰，比如书信。

3. 正式沟通与非正式沟通

正式沟通是信息通过组织明文规定的渠道进行的传递和交流。正式沟通的沟通内容一般比较重要且需要留下沟通痕迹，沟通的记录一般具有固定的模式，比如老年人进入养老机构，需要签订入住合同，这种沟通属于正式沟通。

非正式沟通是在正式沟通渠道之外进行的信息传递和交流。比如服务人员对老年人的日常照护中的沟通属于非正式沟通。非正式沟通的弹性较大，传递速度比较快，获得的信息量也比较大，但是因为非正式沟通一般是口头的方式，没有记录或痕迹，很难形成证据，因此对于重要的信息还要选择正式沟通的方式。

4. 单向沟通与双向沟通

单向沟通指信息单向流动的沟通。在沟通时，沟通双方的地位不变，一方只发送信息，另一方只接收信息而不向对方反馈信息，如做报告、大型演讲等。单向沟通可以有效控制沟通时间，最高效率地传达所需表述的信息，如养老机构为老年人做养生讲座，除去互动提问的环节，大部分是单向沟通，快速让老年人掌握养生要点。但单向沟通也存在一些不足，信息是否能够准确传递给老年人、老年人能否掌握理解等都不确定。

双向沟通指信息双向流动的沟通。在沟通时，发送信息者与接收信息者之间的地位不断变换，信息沟通与信息反馈多次往复，如交谈、协商、谈判等。双向沟通是有互动和反馈的沟通，信息的传递者可以随时掌握接收者接收信息的状态，但比较耗时。

实操训练

画　图

训练要求：

1. 时间控制：15分钟；
2. 所需道具：纸、笔。

训练过程：

1. 给每位学生一张纸。
2. 选出一位指令发出者,教师将准备好的几何图形构成的画交给指令发出者,让其描述纸上的画,并由其他学生画在自己的纸上。要求指令发出者只能发出指令不可回答问题,其他学生不可发出任何声音。
3. 第二次换一幅新画,重复上述要求,唯一不同的是这次其他同学可以提问题。
4. 对比两次作画与提前准备的画的相似度。

训练分享：

1. 第一次作画和第二次作画有什么不同？
2. 为什么两次作画产生的准确率不同？

任务三　识别老年人沟通障碍

【知识目标】

◇ 了解老年人沟通过程中的障碍。
◇ 掌握消除沟通障碍的方法。

【能力目标】

◇ 通过讨论沟通障碍的处理方法,提升处理问题的能力。

【素质目标】

◇ 培养学生对问题处理的正确态度。

一、老年人沟通的障碍

老年人沟通的障碍主要有三种：接收障碍、理解障碍、接受障碍。

接收障碍，主要指由于环境、生理因素和接收者的态度、观念、需求、期待等因素影响而形成的沟通障碍。比如子女给老年人打电话，却因为电话的信号不好，导致听不清沟通的内容。

理解障碍，由于沟通双方文化、地位、能力的不同以及易引发分歧、混淆、威胁等意义的信息带来的语言和语义上的偏差而导致的沟通障碍。比如有些老年人不会说普通话，家乡话很难被照护员理解。

接受障碍，由于传递者和接收者之间的矛盾或意见分歧引起的沟通障碍。这是一种心理因素导致的沟通障碍，心理学上有一种"晕轮效应"，如果一个人不喜欢另一个人的某一个特点，就可能扩大这种特点，导致不喜欢整个人，自然也不愿接受这个人的任何沟通信息。比如张爷爷是一个作风严谨的退伍军人，他的照护员小李虽然是男生，但性格柔弱，这让张爷爷很不喜欢。一天，照护员小李说："张爷爷，我给您涂些护手霜吧，您手的皮肤有些干裂了。"张爷爷瞥了一眼说："涂什么涂，我又不是个女的！"

这三类障碍意味着一次沟通可能要面对传递者、接收者之间的地位、语义、感觉、文化差异、信息选择、环境和反馈的影响，也就意味着成功的沟通是不容易的，任何一个沟通要素的失误都会导致沟通的失败。

中国方言

中国方言是汉语的分支。中国地域广阔，汉语与少数民族语的方言众多。2000年10月31日颁布的《中华人民共和国国家通用语言文字法》确定汉语普通话为国家通用语言。汉族社会在发展过程中出现过程度不同的分化和统一，因而使汉语逐渐产生了方言。现代汉语有各种不同的方言，它们分布的区域很广。现代汉语各方言之间的差异表现在语音、词汇、语法各个方面，语音方面尤为突出。一些国内学者认为，多数方言和共同语之间在语音上都有一定的对应规律，词汇、语法方面也有许多相同之处，因此它们不是独立的语言。但是，国外学者认为，各方言区的人互相不能通话，因此它们是很独立的语言，尤其是闽语中的各方言。根据方言的特点，联系方言形成和发展的历史，以及方言调查的结果，可以对现代汉语的方言进行划分。当前，我国语言学界对现代汉语方言划分的意见还未完全一致，大多数人认为现代汉语有七大方言。我国人口较多、比较复杂，所以讲不同的方言分区处理分析。按照现代通俗的分法，现代汉语方言可分为七大方言区，即官话方言、吴方言、湘方言、客家方言、闽方言、粤方言、赣方言。

同时，在复杂的方言区内，有的还可以再分为若干个方言片（又称为次方言），如福州话、南昌话、广州话、长沙话等。

——引自360百科
(https://baike.so.com/doc/6424019-6637691.html)

二、消除沟通障碍的注意事项

首先,沟通者要明确沟通目的。沟通者必须清楚沟通的真正目的、动机是什么,需要对方理解什么,然后找到恰当的方式用简单易懂的方式表述给老年人。有时遇到特别喜欢沟通的老年人在沟通中侃侃而谈,导致沟通者忘了沟通的目的,跟着老年人的节奏偏离了沟通主题,导致沟通失败。

其次,沟通者要系统思考,充分准备。在进行沟通之前,信息发送者必须对需要传递的信息做系统、详尽的准备,并据此选择适宜的沟通渠道、最佳的信息传递时间。这些准备包括对老年人的情况、沟通的内容、沟通的方式、沟通的环境等方面的准备和沟通者自身的准备。

再次,要因人制宜。沟通者要充分考虑老年人的心理特征、知识背景等状况,站在老年人的立场上,运用老年人的思维架构去理解信息,以此调整自己的沟通方式、措辞或服饰仪态。此外,沟通者要保证需要沟通的信息已经被传送,且被老年人接收并翻译成自己想被了解的意思,沟通者还要注意非语言信息,通过关注老年人的非语言提示,全面理解对方的思想、感情。

最后,沟通者要消除不良情绪,提升职业道德。沟通者要保持良好的精神面貌与老年人进行沟通,过于兴奋、失望等情绪容易造成对信息的误解,也易造成过激反应。沟通者在接收信息时,要调整自己的心态,明确自己的角色位置,客观评价老年人。要接纳和尊重不同的老年人,不能因为老年人的一些特点而心存排斥。如一些老年人喜欢吸旱烟,手上和牙齿上都泛黄,身上也有浓浓的烟油味,沟通者沟通时因为不喜欢老年人吸烟,就用手捂着鼻子进行沟通,这是错误的,也违反了职业道德。

牧 羊 人

训练要求:

1. 时间控制:30分钟左右;
2. 场地:室外;
3. 所需道具:两根绳子(长绳子做边界,短绳子做羊圈)、若干眼罩、哨子。

训练过程:

1. 训练者分为两组,每组15人,各组选出一名组长,除组长外,组员均需要带上眼罩。
2. 这是一次特殊的紧急集合,起源于古希腊的军队,被称为牧羊人的训练,由指挥员(各组组长)扮演牧羊人、士兵(组员)扮演羊。在一个寒冷的黑夜,一场暴风雪突如其来,牧羊人必须用最短的时间将羊群赶进羊圈。
3. 由于天黑,每只羊都看不见羊圈,也看不见牧羊人。
4. 牧羊人与羊群之间沟通的工具只有牧羊人口中的哨子,双方都不能说话。

5. 羊圈的进口只允许一只羊进入（必须一只羊进入后另一只羊才能进入）。

6. 每个成员身体不可以相互接触，需单独进入羊圈。

7. 最早完成任务的组获胜。

训练分享：

1. 在活动过程中，小组成员遇到了哪些沟通障碍？

2. 小组成员是如何克服这些障碍的？还有没有更好的办法？

任务四　了解沟通相关理论

【知识目标】

◇ 了解沟通的相关理论内容。

【能力目标】

◇ 提升辨析不同理论的能力。

【素质目标】

◇ 树立正确对待百家争鸣的学术理论的意识。

一、巴克"相依理论"

巴克"相依理论"的核心认为，人们的交流互动，重点在于交流双方是否因为对方的存在而改变自己的主观立场。巴克将人的沟通分为四种情况：

第一种是假性相依沟通，是指交流双方按照自己制订的计划，根本不顾及对方的反应。这是一种最失败的沟通。比如，对牛弹琴、鸡同鸭讲，就是这样的沟通方式。在养老机构一些照护员在服务老年人时，老年人由于听力下降，丝毫没有接收到沟通者的信息，反馈的信息也南辕北辙。

第二种是非对称性相依沟通，是指双方交流中，有一方根据对方的言行调整了自己的交流方式，而作为矛盾的对立面，另一方却我行我素。比如，医生告诉患糖尿病的老年人要避免食用糖分较高的食品，但老年人并未接受，依旧不忌口，这说明医生与老年人的沟通是失败的。

第三种是反应性相依沟通，是指交流双方都将对方的行动作为依据，以此来确定自己下一步的行动方向，而那些原本计划好的事情则是完全失败的。比如，照护员计划当天给老年人洗澡,但老年人拒绝洗澡,通过沟通,双方各退一步,最后决定第二天进行洗澡服务。

第四种是彼此相依性沟通,是指交流双方既需要根据对方的态度来确定自己的言行,又需要根据自己的计划来行事。这是最成功的沟通方式。比如,社工小李想请张爷爷参加社区老年人运动会,但张爷爷没有想参加的项目,经过沟通后,社工小李为张爷爷调整了运动项目,张爷爷最终同意参加运动会。

二、沟通行动理论

沟通行动理论是哈贝马斯提出的理论。"沟通行动是人们之间的一种用语言进行沟通的行动。沟通的目的是行动者为了协调相互的行动而进行的,这种行动以语言为中介,通过相互沟通而达到。"沟通行动以语言为中介,因此要对语言进行分析。哈贝马斯提出了自己的普遍语用学。"普遍语用学的任务就是说明言语行为在什么情况下可以达到自己的目的,言语有效性基础是什么,揭示沟通行动得以顺利进行的条件是什么。"[2]

三、沟通分析理论

沟通分析是波纳提出的辅导理论中最核心的部分。波纳在对此部分的分析中指出:任何时候,一个人确认出另一个人出现之时,不管是口头语言的或身体语言的,沟通即已发生。沟通经常被定义为人们对话的一个单位,或者是两个人自我状态之间的刺激-反应的联结。从沟通分析的类别来看,主要有三种。第一种是互补型沟通,波纳认为这种沟通形态是"健康人际关系的自然顺序"的自我状态反应,这是一种回应刺激的同一层次的自我状态。如:"李爷爷,您看见药盒了吗?""看见了,在桌子上。"第二种是交叉型沟通。波纳认为这是一种破坏性对话,发生于一个人的自我状态反应,但这是一种回应非刺激来源的自我状态。如:"张奶奶,您能来参加晚上的活动吗?""你没看见我正忙着吗!"第三种是暧昧型沟通,即每个人以一个以上的自我状态放在沟通,基本上,可以说是不诚实的。表面上,两个人以前面两种沟通形态在对话,而实际上真正要传达的信息却未说明。如:"王爷爷,您能把药盒给我吗?""可以呀,那我今天不吃药了。"[3]

四、NLP 理论

NLP 是神经语言程序学的英文缩写。N 指的是神经系统,包括大脑和思维过程。L 是指语言,更准确点说,是指从感觉信号的输入到构成意思的过程。P 是指为产生某种后果而要执行的一套具体指令。它指我们思维上及行为上的习惯,就如同电脑中的程式,可以通过更新软件而改变[4]。

知识链接

NLP12 条前提假设

1. 没有两个人是一样的。
2. 一个人不能控制另外一个人。
3. 有效果比有道理更重要。
4. 只有由感官经验塑造出来的世界，没有绝对的真实世界。
5. 沟通的意义在于对方的回应。
6. 重复旧的做法，只会得到旧的结果。
7. 凡事必有至少三个解决方法。
8. 每一个人都选择给自己最佳利益的行为。
9. 每个人都已经具备使自己成功快乐的资源。
10. 在任何一个系统里，最灵活的部分便是最能影响大局的部分。
11. 没有挫败，只有回应信息。
12. 动机和情绪总不会错，只是行为没有效果而已。

——引自 360 百科
(https://baike.so.com/doc/5393272-5630206.html)

五、MI 理论

动机访谈（Motivational Interview）又称 MI 理论，就是通过帮助人找寻并挖掘改变自身行为的内在愿望，通过愿望与现实相对比，使人从内心的意愿出发，达到彻底改掉不良习惯的目的。动机访谈法有五个原则：表达共情心、创造差异、避免争辩、化解阻抗、支持自我效能感。其最大特点就是不采取逼迫以及评价人的方式，相反，在充分尊重被访谈者及其行为的基础上，使其真正认识到问题的严重性和由此带来的隐患，另外，通过帮助被访谈者预见美好的未来，使被访谈者从内心激发其自身的改变潜能，从而达到彻底改变行为的目的[5]。动机访谈理论在处理不良情绪的老年人沟通上效果显著，它充分体现了对老年人的尊重，通过启发老年人而促使老年人自主改变。如针对一些有心脏病、高血压、糖尿病、慢性阻塞性肺病、肥胖的不积极配合治疗的老年人，就可以使用动机访谈法。

六、沟通隐私管理理论

沟通隐私管理理论用可渗透、可伸缩的界限做比喻来区分隐私和公开之间的关系。根据该理论，这些界限的渗透性是变化的，从相对易渗透（如个体可通过此界限表露大量的隐私）到相对不易渗透性（如个体严格保密）。个体通过使用一种隐私管理原则系统来控制他们隐私界限的可渗透性。该系统由界限接近原则（如关于何时分享隐私的原则）和界限保护原则（如何时不分享隐私的原则）组成。根据沟通隐私管理理论，表露隐私后可能使人感到脆弱。因此，个体通过构建沟通隐私界限来控制表露隐私后可能带来的危险。人们权衡界限，在隐私和公开、距离和亲密、自主和独立之间寻找一种平衡[6]。通过该理论，沟通者在与老年人沟通时，要充分保护老年人的隐私（如家庭住址、疾病、经济状况等），不可将获得的沟通信息公开或换取经济利益，对于老年人表述的秘密要严格保守，但一些特殊情况如老年人有自杀或伤害他人行为时则应该以保护生命为前提，而非盲目保密。另外，沟通者适当和老年人沟通一些自己的"秘密"可以有效建立彼此的信任关系，如："张奶奶，我告诉你一个秘密，你可要帮我保密。我以前和您一样，超级爱吃甜的，体重最高达到180斤呢！结果阑尾炎手术都没人能搬得动我。所以呀，您也得少吃甜食，控制体重。"

七、沟通视窗理论

沟通视窗原理是由乔瑟夫和哈里提出的一种"自我意识的发现–反馈模型"。沟通视窗的信息分为四区间：

公开区：就是你知道，同时别人也知道的一些信息。在公开区的人善于交往、非常随和。这样的人容易赢得信任，容易进行合作性的沟通。因此，沟通者要尽可能扩展自己的公开区，要多说，多询问，询问别人对你的意见和反馈。

盲区：就是关于自己的某些缺点，自己意识不到，但是别人能够看到的缺点。在沟通中，沟通者要避免盲区。

隐藏区：就是关于你的某些信息，自己知道，但是别人不知道，如秘密等。如果一个人的隐藏区越大，那么关于他的信息就越少，这样的人不易获得信任。

未知区：就是关于你的某些信息，你自己不知道，别人也不知道。这就需要沟通者尽可能缩小自己的未知区，主动地通过别人了解自己。

实操训练

沟 通 视 窗

训练要求：
1. 时间控制：30分钟左右；
2. 场地：室内；
3. 所需道具：纸、笔。

训练过程：
1. 将纸对折两次，纸上出现由折痕分出的四个部分；
2. 第一个部分写出自己对自己的评价；
3. 第二个部分让同桌写出对你的评价；
4. 对比同桌的评价，找出自己对自己的不同的评价写在第三个部分；

5. 探索自己的其他潜能写在第四部分。

训练分享：

在你的所有信息中，哪个区域的信息比例最大？并据此制订一个改进计划。

沟通视窗	自我推测	改进计划
公开区		
盲区		
隐藏区		
未知区		

【引用文献】

[1] 黄昕. 浅析沟通过程模式 [J]. 全国商情·理论研究，2013（11）.

[2] 祝雄林. 哈贝马斯的沟通行动理论研究 [J]. 传承（学术理论版），2012（6）.

[3] 沟通分析理论 [EB/OL]. http://baike.baidu.com/view/3210844.html.

[4] 高静. NLP技术在临床心理护理会诊中的应用初探 [J]. 心理医生，2016（7）.

[5] 曾垂峰. 动机式晤谈法在禁毒帮教服务中的运用 [J]. 中国社会工作，2019（6）.

[6] 自我表露 [EB/OL]. https://baike.so.com/doc/4995743-5219857.html.

项目二　与老年人沟通前的准备

【知识目标】

◇ 了解收集老年人资料的方法。
◇ 认知老年人沟通的安全事项。
◇ 掌握老年人沟通前的准备内容。

【能力目标】

◇ 提高收集资料的方法技能。
◇ 增强安全风险防控意识。
◇ 提升沟通方案撰写能力。

【素质目标】

◇ 提升风险防控意识，树立科学敬老、爱老观念。
◇ 反思沟通的原则，自主更新老年人沟通技巧。
◇ 训练撰写提纲的能力，养成分析判断能力和逻辑思维能力。

【思维导图】

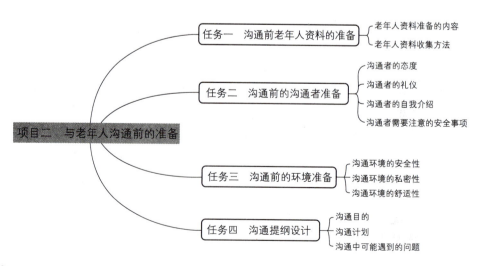

案例导入

小李是刚入职某养老机构的护理员,护理主管让小李准备一下,上午9点会带着小李认识一下他将负责的半自理区的5位老人。小李觉得没什么需要准备的,到了9点,他穿着运动服找到了护理主管,主管问他是否对5位老人有了初步了解,小李说一会儿见到就顺便了解了。主管拒绝将他介绍给老年人。

【思考】

为什么护理主管觉得小李并没有准备好?与老年人沟通前需要准备什么?带着这些疑问,开始学习与老年人沟通前的准备内容吧!

任务一 沟通前老年人资料的准备

【知识目标】

◇ 熟知沟通前老年人资料准备的内容。
◇ 掌握老年人信息收集的方法。

【能力目标】

◇ 提升信息收集、分析的能力。

【素质目标】

◇ 培养学生未雨绸缪的做事习惯。

一、老年人资料准备的内容

在与老年人沟通前,沟通者首先要掌握好老年人的基础信息和"特殊"信息,这既能为建立良好沟通关系奠定基础,又有利于有效规避沟通中的安全风险。沟通前需要掌握的老年人的资料内容大致分为两部分:一部分是基础资料,以常规信息为主,如姓名、性别,帮助沟通者快速了解老年人;另一部分是"特殊"信息,以个体化的需求或问题为主,如张奶奶常年患有糖尿病,沟通者在沟通中就要针对张奶奶的糖尿病设计个性化沟通方案,不能用常规的水果赠送法来建立沟通关系。

(一)老年人的基本信息

老年人的基本信息可以快速帮助沟通者了解老年人,也可以帮助沟通者从信息中推断出老年人的一些情况。这些信息包括姓名、性别、出生日期、身份证号、民族、文化程度、宗教信仰、婚姻状况、子女情况、居住情况等。沟通者在沟通中,要根据老年人个人资料的不同，而设计、选择沟通技巧，并规避一些沟通禁忌。例如，崔爷爷是文盲，沟通者可以通过老年人的文化程度，选择适当的询问方式，对于崔爷爷，用直接询问的方式更合适，也可从文化程度推断出崔爷爷儿时经济情况不理想，可能居住在农村等。例如，李奶奶刚刚丧偶，信仰伊斯兰教，回族，沟通者在沟通前就要根据这些个人信息，先掌握宗教、民族中的禁忌和礼仪，如在伊斯兰教中见到长者要直立敬礼。再者，通常和老年人沟通时通过聊家常来建立沟通关系，但若不掌握李奶奶丧偶的情况，贸然询问其配偶情况，可能会导致沟通的失败。老年人的基本信息见表2-1。

表2-1　老年人的基本信息

姓名	
性别	1□男　2□女
出生日期	年　　月　　日
身份证号	
民族	1□汉族　2□少数民族_____
文化程度	1□文盲　2□小学　3□初中　4□高中/技校/中专　5□大学专科及以上　6□不详
宗教信仰	1□无　2□有_____
婚姻状况	1□未婚　2□已婚　3□丧偶　4□离异　5□未说明的婚姻状况
子女情况	

（二）老年人的特殊信息

1. 老年人的身体、心理资料

老年人的身体、心理资料包括意识水平（神志是否清醒，有无嗜睡、昏睡、昏迷情况）、视力、听力、沟通交流能力、感知觉、社会交往能力、时间、空间定向能力、疾病诊断情况（身体疾病、精神疾病、心理疾病、认知障碍、遗传病、传染病）等（表2-2）。沟通者要特别注意老年人是否有行走障碍、大小便控制障碍，是否近期出现过跌倒、自杀、走失等情况，是否存在攻击行为、抑郁症状或认知功能障碍。掌握老年人的身心情况可以有效提高沟通的效率，也能有效规避很多沟通中的安全风险。比如，很多老年人的视力和听力随着年龄的增加而有所下降，沟通者要根据资料而决定是否检查老年人有无佩戴老花镜或近视镜、助听器的情况，以减少沟通的障碍。例如，王爷爷，患有阿尔茨海默病三年，近三个月发生过两次走失，此时，沟通者如按照常规程序将沟通的时间、地点告知王爷爷，而不采取保障措施，很可能导致王爷爷的再次走失，产生风险。

表2-2　老年人特殊信息

意识状态：□清醒　□模糊　□嗜睡　□昏迷　□其他_____
视力：□正常　□视力减退　□失明　□无法判断或其他_____
听力：□正常　□听力减退　□失聪　□无法判断或其他_____
营养状况：□肥胖　□中等　□消瘦　□营养不良　□其他_____
睡眠状况：□正常　□紊乱（黑白颠倒）　□失眠　□需要用药

续表

呼吸：□平稳 □急促 □喘憋 □其他_____	表情：□自然 □淡漠 □痛苦
理解能力：□完全理解 □部分理解 □无法理解	表达能力：□清晰 □含糊 □不能表达
性格：□乐观 □依赖 □消极 □孤僻 □其他_____	情绪：□稳定 □易激动 □焦虑 □抑郁 □恐惧 □呆滞 □其他_____
行走活动能力：□自如 □缓慢 □行走障碍 □使用助行器 □坐轮椅 □其他_____	
大小便控制情况：□正常 □频繁 □失禁 □困难 □其他_____	
家庭关系：□和睦 □冷淡 □紧张 □其他_____	
近1~3个月内意外事件：□走失 □跌倒 □自杀 □伤害他人 □其他_____ 出现频次_____	
疾病史：□无 □有_____	
其他需要描述或提示事项：	

知识链接

1. **黄昏心理**：因为丧偶、子女离家工作、自身年老体弱或罹患疾病，感到生活失去乐趣，对未来丧失信心，甚至对生活前景感到悲观等，对任何人和事都怀有一种消极、否定的灰色心理。

2. **自卑心理**：由于退休后经济收入减少，社会地位下降，感到不再受人尊敬和重视，而产生失落感和自卑心理，可表现为发牢骚、埋怨，指责子女或过去的同事和下属，或是自暴自弃。

3. **无价值感**：对退休后的无所事事不能适应，认为自己成了家庭和社会的累赘，失去存在的价值，对自己评价过低。

4. **不安全感**：有些老年人对外界社会反感，有偏见，从而封闭自己，很少与人交流，同时，也产生孤独无助的感觉，变得恐惧外面的世界。

5. **老年性精神障碍**：有些老年人，如果缺少规律的生活，又很少参加群体活动，或是家庭中夫妻关系、亲子关系不和，生活没有愉悦感，就可能诱发各种精神障碍，如神经衰弱、焦虑症、抑郁症、疑病症、恐惧症、强迫症、癔症等。总的看来，老年期的精神障碍发病率略高于其他年龄段。

6. **老年性精神病**：近年来，老年性精神病发病率也有增加的趋势，常见的有：老年性情感性精神病、老年性痴呆、老年性精神分裂症、由于某些慢性疾病引起的大脑衰退和心理变态等。

——引自寻医问药

(http://www.xywy.com/laoren/xlys/201111/24-747145.html)

2. 老年人所处社会环境资料

老年人所处社会环境资料包括老年人的成长背景、学习、工作、生活环境、经济情况、家庭关系、社会关系、家属的联系方式等。了解老年人的社会环境资料，可以帮助沟通者找到老年人感兴趣的话题，迅速建立良好的沟通关系，也可以帮助沟通者在沟通中出现问题时（尤其是治疗性沟通），找到转折契机话题。例如，李奶奶，患有认知障碍，每天下午五点左右都要到楼门外的小草坪转悠，询问多次她也不肯说是因为什么，甚至天气恶劣时，她也保持这一习惯。后经了解，李奶奶住楼房前一直在农村平房居住，她常年在院子里养鸡，傍晚总要赶小鸡回笼子。因此，沟通者了解这一情况后，天气不好时，就会告诉李奶奶，小鸡已经回笼子了，并且给她看手机里提前拍好的小鸡在笼子里的照片。

认识新的你

训练要求：

1. 时间控制：20 分钟；
2. 场地：室内；
3. 所需道具：每人准备一张写有自己设定人物特点的卡片，贴纸一式两份。

训练过程：

1. 训练者交上自己准备的卡片，卡片打乱混放；
2. 贴纸分别粘到训练者身上，拥有相同贴纸的为一组，互相介绍；
3. 训练者用 5 分钟时间互相认识新身份后，要尽量认识更多的人；
4. 15 分钟后，训练者介绍自己认识的新朋友及其特点。

训练分享：

1. 可以通过什么方法记住初次见面的人？
2. 除卡片上写的之外，你还了解到沟通对象的其他什么特征？

二、老年人资料收集方法

（一）询问法

询问法就是面对面直接向老年人或老年人的家庭成员、老同事、照护人员、邻居、所在社区的工作人员咨询所需的资料，这是一种基本方法。常用的方法包括口头询问法和书面询问法。

1. 口头询问法

口头询问法可以是一对一的询问，也可以是一对多的询问，沟通者将想要了解的老年人资料提前整理成提纲，再逐一进行提问，最后将获得的信息进行总结。这种方法适合一些沟通能力和社会参与能力较好的老年人，沟通者要注意询问的时间不宜过长、询问的方式要尽量简单。例如，沟通者想获得老年人的家庭结构，可以通过询问"张奶奶，您家里都有什么人啊？""您儿子长得真帅，孙子一定也很好看吧？"等方法直接或间接得到家庭人员信息。对于一些沟通能力和社会参与能力较弱的老年人，在无法获得必要信息的情况下，沟通者可以通过一些投射技术来获得想要了解的老年人资料。例如，张爷爷入住养老机构一年了，除刚入院时儿子来过一次，之后就再未露面，张爷爷也闭口不提。沟通者请张爷爷和自己玩打电话游戏，自己扮演张爷爷的儿子，通过模拟"孝顺儿子""工作繁忙的儿子""有隔阂的儿子"等不同情况了解张爷爷与儿子的关系情况。

> **知识链接**
>
> 角色扮演（Role-playing）是一种情景模拟活动。所谓情景模拟，就是指根据被试者可能担任的职务，编制一套与该职务实际工作内容相似的测试项目，将被试者安排在模拟的、逼真的工作环境中，要求被试者处理可能出现的各种问题，用多种方法来测评其心理素质、潜在能力的一系列方法。情景模拟假设解决方法往往有一种以上，其中角色扮演法是情景模拟活动中应用比较广泛的一种方法，其测评主要是针对被试者明显的行为以及实际的操作，另外还包括两个以上的人之间相互影响的作用。
>
> ——引自 360 百科
> （https://baike.so.com/doc/5406980-5644868.html）

2. 书面询问法

针对有一定文化基础的老年人使用的方法。这种方法较口头询问法更便于整理，针对性更强，有利于节省询问时间。问卷调查法是最基础的方法，尤其针对数量较多的老年人更为适用。沟通者在设计问卷时除了要注意避免双重问题、选项重叠等一般性原则，还要特别注意语言的简单易懂和字体的大小。另外，对于一些有一定文化基础却不善于表达的老年人，沟通者可以采用填空等方式来获得资料。例如，沟通者想获得老年人对机构的感受时，可以设置填空，让老年人填写。如：当护理员（　　　）时，我就会很难过。当我（　　　）时，护理员就会批评我。

> **知识链接**
>
> **问卷设计的步骤**
>
> 问卷可以分为标题、引言、正文、结束语四个部分，它的设计步骤是什么呢？下面笔者来进行简单介绍。第一，确立主题，规定资料范围。主题是问卷的眼，要结合调查的具体要求以及要达到的目的来确定，主题要明确。确定主题后要根据调查的内容划定调查的范围，同时要收集相关的资料，设计问卷的整体构思。第二，分析样本特征。深入了解调查目标群体的社会环境、观念风俗、行为规范等社会特征，对他们的需求和潜在的欲望等心理特征也要多方了解，对他们的文化知识、理解能力都要有相应的掌握。第三，设计问题。在设计问题这一环节中首先要根据要调查的内容进行拟定问题，拟定问题时要充分考虑到调查对象适合什么样的句式，要以简单扼要的语言表述问题，问题中不可带有生疏的专业

用语或地方语言。对问题还要进行严格的筛选，对于不必要的问题要尽量删除。第四，试问。调查者在设计好问题后要换位思考，站在调查对象的角度以调查对象的思维去回答问题，了解答题过程的心理感受，对问题是否清晰、逻辑是否合理都要有清楚的认识。第五，修订。根据试问的情况，对存在的不足进行修订。第六，试发。对修订好的问卷进行小批量的复印后，要在目标群体中选择一小部分人进行问卷发放，了解具体情况。第七，确定问卷。在试发后，要结合回答的情况进行综合整理，改正不足后最终确定问卷。

——引自问卷网·调研百科

(https://www.wenjuan.com/blog/485.html)

（二）资料法

资料法就是利用已有的资料（如养老机构内的老年人档案、老年人所在社区的档案资料、老年人的病例、老年人获得的荣誉、工作报告等），或者咨询为老年人服务的相关专业人士（如养老护理员、社会工作者、医师），根据这些资料来掌握老年人的信息。这种方法获得的资料更为专业，但会有滞后性。

实操训练

请在隔壁班级锁定一位同学，然后通过了解该同学的个人档案或访问该同学的同学、老师、朋友、学校社工等，收集该同学的基本个人信息及学习、成长经历，并形成信息记录表。

（三）观察法

所谓观察法，就是对沟通对象有目的、有计划地在自然状态下进行实地观察。这种方法因为不掺杂人为的干扰，能增加沟通者对资料信息的认识度，无论在家庭、养老机构、社区都有很好的效果。当然，这种方法由于无法控制事情发生的条件，也相当耗时，且无法控制被观察老年人为迎合观察者而刻意改变。沟通者通过对老年人形象、姿态的观察，了解其爱好特征；通过举止、神态、表情等生理变化和表情动作，判别老年人的情绪；观察老年人的言谈举止，了解其觉悟高低、作风好坏、能力大小等。

观察内容

①容貌（是否与年龄相称）；②言语（如语言、语调、语速）；③表情（有无笑容、是否愁眉不展）；④动作；⑤姿势；⑥与旁人接触（是否主动）。

(四) 模仿法

沟通者通过模仿沟通老年人日常的着装品位、"招牌"动作、说话方式等,从潜意识中了解沟通对象的思维方式及逻辑。

(五) 同类比较法

沟通者通过了解与老年人性格相近的参照对象对同一问题的看法和态度,分析、判断沟通对象的性格特征、兴趣爱好、价值取向。可以根据老年人的职业(通过对老年人以前从事职业的深入分析,了解其价值观。一般来说,每一种职业都有明显的价值倾向,从事这一职业的人,必然会受职业工作的感染)、着装(通过老年人对不同款式与颜色的服饰偏好,了解其性格、喜好等特征)、体态(自信的人,走路时常常昂首挺胸;自卑的人,行走时常常低头望路。通过一个人的行为举止,可推断出其主要的性格特征)、朋友(通过对老年人交往对象的了解,间接推断沟通对象价值取向、生活态度、行为习惯等)了解老年人。

实操训练

请班级三人一组,一人作为观察者,另两人角色扮演,由观察者进行观察记录。

扮演情节:

王大爷,67岁,丧偶多年,独居在家,有一子,已婚,未育子女,父子关系紧张。今天是王大爷的生日,儿子买了食物独自回到王大爷家中,但在谈论到儿子是否要子女的话题时二人开始争吵。王大爷认为应该尽早生育子女,王大爷也能帮着带孩子,但儿子觉得生活、工作压力很大,不想要孩子,且儿子提起自己小时候父亲总忙工作导致自己受了很多委屈。

作为观察者,在观察后,提交观察记录,说明获得的资料、发现的问题对沟通者与老年人沟通的提示。

任务二　沟通前的沟通者准备

【知识目标】

◇ 掌握与老年人沟通的态度。
◇ 熟知与老年人沟通的礼仪。

【能力目标】

◇ 通过掌握与老年人沟通的注意事项，提升防控风险意识。

【素质目标】

◇ 树立科学敬老、爱老观念。

一、沟通者的态度

沟通者对老年人态度的选择，决定了沟通关系建立的成败。通常，我们要求沟通者要具有爱心、孝心、热心、真心、诚心、耐心、细心、贴心、关心、虚心，但无论从身体状况还是社会角色来看，老年人似乎都处于弱势地位，因此，沟通者很自然就站在强者的角度，对"十心"要求进行不合理化理解，导致与老年人的沟通就像早前的护理理念一样，全包办、全代劳，最终促使老人患上"废用综合征"。因此，随着对老年人照护理念的更新，沟通者的态度和角色也在发生变化。

名词解释

废用综合征：是指由于机体不能活动的状态而产生的继发障碍。

（一）平等的服务而非强者的压力

沟通者和老年人是专业服务关系，两者是平等的，并无弱强之分，因此，沟通者在沟通中切记不要以指导、命令、指责、恐吓等语言进行沟通，如："张奶奶，你这么大岁数了，不是我说你，你怎么还尿裤子啊！"

（二）亲切不等于"自来熟"

沟通者都熟知亲切、热情会增加沟通的效果，但过分放大，就会导致"自来熟"的印象，反而适得其反。例如，小张是某养老机构护理员，第一天上班去拜访自己所负责区域的老年人，第一次见面，不是拥抱就是抚摸老年人的脸颊，未经老年人允许就坐在老年人的床上，看到老年人桌上还有半个吃剩的苹果便说："反正您也要丢掉，我吃了吧，省得浪费。"这样的沟通就是对亲切、热情的理解有误，对自己的行为把握失了尺度。

（三）同理心代替同情心

沟通者常由于强者的身份而自然地去代劳一些事情。比如，老年人想借个剪刀，沟通者便说："张奶奶，您要剪什么，我替您办，您岁数大了，用剪子多危险啊！以后这样的事情交给我办就行。"这样的沟通就是无效的，因为沟通者并没有站在老年人的角度去思考，除非老年人有自杀倾向，否则沟通者应该说："张奶奶，您要剪子做什么事情呢？

我们一起来。"

（四）多去倾听减少说话

很多老年人由于闲暇时间过多，社交活动过少，开始越来越爱说话，被人说"唠叨起来没完"。好的沟通者一定是极具耐心的倾听者，而不是侃侃而谈的表达者。多给些时间让老年人倾诉，是排解老年人不良情绪的有效方法。因此，多去倾听并获得有效信息，才能更好地与老年人进行沟通。

知识链接

与人初次沟通应注意的四大技巧

（一）要镇定而充满信心

一般人对于自信的人都会另眼相看。如果你自信，对方会对你产生好感。相反，如果你畏怯和紧张，可能会使对方产生同样的反应，对你有所保留，使彼此之间的沟通产生阻隔。

（二）要事先准备

在公共交际场合中，如果你想认识某一个人，最好预先获得一些有关他的资料，诸如性格、特长及个人兴趣等。有了这些资料，在自我介绍之后，便容易交谈，使关系融洽。

（三）要热诚表示自己渴望认识对方

任何人都希望被他人重视。如果你的态度热诚，所得到的反应也会热烈。

（四）要复述对方的姓名

在获知对方姓名之后，不妨口头重复一次，因为每个人都乐意听到自己的名字，使他有自豪感和满足感。

——引自百度知道

（https://zhidao.baidu.com/question/431441219511855724.html）

二、沟通者的礼仪

沟通者的个人形象会间接影响到沟通效果，心理学上的"光环效应"能很好地证明这一点。良好的个人形象会增强老年人的好感和信任感，更愿意接收沟通者传递的信息，也能增强沟通内容的权威性。沟通者的礼仪包括仪容、仪表和仪态。

名词解释

光环效应（Halo Effect）：又称晕轮效应，是一种影响人际知觉的因素。指在人际知觉中所形成的以点概面或以偏概全的主观印象。这种爱屋及乌的强烈知觉的品质或特点，就像月晕的光环一样，向周围弥漫、扩散，所以人们就形象地称这一心理效应为光环效应。例如名人效应是一种典型的光环效应。和光环效应相反的是恶魔效应。即对人的某一品质，或对物品的某一特性有坏的印象，会使人对这个人的其他品质，或这一物品的其他特性的评价偏低。

（一）沟通者的仪容

仪容就是沟通者的外貌，通常包括人的五官、头发、个人卫生等。对于仪容的总体要求是干净整洁，自然简单。首先，对头发的要求：男士短发，但不可剃光头，头发长度前不能及额，后不能触脖，两边不能碰耳，头发要定期洗，不能油头，不染异色，头部出现疾病时（头皮糠疹等）应及时就诊。女士可长发可短发，不可剃光头，前额若有刘海不能触眉，长发须盘发，不可染异色、编夸张辫子，不戴夸张头饰，勤清洁，保证头发干净。其次，对于五官的要求：面部做好清洁保湿，不干皮、不油皮、不化浓妆、不用浓香型香水，淡妆要涂抹均匀，化妆品的香型要清淡或无香且香型一致。眼睛不能有分泌物，不能嫁接厚重睫毛，不带美瞳。眉毛每日剪理，避免杂乱。鼻子清洁干净，鼻毛过长须每日剪理，不带鼻环。嘴部不留食物残渣，牙齿勤刷，饭后漱口，不吃刺激性食物，食后检查牙齿缝是否有食物残余，女士涂抹口红宜选择淡色、不沾杯的口红，特别注意不要涂抹到牙齿上。耳朵不戴夸张饰物，不打多个耳洞，耳毛过长需要每日剪理。再次，对手部的要求：手部干净，指甲长度以五指竖立看不到指甲为宜，不涂艳甲。颈部要保持与面部颜色一致，一些女性在面部化妆后，忘记颈部的处理，导致出现明显分界线。

（二）沟通者的仪表

仪表就是沟通者的外表，主要包括衣着打扮等。对于仪表的总体要求是大方得体、干净整洁。首先，对着装的要求：在养老机构的沟通者会根据机构要求统一着装，保证衣物的整洁、样式简单、不设有烦琐装饰物、熨烫平整，不穿无袖的上衣或过短的裤子，女士不宜穿裙装，不可穿过紧、过透或过于新潮的服饰，内衣宜与外衣颜色一致，帽子、上衣、裤子、鞋子要遵守三色原则，即全身颜色搭配不要超过三种颜色，可选灰、蓝、黑等。不可穿拖鞋、高跟鞋或露出脚趾的鞋，宜选择舒适、柔软、走路轻便的鞋，鞋和袜子要保证清洁，男士不可穿肉色丝袜，袜子的颜色要与鞋保持一致。饰品在上岗前要摘下保管，防止刮伤老年人。工作牌要按要求佩戴，常见的佩戴方式是端正地别在衣服左胸处或挂在胸前。不应将服务牌随意别在领子上、裤子上或将其套在手腕上，更不应将服务牌戴得歪歪扭扭，不能佩戴破损、污染、掉字或模糊不清的服务牌。

（三）沟通者的仪态

仪态就是沟通者的举止行为、风度姿态。对于仪态的总体要求是真诚自然、优雅大方。首先，对坐姿的要求：坐如钟，坐姿要保持端正，上身直立，双肩自然放松，坐于椅面的前三分之二处，不可过多，过多会造成慵懒的感觉，也不可过少，过少会造成重心不稳前倾。男士双腿可并拢垂直于地面，也可跨度小于一肩宽，双手平放于双腿处；女士可大腿并紧后，向前伸一条腿，并将另一条腿屈后，两脚脚掌着地，双脚前后要保持在一条直线上，双脚内收或双腿并拢垂直于地面，双手叠放后放在一条腿的中前部。其次，对站姿的要求：站如松，站直，头正，颈直，嘴微闭，双脚与肩同宽、自然分开，双眼平视前方，略微挺胸、收腹，双肩舒展，肩平，两臂自然下垂，男士的左手可以搭在右手上，女士的右手可以搭在左手上。再次，对走姿的要求：走如风，上身基本保持站立的标准姿势，要抬头，目光要平视，要头正颈直，挺胸收腹，两臂自然下垂，手掌心向内，并以身体为中心前后自然摆动，前摆向里折35°，后摆向后约15°，腰部放松，腰背笔直，腿部伸直，脚步要轻并且富有弹性和节奏感，起步时，身子稍向前倾，重心落在前脚掌，膝盖伸直，脚尖向正前方伸出，行走时双脚踩在一条线上。最后，对蹲姿的要求：左脚在前，右脚稍后，左脚应完全着地，小腿基本上垂直于地面，右脚掌着地，脚跟提起，这时右膝低于左膝，右膝内侧可以靠在左小腿内侧，左膝高而右膝低的下蹲姿态。女性下蹲时应靠紧双腿，男性可以适度地分开。

知识链接

握手的方法

与人握手，双方应相向而立，距离约60厘米。过远，会显得生疏，过近，则会感到拥挤。握手时，上身微微前倾，头微低，右手伸出时，四指并拢，拇指上仰，手掌与地面垂直，目视对方，神情专注，面带笑容，向对方致意。掌心向上，表谦恭；掌心向下，有轻慢之嫌。与亲密朋友握手，虎口契合，可适当用力，上下抖动（非左右摆动）。如果伸手无力，手指僵硬，不握对方手掌，只触及对方手指，则是轻慢对方。男女相握，只握四指，不可契合太紧，力量要小些。

双手与人相握，常见于至亲之间；有要事拜托对方，除右手外，再加左手，盖住对方右手。握手时，用左手扶对方右手腕，或对方右肩膀，表示关心、信赖；握手与拥抱或贴面礼连续进行，其含义更加深沉、热烈。握手时应脱帽，但因天冷不能脱帽时，可用左手将帽檐往上轻轻一抬。握手时间一般掌握在3～5秒，而久别重逢，可适当延长些时间。

——引自《金正昆讲礼仪：握手礼仪》
(http://blog.sina.com.cn/s/blog_16add88380102y26u.html)

三、沟通者的自我介绍

自我介绍是向别人展示自己的过程，直接关系到自己给别人的第一印象及日后沟通的顺利与否。沟通者初次与老年人见面时，如何让老年人快速记住并了解沟通者，取决于沟通者自我介绍的有效性。常见的自我介绍一般用于面试求职，通常包括姓名、兴趣爱好、年龄、毕业学校、获得的荣誉等，但这些对于记忆力有所下降的老年人并不适用，而老年人也无须知道沟通者的学习和成长经历，因为沟通者对老年人做自我介绍的目的主要是获取老年人的信任，打消老年人的陌生感和顾虑。因此，沟通者的自我介绍要尽量通俗易懂，简短有效，用最少的时间让老年人记住自己的姓名，让老年人理解沟通者的目的。

测一测

你给人的第一印象如何？

第一印象是指人们在社会认知过程中所获得的关于客体，并对客体以后的认知产生影响的印象，也称为"首因效应"。下面12个问题可以使你知道自己是否具有运用首因效应，并迅速与对方建立良好的沟通关系的能力：

（一）当你第一次见到某个人时，你的表情是：

1. 热情诚恳，自然大方
2. 紧张局促，羞怯不安
3. 大大咧咧，漫不经心

（二）与人初次会面，经过一番交谈，你能对对方的举止谈吐、知识能力等方面做出准确的评价吗？

1. 我想可以
2. 很难说
3. 不能

（三）你选择的交谈话题是：

1. 对方所感兴趣的
2. 两个人都喜欢的
3. 自己所热衷的

（四）你是否能在寒暄之后，很快就找到双方共同感兴趣的话题？

1. 是的，对此我很敏感
2. 必须经过较长一段时间才能找到
3. 我觉得这很难

（五）第一次交谈，你们分别所占用的时间是：

1. 多数时间我是在倾听
2. 差不多
3. 我总是滔滔不绝

（六）你与人谈话时的坐姿通常是：

1. 两膝靠拢
2. 跷起腿来
3. 两腿叉开

（七）你同别人谈话时，眼睛望着何处？

1. 直视对方眼睛
2. 盯着自己的纽扣，不停玩弄
3. 看着其他的东西或人

（八）会面时你说话的音量总是：

1. 柔和而低沉
2. 很低，以致别人听得很困难
3. 声音高亢热情

（九）你说话时姿态是否丰富？

1. 从不指手画脚
2. 偶尔做些手势
3. 我常用姿势补充言语表达

（十）你讲话的速度怎么样？

1. 节律适中
2. 十分缓慢
3. 频率相当高

（十一）假若别人谈到了你兴趣索然的话题，你将：

1. 仍然认真听，从中寻找乐趣
2. 显得沉默、忍耐
3. 打断对方，另起一题

（十二）你和别人告别时，下次相会的时间地点是：

1. 我提议的
2. 对方提出的
3. 谁也没有提这事

评分标准及结果分析：

选择 1 得 5 分，选择 2 得 3 分，选择 3 得 1 分。

47～60 分：你的适度、温和、合作给第一次见到你的人留下了深刻的印象。无论对方是你工作范畴或私人生活中的初次接触者，都会有与你进一步接触的愿望。

23～46 分：你的表现存在着某些令人愉快的成分，但同时又偶有不够精彩之处，这使得别人不会对你印象恶劣，但你也缺乏很强的吸引力。如果你希望提高自己的魅力，首先必须心理上重视，努力在交往的第一回合展示出最佳形象。

23 分以下：也许你感到吃惊，因为很可能你只是依着自己的习惯行事而已。你本是很愿意给别人一个美好印象的，可是你的不经心或缺乏体贴，或言语无趣，无形中给他人做出关于你的错误的勾勒。必须记住交往是一种艺术，而艺术是不能不修边幅的。

——引自道客巴巴·面谈

（http://www.doc88.com/p-1592297467913.html）

(一)敲门礼仪

沟通者进入老年人房间,首先要做的就是敲门。敲门的方法是右手手指自然弯曲,掌心向外,抬起指关节连续敲击3下,每一下逐渐加重,3下后等待半分,若无应答,可辅助语言询问"张大爷,您在家吗?"或再次敲击。切不可用手掌持续击门。老年人的听力和行动力都有所下降,沟通者敲门后,要给予老年人反应和开门的时间,最好嘱咐老年人不要着急,慢慢来。如果老年人的门是敲开的,沟通者也要敲门,经过老年人同意后才可以入内。

(二)合理的称呼

对老年人采用合理的称谓,能表现沟通者对老年人的尊重。称呼一般考虑老年人的性别、民族、年龄、宗教、职业等因素,称呼也因受到不同地域、文化差异的影响而有所不同。通常对老年人的称呼有"爷爷""奶奶""大爷""大娘""叔叔""阿姨""先生""女士""夫人"等,一些南方地区对老年人的称呼也会有"阿婆""阿公"等。沟通者也可以用姓氏加辈分的方法称呼,比如,"张大爷""刘大妈"等。如果沟通者知道老年人退休前的职位或职业也可以称呼"张老师""老首长""李画家"等,这样的称呼会让老人的价值感有所增加。当沟通者面对多位老年人时,称呼就要分清主次,一是采用由尊而卑称呼法,沟通者在进行称呼时,要先年最长后年纪稍长者,先女性后男性,先职务高后职务低;二是采用距离称呼法,一般按距离沟通者由近而远进行称呼。

(三)热情问候

热情的问候会让老年人感受到沟通者的活力,通常沟通者会根据时间来问候,如"早上好!中午好!晚安",或者常用问候语"您好",与老年人熟悉的沟通者会加上赞美之词来打招呼,如"张奶奶,您今天可真精神"。

> **实操训练**
>
> 张奶奶,70岁,入住养老机构一年。两天前,张奶奶因感冒食欲不振,今天病情好转。小李今早去给张奶奶送餐,如果你是小李,你应该怎么和张奶奶打招呼呢?
>
> 请每组先进行讨论,再选派一名同学扮演小李,由教师指定一名学生扮演张奶奶,进行模拟训练。

(四)自我介绍的内容

沟通者在对老年人进行自我介绍时,首先,要表明自己的职业身份和姓名,获得老年人的信任。如"张大爷您好!我是咱们社区的工作人员,我叫张小丽,和您一个姓,您可以叫我小张,您看这是我的工作证"。沟通者介绍自己的姓名时,报完全名后,宜选用一个简单的姓或名来替代全名,帮助老年人记忆,最好能联系一些常见的事物,加深老年人的记忆。如"李爷爷,我叫甘汉,你想想,如果天总不下雨会怎么样?对,就会干旱,我就叫甘汉"。对于有认知障碍的老年人进行自我介绍可能会成为一种常态,因为认知障碍,可能每一次沟通都会重新自我介绍一次,但切记不可以提问的方式来确定老年人是否记住了自己的姓名,"张爷爷,你还记不记得我是谁啊?"这种方式会导致答不出的老年人自尊心受到伤害。其次,沟通者要说明前来的目的,如"张大爷,以后我就是您的照护员了,您有什么事情可以找我,我会尽心尽力为您服务的,请您放心"。

(五) 得体的手势

在沟通者做自我介绍时,会借助手势来辅助定位人物或解释一些信息,自然的手势会帮助老年人来理解沟通者所要传递的信息。比如沟通者在介绍自己时,可以右手平放于自己胸前,说到老年人时,可以右手手指并拢,掌心朝上,指向老年人方向。当不需要手势辅助时,沟通者的双手可以自然垂放,双手指尖朝下,掌心向内,手臂伸直贴于两裤线处或双手伸直后自然相交在小腹前,掌心向内,一只手上一只手下相握,也可一只手自然垂放,另一只手略为弯曲,掌心向内,放在小腹前,切忌将手插到兜里。

> **实操训练**
>
> 你是一名刚参加养老机构工作的照护人员,今天机构为你和你所负责的五位老人举办小型见面会,你将在五名老年人面前介绍你自己。
>
> 老年人1,张奶奶,78岁,教师,育有一子。
> 老年人2,李爷爷,80岁,医生,与张奶奶是夫妻。
> 老年人3,王大爷,67岁,工人,丧偶,育有一女。
> 老年人4,崔奶奶,70岁,农民,丧偶,无子女。
> 老年人5,孙叔叔,60岁,工人,常年患病。
>
> 请教师指定5名学生分别扮演老年人,请学生依次进行自我介绍,教师进行点评。

五、沟通者需要注意的安全事项

(一) 安全第一位

老年人的安全永远要摆在第一位。在沟通前对老年人的身心情况进行评估是必不可少的步骤,对于行走有障碍的老年人,沟通时要小心地滑,扶好老人,掌握正确扶法;如若需使用轮椅等辅具,沟通者要确保老人使用辅具的稳定性,进行沟通前,确保轮椅刹车制动;对于二便控制有障碍的老年人,要适时提醒如厕;老年人的生理需求因为感知慢可能不会及时反馈,所以沟通者要随时观察老年人的冷、热、咳、渴、方便等,以便能及时做处理。对于有抑郁、自杀等心理问题的老年人,沟通中要格外注意老年人的情绪变化,注意沟通中的措辞和沟通技巧的使用。

(二) 尊重老年人的习惯

尊重老年人的习惯，做个性化沟通。比如，有的老年人不喜欢听"老"字，于是要求沟通者叫其"姐姐"，沟通者觉得这是不尊重老年人，便拒绝了老年人的要求。其实，随着社会的进步，很多老年人年龄虽长，但心态不老，不喜欢听老爷爷、老奶奶的称呼，反而小仙女、美丽的姐姐更得她们的欢心。另外，沟通者进入老年人房间时，不要随意挪动老年人房间里的摆设和其他物品，比如，一些老年人愿意存放塑料袋，沟通者看见门口摆放的塑料袋很多又很乱，就直接帮老年人收拾丢弃了，虽然沟通者是好意，但对老年人是一种不尊重。

(三) 不要随便给老人吃你带去的东西

赠送小礼物或食品是非常有效的沟通技巧，但是老年人多是慢性病患者，一些疾病不适合食用某些食物，如糖尿病人要低糖，肾病和高血压患者要控制盐等，而且一些老年人会出现呛咳等症状，沟通者在不完全掌握老年人身体情况时，不宜用赠送食物的方法拉近沟通关系。

知识链接

糖尿病患者的饮食禁忌

糖尿病患者没有绝对不能吃的食品，要营养搭配合理。一般，食糜状的食物尽量少吃，比如各种粥，如小米粥、玉米粥、白米粥等，所有谷类熬烂之后做成食糜状的食物，吸收后升糖都会非常快。另外，就是单糖和葡萄糖。比如有些患者吃冰糖、葡萄糖或者白糖都要有限制。忌吃或少食红薯、高粱、西谷米、锅巴、桃子、苹果、柿子、柿饼、柚子、柑、荔枝、香蕉、樱桃、龙眼肉、山楂、橙子、葡萄、猕猴桃、甘蔗、西瓜、梨子、海枣、沙枣、黑枣、红枣、蜜枣、白砂糖、赤砂糖、甜菜、饴糖、甜酒、白酒、酒酿、蜂蜜、马铃薯、青芦笋、人参、胡椒、茴香、丁香、肉桂等。

——引自360问答

（https：//wenda.so.com/q/1473794501720373）

任务三　沟通前的环境准备

【知识目标】

◇ 掌握沟通前环境布置要求。

项目二　与老年人沟通前的准备

【能力目标】

◇ 通过环境布置，提升动手能力。

【素质目标】

◇ 培养学生对老年人的耐心、细心。

　　沟通环境是沟通过程中重要的因素，可以烘托沟通的气氛。一般而言，上门拜访的沟通会在家居环境中进行，沟通者对沟通环境不占有主动权。对于高质量的沟通，则要求在专业的沟通环境中进行，以减少沟通时的障碍。专业的沟通环境布置包括：一是明显的标识，如"爱夕阳老年谈话室"，老年人使用的标识要注意标识的字体、颜色，尽量简单，最好是图文结合，并与其他标识保持风格的一致性。二是外部环境要清静，没有嘈杂的噪声，噪声越大，沟通的障碍越大，发出的信息被老年人接收的就越少，但绝对的安静也不利于沟通的进行，会造成压抑和紧张的气氛。三是室内光线要充足、空气新鲜、温度适宜，使老年人在一种身体舒适、心情轻松的环境下进行会谈。四是室内墙壁、地板、窗帘使用温馨色调。五是家具要简单实用，室内的家具布置简朴，避免空间过分空旷或狭小。

一、沟通环境的安全性

　　老年人的安全永远是第一位的。沟通者在沟通前，要检查沟通环境的安全性。如要保证沟通室的使用面积，要为使用辅具的老年人留有辅具和护理员操作的空间。参照表2-3。

表2-3　检查沟通环境的内容

内容	要求
面积	沟通室按实际情况配置面积，面积大小适宜，保证沟通室的使用面积，要为使用辅具的老年人留有辅具和护理员操作的空间，一般使用轮椅的宽度要达到0.8 m，回转空间1.5 m×1.5 m
地面	室内地面要避免垂直高低差，地面防湿、防滑
座椅	检查老年人需使用的座椅，老年人使用的椅子要坚固，要带有扶手，选材要偏硬，即便是沙发，也要使用高密度海绵，包裹性强、贴身舒适、回弹力好，便于起身
桌子	桌子要稳固，沟通者可以用手先晃动一下桌子，确保其安稳性
呼叫设备	沟通室要配有紧急呼叫铃，可以是拉绳式，也可以是按钮式，如果老年人佩戴可穿戴式呼叫器，则室内不安装也是可以的
扶手	安装的扶手要连续，材质应为防滑、热惰性好的材料，如木质或其他环保材料，单层扶手的高度应为850~900 mm，圆形扶手的直径应为35~50 mm
家具	室内的布置家具尽量不要使用有棱角的家具，有棱角的家居要做倒圆处理，避免造成对老年人的伤害

续表

内容	要求
光线	室内的光线要明亮，室内照明不得少于300 lx，但光线过强也容易让老年人产生眩光，如果室外光线与室内光线明暗差别大，沟通者要给予老年人适应明暗变化的时间，至少半分钟
其他	排查室内尖锐器物、易破碎摆件及带毒带刺的植物，避免误伤老年人

二、沟通环境的私密性

保护老年人的隐私是沟通者应该遵守的原则。如果沟通是在老年人居室发生，且多名老年人在同一居室生活，那就需要在沟通内容上加以甄别，如果是涉及隐私的话题（老年人的经济情况、病情等），最好在专业沟通室进行或用屏风、隔声设备来保障老年人的隐私；专业的沟通室最好不要和接待室或会客室相连，使老年人能放心地说话。沟通中如果需要摄影、录音、录像，沟通者必须征得老年人的同意，并在结束后再次请老年人确认。

知识链接

人际沟通距离

交往双方的人际关系以及所处情境决定着相互间自我空间的范围。美国人类学家爱德华·霍尔博士划分了四种区域或距离，各种距离都与对方的关系相称。人们的个体空间需求大体上可分为公共距离、社交距离、个人距离、亲密距离四种距离。

人际沟通距离一般划分为：公共距离，360~760 cm之间，它属于人际交往中的正式距离；社交距离，120~360 cm，如职场交往和商业会议；个人距离，44~120 cm之间，如朋友或熟人间的空间距离；亲密距离，0~44 cm，如父母与子女、夫妻、恋人间。护理员和老年人沟通时一般应处于社交距离中。

——引自360百科
（https://baike.so.com/doc/104667-110453.html）

三、沟通环境的舒适性

沟通的环境布置要温馨、轻松，宜采用布艺沙发或椅套，防水防渗，易清扫、易搬运，会谈桌椅以沟通者与老年人成45°角的斜对为宜；桌子上宜摆放面巾纸、水杯，宜有一定绿色植物适当地点缀；墙面色彩要柔和，北方多以米色、淡黄色为主，南方可选择淡蓝色、淡绿色为主，可选用时钟或山水画做适当装饰。

实操训练

四个同学一组,在白纸上设计沟通室的布置草图。

要求:标明家具摆放、注明注意事项、用水彩笔涂上颜色。

制作完成后,在班级展示并接受教师点评。

任务四 沟通提纲设计

【知识目标】

◇ 掌握沟通提纲的设计技巧。

【能力目标】

◇ 提升沟通设计的逻辑思维能力。

【素质目标】

◇ 培养学生严谨做事的态度。

一、沟通目的

沟通者在与老年人沟通之前,心里一定要有目标,毫无目的的交流是聊天,不是沟通。沟通者要明确自己希望通过这次沟通达到什么目的。在与老年人沟通面谈时,沟通者首先要说:"我这次与你沟通的目的是……"目的是要达到的预期效果,可下设多个目标来帮助目的的达成。目的和目标的制定要符合具体、可操作、可测量、可达成、可评估的标准。

例如,张奶奶,67岁,入养老机构一周,张奶奶表现出入院不适,张奶奶情绪波动比较大,变得紧张、焦躁、食欲不振。机构负责人多次与其儿女沟通,但儿女因为工作忙一直没有来机构安慰张奶奶。于是,机构内社工准备与张奶奶进行沟通。本次沟通的目的是帮助张奶奶舒缓不良情绪,下设多个沟通目标以便达成沟通的目的:帮助张奶奶熟悉养老机构、介绍朋友给张奶奶形成机构内人际支持、鼓励张奶奶家人每日和张奶奶视频。

设计沟通目的是在了解老年人资料的基础上进行的,通过分析老年人的详细资料、了解老年人问题形成的过程,根据事实和特点进行暂时性推定,并将这些推定按优先次序排序,一一对应,形成目标,最终汇总成要完成的目的。

知识链接

SWOT是由美国旧金山大学的管理学教授于20世纪60年代提出来的。它是一种战略分析方法，通过对被分析对象的优势、劣势、机会和威胁等加以综合评估与分析得出结论，通过内部资源、外部环境有机结合来清晰地确定被分析对象的资源优势和缺陷，了解对象所面临的机会和挑战，从而在战略与战术两个层面调整方法、资源以保障被分析对象的实行以达到所要实现的目标。SWOT分析法又称为态势分析法，是一种能够较客观而准确地分析和研究一个单位现实情况的方法。SWOT分别代表Strengths（优势）、Weaknesses（劣势）、Opportunities（机遇）、Threats（威胁）。

——引自360百科
（https://baike.so.com/doc/4955696-5177451.html）

二、沟通计划

完成了沟通目的设计后，沟通者就要设计沟通方案。沟通计划要有机结合任务三的沟通技巧，主要包括如何邀请老年人进行沟通，沟通者先说什么、后说什么、怎么说、什么不能说都要计划好。如果情况允许，列一个表格，把要达到的目的，沟通的主题，方式以及时间、地点、对象等逐一列举出来，见表3-4。

表3-4 老年人沟通计划表

沟通计划表		
沟通的目的		
参与沟通者		
地点		
开场白重点		
沟通进行项目及方式、技巧	项目1	
	项目2	
	项目3	
预测结果	达成共识点	
	差异点	

如何邀请老年人

沟通者与老年人沟通时，有时会因为各种原因遭到老年人的拒绝。当这种情况出现时，沟通者可以尝试以下一些方法：

1. 请老年人熟悉和信任的人代为引荐。老年人拒绝沟通者很多时候是因为不信任，因此，找到老年人信任的人做引荐，可以快速打破僵局，获得信任。这些人可以是老年人的照护员、家属、社区工作人员、专业人士（如医生、养老机构院长等）。

2. 找到老年人感兴趣的话题。沟通者不要急于达成沟通目的，可以找到一些老年人感兴趣的话题先进行聊天。如老年人年轻时是文艺骨干，那就找一首老年人擅长的歌曲在他（她）身边哼唱，化主动为被动，当老年人也哼唱或有反馈时，再积极和老年人沟通。

3. 参与到老年人活动中。积极参与老年人的活动，如打扑克、做手指操、玩游戏等，经常出现会加深老年人对沟通者的印象，自然便熟悉起来，建立沟通关系就变得十分简单。

三、沟通中可能遇到的问题

沟通者要预测可能遇到的争端和异议。首先，预测老年人的需求，只有当需求得不到满足时才会发生争端。要了解老年人的需求，需要三步骤：积极聆听、有效提问、及时确认。第一步：积极聆听。要用心和脑去听，要设身处地去听，目的是了解老年人的意思。第二步：有效提问。通过提问更明确地了解老年人的需求和目的。第三步：及时确认。当沟通者没听清楚或者没有理解时，要及时沟通，一定要完全理解老年人所要表达的意思，做到有效沟通。其次，还要根据具体情况对其可能性进行详细的预测并做出应对方案。

危机处理能力

请根据自己的实际情况，选择一个最适合你的答案。

（一）假如你与别人产生了矛盾，关系开始紧张起来，你会怎么办？

1. 他不理我，我也不理他；他若主动打招呼，我也与他打招呼
2. 请别人帮助，缓和我们之间的紧张关系
3. 从此不再答理他，并找机会报复他
4. 我将主动去接近对方，争取消除矛盾

(二) 如果你被人误解干了某件不好的事情，你将怎么办？

1. 找他们对质，指责他们
2. 同样捏造莫须有的事情加在对方头上
3. 置之一笑，不予理睬
4. 要求调查，弄清事实真相

(三) 如果你的父母之间关系紧张，你将怎么办？

1. 谁厉害倒向谁一边
2. 采取不介入的态度，不得罪任何人
3. 谁正确就站在谁一边
4. 努力调解两人之间的关系

(四) 假如你的父母老是为一些小事争吵不休，你会怎么办？

1. 根据自己的判断，支持其中正确的一方
2. 尽量少回家，眼不见心不烦
3. 设法阻止他们争吵
4. 威胁他们如果再争吵就不理他们了

(五) 假如你的朋友和你发生了严重的意见分歧，你将怎么办？

1. 暂时避开这个问题，以后再说
2. 请与我俩都亲近的第三者确定谁是谁非
3. 为了友谊，迁就对方，放弃自己的观点
4. 下决心中断我们之间的朋友关系

(六) 当别人嫉妒你所取得的成就时，你将怎么办？

1. 以后再也不冒尖了
2. 走自己的路，不管别人对我持什么态度
3. 同这些嫉妒者进行争辩，保护自己的名誉
4. 一如既往地工作，但同时反省自己的行为

(七) 假如需要你去处理一件事，这件事的处理结果可能会得罪你的两个朋友，你怎么办？

1. 向他们两个说明这件事的性质，想办法取得他们的谅解，再处理这件事情
2. 瞒住他们悄悄把这件事情处理完
3. 事先不告诉他们，事后再告诉得罪的一方
4. 为了不得罪他们两个，宁可不顾当事人，而不去做这件事

(八) 假如你的一位好朋友虚荣心太强，使你看不惯，你会怎么办？

1. 检查一下对方的虚荣心是否与自己有关
2. 利用各种机会劝导他（她）
3. 听之任之，以保持良好的关系
4. 只要他有追求虚荣心的表现，就和他争吵

(九)假如你对某一问题的正确看法被老年人否定了,你将怎么办?

1. 向老年人反映,争取得到老年人的支持
2. 消极行事,以发泄自己的不满
3. 一如既往地认真学习,在恰当的时候向老年人陈述自己的看法
4. 同老年人争辩

(十)假如你与朋友在假日活动的安排上意见很不一致,你会怎么办?

1. 双方意见都不采纳,另外商量双方都不反对的意见
2. 放弃自己的意见,接受朋友的主张
3. 与朋友争论,迫使朋友接受自己的意见
4. 届时自己单独活动,不和朋友一起度假

评分标准及结果分析:

记分办法:根据下面的表格,将各题的得分相加,统计总分。

选项	题号									
	1	2	3	4	5	6	7	8	9	10
1	1	1	0	1	3	0	3	2	2	2
2	2	0	1	0	2	2	1	3	1	3
3	0	3	2	3	1	1	2	0	3	0
4	3	2	3	2	0	3	0	1	0	1

0~6分:表明处理沟通危机的能力很弱。

7~12分:表明处理沟通危机的能力较弱。

13~18分:表明处理沟通危机的能力一般。

19~24分:表明处理沟通危机的能力较强。

25~30分:表明处理沟通危机的能力很强。

——引自问卷网

(https://www.wenjuan.com/lib_detail_full/59bf8c94a320fc55a9a2369d)

项目三　与老年人沟通中的基本技巧训练

【知识目标】

◇ 了解老年人表达的特点。
◇ 掌握沟通技巧的基础知识。
◇ 熟悉沟通技巧的综合运用。

【能力目标】

◇ 提高学生与老年人的沟通技能，营造和谐的人际关系。
◇ 培养与老年人共情的能力。
◇ 通过书籍的阅读和文化的丰富，提升学生的阅读能力。

【素质目标】

◇ 培养学生对老年人的责任感，展示学生的沟通技能，加深学生对老年人的情感。
◇ 建立学生对他人理解和包容、自尊与尊重他人的意识。
◇ 促进学生养成乐观的生活态度。

项目三 与老年人沟通中的基本技巧训练

【思维导图】

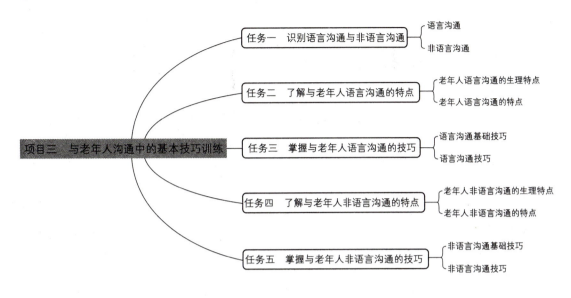

小李在A养老机构工作已3年,深受老年人的喜爱。小李在平时工作中,每次见到老年人都热情地与他们打招呼,亲切地和他们交谈,有时遇到侃侃而谈的老年人,小李就是很耐心的倾听者;有时遇到老年人不出声,小李也能知道老年人的心理动态,找到话题和他们聊天;有时老年人情绪波动激烈,小李便一言不发,抚摸、拥抱给老年人安慰。小李在做经验分享时说:"与老年人相处,要用心观察他们的沟通习惯,不单单是表达出来的,还有肢体上的动作也非常重要,因为这些都是心理需求的折射,只有掌握了老年人的沟通特点,我们在工作中才能更好地回应他们。"

【思考】

老年人的沟通特点是怎么样的?针对这些沟通特点,我们该如何使用同频率方式进行沟通?带着这些问题,开始新的学习任务吧!

任务一 识别语言沟通与非语言沟通

【知识目标】

◇ 了解语言和非语言的联系与区别。

【能力目标】

◇ 提高学生的辨析能力。

【素质目标】

◇ 培养学生通过沟通体会他人情感的意识。

沟通的基本方式有两种,一种是语言沟通,另一种是非语言沟通。由于老年人的身体和心理的特殊性,语言与非语言的技巧在沟通过程中都具有重要的作用,恰当地使用两种方式对提高沟通效果、增强老年人服务质量有促进作用。

查一查

找找自己平时喜欢使用的语言和非语言,填写下表。

情 景	语 言	非语言
早晨见到老师		
下课找同学去操场玩		
被老师点名回答问题		
放学准备回家		

填写表格后,思考一下自己的语言和非语言的优势、劣势分别在哪里。

一、语言沟通

语言是人类特有的、具有神奇力量和艺术性的沟通方式,语言是全体社会成员共同使用的交际方式,结合符号以及规则来代表概念。语言沟通是指沟通者通过话语等进行信息传递,是沟通中最容易理解和常见的沟通方式。但语言沟通也是最难的沟通方式,有时一个简单的句子,在不同人的理解里会有不同的含义。如"张奶奶你爱吃点啥就吃点啥吧",这句话可能理解为张奶奶可以根据自己喜好吃饭,也可能理解为张奶奶时日无多,应享受余下时光;又或者同一个句子,说出来的语音、语调、重音不同也会有不同的含义,有一个溜溜梅的广告,"你没事吧"一句话,用了多种语调说出,含义就不一样。因此,有句老话叫"听话要听音",这个音就是不同接收者的不同理解。

语言沟通内容包罗万象,主要包括口头语言、书面语言、图片或者图形。口头语言包括沟通者与老年人面对面的谈话、会议、电话、网络视频等。书面语言包括信函、广告、书籍、传真、E-mail等。图片包括一些幻灯片、照片、电影等，这些都统称为语言的沟通[1]。

虽然如此，在沟通过程中，语言沟通的信息传递功能较思想、情感的传递更为见长。曾经有实验发现一个人要向外界传达完整的信息，单纯的语言成分只占7%，而38%依靠声调，其余55%则是由非语言的体态语言来传达[2]。因此，如果单纯依靠语言沟通，沟通者的态度和情感可能就很难被老年人感知到。

> **知识链接**
>
> ### 语　势
>
> 语势是指根据思想感情的运动状态，有声语言中语句发展或行进的趋向和态势，包括声音强弱、高低、长短、气息深浅、多少、快慢、口腔状态松紧、开闭、口位前后的综合变化态势。播音的语流应根据表达思想感情的需要呈现波浪式，体现可塑性，有波峰、波谷、上山、下山、半起五种基本形态。语势同语调可以并用，但必须坚持思想感情与声音形式的和谐统一，避免那种把某种思想感情纳入某种声音形式机械对应的做法。
>
> 波峰类，声音的发展态势是由低向高再向低行进，状如波峰。例如，"世界上没有花的国家是没有的。""花"就处于波峰的位置，句头、句尾的词略低。
>
> 波谷类，声音由高向低再向高发展。即句头、句尾较高，句腰较低，状如波谷。如"乔治·华盛顿是美利坚合众国的第一任总统"。
>
> 上山类，声音由低向高发展。即句头最低，句尾最高，状如登山。不过，有时是步步高，有时是盘旋而上。如"让暴风雨来得更猛烈些吧！"
>
> 下山类，特点是句头最高，而后顺势而下，状如下山。应注意的是它有时是直线而下，有时是呈蜿蜒曲折的态势。如"就在那年秋天，母亲离我们去了"。
>
> 半起类，特点是句头较低，而后呈上行趋势，行至中途，气提声止。由于没有行至最高点，所以称为半起。如"这到底是什么幻景呢？"
>
> ——引自360百科
> （https://baike.so.com/doc/1307265-1382161.html）

二、非语言沟通

（一）非语言沟通的含义和内容

非语言沟通指的是在沟通环境中除去语言刺激以外的一切由人类和环境所产生的刺

激[3]，这些刺激对于交流的双方具有潜在的信息价值。或者说，非语言沟通是人类在语言之外进行沟通时的所有符号。概括地说，非语言沟通是不使用语言的沟通，它包括的信息是通过身体运动、面部表情、利用空间、利用声音和触觉等产生的[4]。

（二）非语言沟通的3种方式

非语言沟通主要有标记语言、行动语言和物体语言3种方式。

（1）标记语言，是指用手势、代号等代替文字语言的特殊标记系统。如"OK"手势，在我国代表好、可以。

（2）行动语言，是指那些不特别用于代表某种信号的所有身体运动，不但显示身体的移动或完成某种动作状态，而且泄露与此动作有关的其他信息。比如，沟通者第一次见到老年人，不停地用手攥紧衣角，可能是由于紧张造成的。

（3）物体语言，是指人们有意无意地摆设的一些物体，其特定的形态也能十分准确地表达某种含义。比如，很多老年人喜欢在房间内摆放自己家人的照片或带有职业特征的照片，说明老年人非常珍视家庭生活或有强烈的职业荣誉感。

（三）非语言沟通的特点

非语言沟通具有一些明显特点。首先，在一个互动的环境中，非语言符号总是不停地沟通着。只要参与者双方开始进行沟通，自始至终都有非语言沟通在自觉或不自觉地传递着信息。其次，与语言沟通一样，非语言沟通也展开于特定的语境中。情境左右着非语言符号的含义，相同的非语言符号，在不同的情境中，会有不同的意义。比如，大拇指向上一般表示称赞，但在某些地方表示打车，在潜水里表示自己需要浮出水面。再次，非语言沟通常以组合的方式出现。在非语言行为过程中，人们可以同时使用身体的各种器官来传情达意，因而在空间形态上具有整体性的特点。最后，非语言沟通较语言沟通更具有可信性。语言会说谎，但身体能真诚反映出老年人的想法。因为语言信息受理性意识的控制，可以受人的意识控制出现不真实的情况，因而人们常说不光要"听其言"，还要"观其行"，才能辨析语言的真伪。因为人的动作比理性更能表现人的真实的需求。

非语言沟通的作用

（1）表达情感。非语言沟通的首要功能是感情和情绪的表现，这个功能是通过情感表达实现的。

（2）调节互动。调节动作被用于维持和调节沟通的进行。非语言暗示，如点头、对视、皱眉、降低声音、改变体位、靠近对方或离开对方，所有这些都调节着信息的传递。

（3）验证语言信息。当非语言传递的信息验证了语言信息时，沟通是最有效的。

（4）显示自我情况。非语言沟通帮助人们在他人面前恰如其分地表现自己的形象，也可帮助人们表现他们想在他人面前表现的形象。

（5）表示人际关系状态。非语言沟通有确定关系的作用。非语言暗示反映人际关系状态。

——引自豆丁网《医患之间的非语言沟通》
（https://www.docin.com/p-2009793056.html）

任务二 了解与老年人语言沟通的特点

【知识目标】

◇ 掌握老年人语言沟通的特点。

【能力目标】

◇ 提高学生的辨析能力。

【素质目标】

◇ 培养学生对老年人的尊重意识。

一、老年人语言沟通的生理特点

（一）老年人发声的特点

通常人们发出的声音需要经过肺部、支气管，再引起喉头的颤动，最后由鼻腔或口腔控制发声位置。而语言还需受到大脑语言中枢控制，通过后天的习得而熟练掌握。老年人随着年龄增大，发声器官也随之发生退行性变化。如老年人肺泡壁会越来越薄，肺部组织的弹性逐渐下降，肺活量也因此减少，老年人表达时就很容易通过增强呼吸频率来提高肺活量，就会显得气喘吁吁，同时气流通过肺部的量不足，喉头颤动不足，老年人的吐字发声也越来越模糊。再如老年人的发声器官组织结构也在改变，声带黏膜上皮层变薄、中层弹力下降、深层胶原纤维数量增加等，导致了老年男性音调上升、老年女性音调下降，音域变窄，音量减弱，声音颤动，不易控制等。发声器官如图3-1所示。

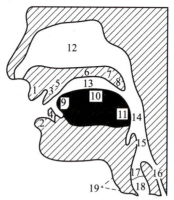

1—上唇；2—下唇；3—上齿；4—下齿；5—齿龈；6—硬腭；7—软腭；8—小舌；9—舌尖；10—舌面；11—舌根；12—鼻腔；13—口腔；14—咽头；15—会厌；16—食道；17—气管；18—声带；19—喉头

图3-1 发声器官

注：图片来自网络。

知识链接

发声的生理机制

人体的发声器官可以分为动力区、声源区和调音区三大部分。动力区包括肺、横膈膜、气管。肺是呼吸气流的活动风扇，呼吸的气流是语音的动力。肺部呼出的气流，通过支气管器官到达喉头，作用于声带、咽腔、口腔、鼻腔等发声器官。

声源区包括声带。声带位于喉头的中间，是两片富有弹性的带状薄膜。两片声带之间的空隙叫声门，肌肉的收缩，杓状软骨活动起来可使声带放松或收紧，使声门打开或关闭，从肺中出来的气流通过声门使声音振动发出声音，控制声带松紧的变化可以发出高低不同的声音。

调音区包括口腔、鼻腔、咽腔。口腔（包括唇、齿和舌头）后面是咽腔，咽头上通口腔、鼻腔，下接喉头。口腔和鼻腔靠软腭和小舌分开。软腭和小舌上升时鼻腔关闭，口腔畅通，这是发出的声在口腔中共鸣，叫口音。

软腭和小舌下垂，口腔成阻，气流只能从鼻腔中发出，这时发出的音主要在鼻腔中共鸣，叫作鼻音。如果口腔没有阻碍，气流从口腔和鼻腔同时呼出，发出的音在口腔和鼻腔同时产生共鸣，叫鼻化音。

——引自百度百科

（二）老年人听力的特点

通常，人们的听力要经过外耳道引起3块听小骨机械振动，最后传到中耳的蜗窗。老年人的耳蜗基底膜会不断增厚、变硬，即便耳蜗毛及神经没有损伤，老年人的内耳毛也会随着年龄增大而死亡，因此老年人的听力逐渐下降，出现耳背的情况。还有一些老年人由于一些慢性疾病，如糖尿病、高血脂等引起双侧对称性的感音神经性耳聋。因此，沟通中老年人接收的信息有限，很可能是因为根本无法听到信息。

> **知识链接**
>
> **听觉的生理机制**
>
> 耳由外耳、中耳、内耳3部分组成。外耳包括耳廓和外耳道。中耳主要由鼓膜、鼓室和听小骨组成。内耳由前庭器官（它与听觉无关，将在后面讨论）和耳蜗组成。耳蜗形似蜗牛壳，是一个绕蜗轮盘旋两圈半的骨管。骨管内部被骨质螺旋板和基底膜分隔成上、下两半。上半叫前庭阶，下半叫鼓阶。前庭阶通向中耳的小孔叫卵圆窗，鼓阶通向中耳的小孔叫蜗窗。耳蜗内部充满着淋巴。听觉的感觉细胞（毛细胞）排列在基底膜上，毛细胞上有盖膜。声波经外耳道撞压鼓膜，引起3块听小骨（锤骨、砧骨、镫骨）的机械振动，从而增强声波压强把振动传向卵圆窗，推动耳蜗中的淋巴，振动在液体中传导，最后传向中耳的蜗窗。这是声传导的全过程。此外，声波还可以通过颅骨直接传入内耳，这叫声波的骨传导。当耳蜗的淋巴液振动时，基底膜就发生振动。基底膜的振动便引起基底膜上的毛细胞同盖膜冲击，引起毛细胞的兴奋，由听觉系统传导通路（有同侧通路，也有对侧通路），经四级神经元将冲动传向大脑。
>
> ——引自百度百科

二、老年人语言沟通的特点

（一）吐字缓慢，含糊不清

老年人由于反应速度和发声组织退化，在表达自己意愿时常会吐字缓慢或含糊不清。有一部分的语言中枢神经由于老化或因疾病堵塞、受损，甚至会出现一些语言障碍。

案例：张爷爷，65岁，最近两天说话开始说不清楚，心里都明白，但就是表达不出来。家属带张爷爷去医院做了CT，发现张爷爷由于脑梗塞引起的语言中枢受损。家属和张爷爷都很着急，张爷爷一遍遍咿咿呀呀地表达，家属却一个字也不能理解，一次次追问，最后气得张爷爷把拐杖扔了出去。

对于吐字缓慢、含糊不清的老年人，沟通者要给予足够的耐心，不要焦躁追问，而是尝试用一些替代性物品，如纸、笔等，来探索老年人要表达的含义，或表述"张爷爷，您是说您需要这个水杯喝水，对吗？"再观察老年人的肢体行为。

实操训练

请每组派出一名同学,借助道具完成游戏。

游戏一:各组派出的同学用嘴咬住一个气球,按照老师提前给出的小纸条复述一段话给自己的组员,先猜对的组获胜。如果有多组同时猜对,可以增加难度,比如嘴里含糖块再咬住气球,再复述。

游戏二:各组派出的同学用棉花、耳塞等堵住耳朵,由老师在教室一角发出一串动作指令,如"蹲下、起立、伸左手等",同学全部做对的获胜。

游戏结束后,要求同学们思考并分享,通过游戏你得到了什么启发?老年人在听和说上面临什么样的沟通障碍?

(二)词不达意,张嘴忘字

因为老年人的反应速度和表达速度出现间断,有时表达出来的词和真实想表达的南辕北辙。如"小张啊,把我的遥控器给我",可老年人却伸手指向自己的杯子。这时,沟通者要和老年人确认一次是否想要杯子。

实操训练

按照指令,做口腔操。

1. 双唇紧闭,堵住气流,突然发出"bo、po、ta、fa"的音,每个音连续发3次。
2. 双唇噘起,左歪上噘右歪下压循环3次。
3. 张开嘴巴,舌头上下左右依次循环3次。
4. 闭上嘴巴,舌头上下左右一次循环3次。

(三)选择内容,随机听取

案例:王奶奶,70岁,身体健康,时常在小区里溜达。这天,社区工作者小王看见了王奶奶,便走上前去说:"王奶奶,您又遛弯哪!这几天社区要进行人口普查了,到时候我们会上门拜访您!"王奶奶看着小王,把脸转向一侧:"你说啥?"小王小声自言自语:"这老奶奶,耳朵真背。""你耳朵才背哪!"王奶奶不高兴地说道。

一些老年人会被认为具有选择听到内容的特点,说自己不好的事一听一个准,说其他的时而听到,时而听不到。其实这是对老年人的误解。因为老年人的听力下降,原因很多,而单纯的放大音量并不能百分百被老年人接收,这是因为声音的基频也很重要。比如一些老年人由于一些疾病的因素,导致中、高频区听力受损,生物机理主要是靠近耳蜗基底膜较近的对高频刺激高敏感性的毛细胞受损,从而使神经冲动在听觉通路的传导受阻。而一般人说话时基频范围为100~300 Hz,男声较低,女声和童声较高,这就可能导致一些高频的声音老年人听不到。

（四）忘却承诺，回想困难

老年人的记忆能力退化分为两种，一种是随着年龄增长的生理性健忘，另一种是病理性健忘。前者是老年人脑功能衰退的表现，是老人的常态表现。这样的老人虽然记忆力下降，但是对时间、地点、人物关系和周围环境等认知能力丝毫未减。他们不仅能料理自己的生活，有时还能照顾家人。后者是病理性的脑器质性智能衰退，这样的遗忘是完全恶性的，随着病情加重，他们会逐渐丧失生活自理能力[5]。前者这样的老年人，沟通者在沟通后，要再次和老年人确认，或者当事情出现时，可以通过回想帮助老年人想起当时的承诺。如张爷爷，70岁，入住养老机构3年，是机构的文艺骨干。近日，机构里准备举办元旦晚会，便由沟通者小崔告知张爷爷今天下午排练的时间和地点。到了指定时间，张爷爷并没有如约而至。小崔找到张爷爷，他才想起有这么回事，中午孙子来看望，就给高兴忘了。后者这类老年人，沟通者要注意用联想的方法帮助老年人记忆，可以多次提醒和确认。例如，李奶奶，患阿尔茨海默症初期，经常忘记事情，社会工作者带领李奶奶在记忆力训练室训练，指着墙上的日历问道："李奶奶，您看今天是星期几？"李奶奶想了很久也未答出，社会工作者又提示道："李奶奶，每个星期几您大孙子来看您？""星期六啊，明天就来喽！""哦，那李奶奶今天是——""星期五。""对啦，您真棒！"

> **知识链接**
>
> 　　对记忆最基本的、也是被广泛接受的分类，是根据记忆持续的时间将其分为三种不同的类型：感觉记忆、短时记忆和长时记忆。感觉记忆，当客观刺激停止作用后，感觉信息在一个极短的时间内被保存下来，这种记忆被称为感觉记忆，也被称为瞬时记忆、感觉登记或者感觉寄存器。短时记忆，短期记忆模型在过去25年里为工作记忆所取代，由三个系统组成：空间视觉形成的短期视觉印象；声音回路储存声音信息，这可以通过内在不断重复长时间存在；中央执行系统管理这两个系统并且将信息与长期记忆的内容建立联系。老年人的短时记忆会逐渐下降。长时记忆，记忆的内容不但按主题，而且按时间被组织管理。一个新的经验，一种通过训练得到的运动模式，首先去到工作记忆做短期记录，在此信息可以被快速读取，但容量有限。出于经济原因考虑，这些信息必须做一定清理。重要的或者通过"关联"作用被联想在一起的信息会被输送到中长期记忆。不重要的信息会被删除。记忆内容越是被频繁读取，或是一种运动被频繁重复进行，反馈就越是精细，内容所得的评价会提高，或是运动被优化。后面一点的意思是，不重要的信息会被删除，或是另存到其他位置。记忆的深度一方面和该内容与其他内容的连接数目，另一方面与情感对其的评价有关。相比短时记忆，老年人的长时记忆却遗失缓慢，有一些老年人即便忘记了家人，却还拥有职业技能。
>
> 　　　　　　　　　　　　　　　　　　　　　　　　——引自百度知道
>
> 　　（https://zhidao.baidu.com/question/586543036072658805.html）

任务三 掌握与老年人语言沟通的技巧

【知识目标】

◇ 了解语言沟通基础技巧。
◇ 掌握提问、赞美、拒绝等专业沟通技巧。

【能力目标】

◇ 提高学生将理论知识转成实操技能的能力。

【素质目标】

◇ 培养学生为老年人服务的意识。

一、语言沟通基础技巧

语音,即语言的物质外壳,是语言的外部形式,是最直接地记录人的思维活动的符号体系。它是人的发音器官发出的具有一定社会意义的声音[6]。语音的物理基础主要有音高、音强、音长、音色,这也是构成语音的四要素。语调即说话的腔调,就是一句话里声调高低抑扬轻重的配置和变化。比如,人高兴的时候语速一般较快,但是有时也会慢,有较高的声强,有呼吸声,响亮的声音;人生气的时候,语速较快,较高声强,有呼吸声、胸腔声,清晰度略显焦虑;人悲伤的时候,语速稍慢,发音模糊,声强较低;人恐惧的时候,语速很快,不规律发声;人厌恶的时候,语速非常慢,发出嘟哝声或胸鸣声,声强较低。

实操训练

练习用不同的语音、语调读下列句子,并分析含义。
1. 你走。你走?你走!你走……
2. 你怎么了?你怎么了!你怎么了……

语音、语调包括了说话声音的高低、强弱、粗细、快慢以及各种语气。传统模式上,人们在交流上习惯了只注意文字面上的意思,分析和理解文字的意思,不知道对方的语音、语调和身体语言所表达的意思。我们经常听见别人在争论中说道:"他就是这样说的呀!""我完全告诉他了,怎么还这样呢?真不明白。"人与人之间的沟通,发言的一方所发出的信息极多,但是他本人意识到的只是极少部分,绝大部分都是他不自觉,即是由他的潜意识控制之下发出的。这部分包括所选用的文字，文字的组成，语音、语调所表达的语气和经由身体所表达的大量信息。接受的一方，也是同样只能有意识地接收这些信息的极少部分，其余的都由他的潜意识所接收。双方在传与收的过程中，就会产生很多的遗漏、曲解、误读，因此，沟通的效果会受到很大的影响。沟通信息的传递，在两个层面以不同的比例同时进行：意识占1%，潜意识占99%。在潜意识层面传递的99%的沟通信息，可以凭联系而使部分提升至意识层面，也就是说可以让我们有意识地洞察和运用，因而增加沟通的效果。人们很习惯地把注意力放在对方的文字上，所以十分强调别人说的话、用的字、怎样说等。其实，从沟通效果的角度看，语音、语调的确比文字重要。我们能够用很多个不同的语音、语调说同样的"李爷爷，您好！"这5个字，既能使人感到很尊重对方，又能使对方感受到冷淡、不高兴或者鄙视等。同样的5个字，能产生这么多不同的效果，全部都是语音、语调的改变所带来的。文字虽然重要，但决定它的效果的是语音、语调和身体语言。语音、语调影响对方听觉接收效果，在引起情绪共鸣上有决定性的作用；身体语言影响对方视觉接收效果，在引起意思共鸣上有决定性的作用。当文字意义与语音、语调或身体语言不配合时，对方选择的会是语音、语调和身体语言，不是文字的意思[7]。

语音、语调的配合十分重要，尤其是沟通者想给老年人一个在情绪上有共鸣的感觉时，注意语音、语调的配合会最快产生效果。语音、语调上的配合，能令老年人马上感觉沟通者接受了他，因此使关系更易建立、沟通更有效果。语音、语调的配合，最能做到情绪上的共鸣。

知识链接

语音、语调综合训练

1. 气息训练

气息训练一是扩大肺活量，二是提高横膈膜声门挡气和吸气肌肉群的伸展，收缩能力。气息训练有以下几种方法：气声数数、"闭口打哈欠"、偷气练习、短语练习、呼吸快读练习。

2. 共鸣训练

声音明亮、悦耳取决于声音的共鸣作用。口张：扩大口腔空间，发声部位后移；喉松：发声时，头部端正，颈部放松，使声音在喉腔与鼻腔之间畅通无阻；鼻通：在发包含m、n、g 3个鼻音音素的音节时，软腭下垂，舌根放松，让气流自然地从鼻腔流出。训练提示：要注意三腔共鸣融为一体，一要注意胸腔、脑腔的配合共鸣，二要注意调节，使声音富有变化。

3. 绕口令训练

找一首绕口令，并找出绕口的字，将它归韵合辙熟读数遍，之后按慢读、连读、快读3步训练，直至一气呵成准确无误。

——引自教师资格证

（https://www.examw.com/teacher/China/60866/Index-2.html）

二、语言沟通技巧

(一) 提问技巧

提问是沟通过程中最为常用的技巧之一。沟通者想要获得信息或想了解老年人对信息的反馈都可以通过提问来获得。但是,对于老年人的提问不可像教师与学生之间的提问,接连不断,针对老年人提问的目的是获得更多有用信息来服务老年人,而非考试、考核。

1. 提问的流程

提问的流程一般分为提问、倾听、汇总(表3-1)。首先要根据已掌握的资料讨论出需要进一步了解的信息或需要解决的问题,形成问题后,向老年人提出问题,在老年人回答问题时,沟通者要倾听,鼓励老年人尽可能多说,以获取更多信息。对于滔滔不绝的老年人,沟通者也要根据时间将主要问题再次重申,以免无法获得有效信息。之后,沟通者要将所有获得的信息进行汇总,分析、验证哪些是有效的信息,并与老年人达成共识。例如,养老机构沟通者小张发现李奶奶最近不喜欢吃饭,情绪倒是很稳定。小张通过其他老年人和换班的沟通者了解到,李奶奶的确有食欲不振的情况,但具体原因并不知道。于是小张找到李奶奶,"李奶奶,您最近好像瘦了,这几天的饭菜不合口吗?"李奶奶连连摆手"没有,合口。但是我最近血糖有点高,不敢多吃。""李奶奶,营养师不是给您制定了食谱吗?您自己节食会饿吧?""不会,我饿了就吃一块饼干……"张奶奶捂住了嘴。"我知道您很爱吃饼干,但又怕血糖高,就自己减少饭量。这样可不行,我一会儿问问营养师,看看怎么改善一下您的食谱,但您可不能再自己偷吃饼干了。"提问有时会导致老年人反感,破坏沟通关系,因此,沟通者在提问时要尽量尊重老年人,不要指责或批评。比如说"这几天饭菜不合口吗?"而不说"您最近为什么不爱吃饭?"

表3-1 提问的流程

流程	提问	倾听	汇总
目的	➢ 收集信息 ➢ 开始讨论	➢ 建立关系 ➢ 鼓励畅所欲言 ➢ 获取信息	➢ 验证 ➢ 探究 ➢ 共识
方法	➢ 开放式 ➢ 封闭式	➢ 运用沟通技巧 ➢ 跟着对方的思路 ➢ 回复疑问	➢ 提出问题 ➢ 解释原因 ➢ 阶段性总结

2. 问题的类型

从答案来划分,提问的方式分为开放式提问和封闭式提问(表3-2)。答案在沟通者预设中,且只有一个答案的问题是封闭式问题;答案不在沟通者预设中,且有多种答案的问题是开放式问题。如"您早晨是喜欢吃馒头还是吃饼?"是封闭式问题,老年人只能在馒头和饼中选择，封闭式提问可以有效控制沟通节奏，省时省力、便于统计，但所获信息有限。如"您早晨喜欢吃什么主食？"答案可能是馒头，可能是饼，也可能是任何老年人喜欢的主食。开放式提问可以获得更广泛、更深入的信息，但耗时耗力、难于统计。

表3-2 提问的类型

类型	开放式提问	封闭式提问
特点	1. 鼓励交流更多的心得 2. 更深入了解人或问题的复杂性 3. 使用过度会导致太多的信息，话题混杂和浪费时间 4. 太多的资讯会使问题失去特点、优先顺序或关联性	1. 有助于将谈话内容局限在某个范围内，同时有利于获得特定的信息 2. 有利于人们以问题来控制谈话内容 3. 更节省时间 4. 可能会错过更重要的资料 5. 会抑制开放的讨论

同学两人一组，分别用封闭式提问法和开放式提问法获得对方喜欢的颜色、爱吃的食物、擅长的运动。然后说说封闭式提问法与开放式提问法的优劣。

可见，当沟通者要对一件事获得大量的信息，那就可以使用开放式提问，因为老年人详尽的表述可以让沟通者知道哪些是最重要的，哪些是最有趣的，以及这件事的一些细节；如果沟通者要迅速了解一件事情明确的答案，可以使用封闭式提问，因为封闭式提问限制老年人的思考，像填空题一样，可以及时获得答案。如果想获知老年人是否发烧，因为时间紧急，答案明确就采用封闭式提问，如"今天有没有发烧？"如果想获知老年人对养老机构是否满意，因为需要了解养老机构哪些做法好，哪些有待改善，则更适合用开放式提问法。

3. 提问的分类

（1）针对性问题。针对性问题是针对某一技巧性或专业性问题提出的问题。针对性问题能让沟通者获得更多的细节。当沟通者不知道老人的答案是什么的时候才使用，通过提出一些有针对性的问题，就这些问题进行了解。如"张奶奶，您这两天的血糖超出正常值了，您最近饭量有增加吗？您最近吃零食了吗？"

（2）选择性问题。选择性问题也算是封闭式问题的一种，就是老年人只能回答"是"或者"不是"。这种提问用来澄清事实和发现问题，主要的目的是澄清事实。比如说："您说您的儿女忘记给您打电话了，那您手机今天开机了吗？"开了或者没有开，当然老年人也许会说不知道，这也是封闭式提问中常见的答案。这时，沟通者如若需要进一步确认，可适当提示相关信息帮助老年人回忆，"您每天早晨手机都会响，提示您吃药，您今天听到手机响了吗？"

（3）了解性问题。了解性问题是指用来了解老年人信息的一些提问，在了解信息时，要注意有的老年人会比较反感提的问题。在一般情况下，沟通者不要问涉及老年人隐私的问题，包括老年人的收入、疾病等。

（4）澄清性问题。澄清性问题是指正确地了解老年人所说的问题是什么，了解老年人沟通真正的原因是什么。如"李奶奶，您说隔壁张奶奶晚上打呼噜声音大，让您很烦躁。您最近睡眠是不是不好呀？这几天您都几点休息的？"

（5）征询性问题。征询性问题是告知老年人问题的初步解决方案。"您看……？"类似于这种问题叫作征询性问题。如"张爷爷，您看元旦晚会您表演歌曲怎么样？"

（6）服务性问题。服务性问题也是老年人服务中非常专业的一种提问。日常生活中，在服务结束时，总会有让被服务者给出几星好评的请求，这就属于服务性提问。在老年人沟通中，这种提问应该在老年人服务结束时使用。如"张奶奶，这个体位您舒服吗？要是舒服，那我两个小时后再来帮您翻身。"这样的提问可能增加老年人被服务的幸福感[8]。

4. 提问的注意事项

（1）提问要有目的。提问是引导老年人有方向地讨论和得到反馈的工具。通过提问，要收集信息、发现需求、征求意见，表示不明白或不相信、向对方提出建议等。如"李奶奶，您今天早饭吃得怎么样？有没有什么不舒服？"

（2）提出的问题应紧扣主题。提出的问题要紧密围绕沟通的内容和主题，通过提问要把老年人的谈话引入自己需要的信息范围。如"李爷爷，您孙子明天要来看您了吧？咱们要不要今天洗个澡精神精神啊！"

（3）提出的问题要少而精。太多的提问会打断老年人的思路，扰乱其情绪。要根据谈话的内容、交谈双方的个人风格特点来确定提问的数量。如果老年人曾经是军人，提问时要干净利索，不需要太多寒暄的话。如"李大爷，今天10点带您去洗澡好吗？"

（4）问题表达要明确。提出的问题要明确具体，提问时语言精练、观点明确、抓住重点。有的沟通者在表达时喜欢东拉西扯，侃侃而谈，最终也没表达出要阐明的事情。

猜物品

训练要求：

1. 时间控制：10分钟；
2. 场地：室内；
3. 所需道具：写有物品名称的卡片若干张。

训练过程：

1. 训练者按座位纵向成一组，各组选出一名回答问题的人。
2. 每组的回答者随机抽出写有物品名称的卡片，不能让其他组员看到。
3. 小组成员提问，回答者回答，小组成员根据回答猜物品。提问者的句式是"是不是……"或者"是……吗？"回答者只能回答"是""不是"或者"不一定"。提出的问题需要涉及其他内容的，则视为无效问题，不予作答，所以请注意提问技巧。例如，提问者："这是厨房用的东西吗？"回答者："是的。"提问者："东西是圆形的吗？"回答者"不是的"，诸如此类。2分钟内猜不到视为答错。

4. 在规定时间内猜对物品数目最多的组获胜。

训练分享：
1. 在活动中，你们是如何组织提问顺序的？
2. 你觉得怎样的提问可以帮助提高准确率？

（二）认同技巧

认同是建立沟通关系的态度，也是一种基本的沟通技巧，是指沟通者在沟通中寻找与老年人共同的话题，并认可老年人的想法、接纳老年人的思想。常用的表达句子有："您说得很有道理""我理解您的心情""感谢您的建议""我认同你的观点""你这个问题问得很好"等，除了语言，还要配合点头、微笑、身体前倾等肢体语言。当然，沟通者不能任何观点和行为都认同，一些可能伤害老年人或其他人人身安全的观点、思想就不能使用认同技巧。如"小崔，我和你说，我现在就是一个拖累，家里本来就没啥钱，孩子们过得也很紧，我一身病也治不好了，不如早死早解脱，也别连累孩子们。"这种情况下，沟通者能判断出老年人有轻生的念头，需要进一步沟通而非认同。

知识链接

FAB原则，源于销售沟通，老年人作为沟通者的服务对象，也可以适时借鉴。
F - Feature，属性；
A - Advantage，作用；
B - Benefit，利益。
在阐述观点的时候，按这样的顺序来说，对方比较能够听懂、能够接受。
因为……（属性），所以……（作用），这意味着……（老年人得到的益处）
——引自360百科
(https://baike.so.com/doc/1335486 - 1411942.html)

（三）同理心技巧

同理心是设身处地从老年人的角度去看和感受事物，并且传达自己对老年人感受的正确的理解，使其觉得自己被了解和接受，给老年人支持的力量。同理心不是同情心，同情心是强者对弱者的怜悯，总是喜欢用"至少……"来表述。如"张奶奶，老伴去世了您很难过，但至少您有过幸福，您看看李奶奶，一辈子都自己一个人"。而同理心则是在平等关系下，像老年人一样去感受、感知。如"张奶奶，老伴去世了您很难过，毕竟爷爷给您带来的幸福是难以忘怀的"。使用同理心技巧要走出自己的参照框架而进入老年人的参照框架；用探索性的口气来表达，根据老年人的反馈进行修正。同理心的表达要因人、因地、因时、因环境、因老年人的文化背景而异。在同理心沟通过程中，沟通者要使用语言和非语言技巧相结合,角色把握到位,进得去,出得来,保持中立。

1. 同理心原则

(1) 沟通者必须确实倾听老年人;

(2) 不只是听老年人的话,还得包括他话中的感受,真正地与他共鸣。

(3) 及时积极反馈,反馈的方式是令老年人知道有人确实听到他所说的话。

2. 同理心的步骤

与老年人沟通的步骤:从感知表达,到了解老年人,再到及时反馈。

(1) 沟通者能准确使用同理心,首先要能感知自己的感受并正确表达出来。沟通者如果不能正确感知自己的感受,就更难去感受老年人的感受。因此,在平时的工作、生活中,当出现一些事情导致情绪有所改变时,记录下来,在独处时体会这种感受并探索此时需要怎样理解。

(2) 其次,多去了解老年人。沟通者由于生活阅历、年龄等限制,很难体会到老年人的所知所感,这就需要沟通者多去了解老年人、倾听老年人,从信息反馈中找到线索,去探究老年人对事物和问题的看法。

(3) 最后,沟通者要及时反馈老年人的感受,如"张奶奶,遇到这样的事情您一定很难承受,这个对您来说真的是很大的打击,一时间处理不了是正常的"。尽量使用一些老年人可以回应肯定答案的句子,使老年人感觉被理解。如"李奶奶,您不喜欢洗澡是怕摔伤吧?那样的话就更无法照顾自己了"。

3. 四种同理心的层次

同理心的层次是按照每一次沟通过程中,沟通者对老年人表达的感受的准确理解和掌握的程度。

第一层次:沟通者漠视内容和感受。第一层次是同理心的最低层次,其实根本不算是同理心。这个层次的沟通者不但不注意分享者的语言和行为的表达。也根本不注意,也不表示他听到了什么。他会漠视、争辩、否定、评估、判断分享者所说的话。

第二层次:沟通者对老年人表达的内容会换用另一种说法,但是对感觉视而不见。属于第二层次的沟通者,只对分享者说话的内容和问题有所反应,但会忽略分享者的真实感受。这种沟通者对老年人表面的感觉可能表示某种程度的知道,但表达的方式会减弱感受的意义。总之,属于第二层次的沟通者,回答的多半是比较不相关的部分,也就是谈话的内容。

第三层次:对内容和感受都有改换说法的回答。属于这一层次的沟通者会对分享者感觉有所反应,故他的改换说法是可以和老年人起交替作用的,因为双方其实是在重复对方的话。需要练成的就是这种改换说法的能力,沟通者所做的表达会让老年人觉得自己的感受有了知音。沟通者不减低,但也不增加分享者所表达的,这是最基本的要求,老年人对表达出来的内容和感受有所回应。如李奶奶说:"我失去老伴,以后我就老无所依了。"沟通者回应说:"李奶奶,您失去老伴的事情让您觉得以后的日子会没有依靠了。"

第四层次:沟通者能够收集所有的信息线索,然后以另一种说法回答。属于这种层次的沟通者对分享者的感受了解得比他自己还要深入。沟通者能够领悟所有的音调、字眼、表情、说话速度、姿态等。沟通者会做一番整理，找出感受，然后传送回去。沟通者真的能帮助老年人更加了解自己的感受，帮助老年人能表达更深的感觉和真意。第四层次的沟通者所说的话，能表现出他对表达的人有更深的了解。他能做更多的反应，对老年人没有说的话，对老年人所说的内容与含义以外的背景有所回答。无言之声就是在这层次出现的。如张奶奶说"我很恐惧日后的生活"，沟通者握着张奶奶的手说："奶奶，您担心未来的生活，恐惧无人相陪的孤独，还有生病时无人照顾的凄凉。"[9]

练一练

分析以下问题，选出正确答案。

情境一：张奶奶说："我用了整整一周时间锻炼身体，但一点进展都没有。"她的意思是（　　）。

情境二：

张奶奶说："唉，我用了整整一周的时间锻炼，也不知道怎么搞的，一点进展都没有。"她的意思是（　　）。

情境三：

张奶奶说："看来是麻烦了，我用了整整一周的时间锻炼，可是一点进展都没有。"她的意思是（　　）。

情境四：

张奶奶说："说来也奇怪，我用了一周的时间锻炼身体，可一点进展都没有。"她的意思是（　　）。

A. 抱怨
B. 无奈
C. 表达建议
D. 征求建议
E. 希望指导

（四）幽默技巧

幽默也是一种良好的心理素质和出色的语言艺术的体现。幽默的沟通者往往更能与老年人建立良好的沟通关系，还可温和化解一些与老年人沟通中的尴尬，给予老年人一些启示和帮助。

"幽默"是拉丁文 Humour 的音译（最早翻译成"欧穆亚"）。其实，Humour 的本意是"潮湿"，转义是"体液"，后来因为当时的医学界认为人的性格与他体内的体液比例有关，所以 Humour 这个词就用来泛指"人的性格和气质"，到了 17 世纪，才渐渐地演变成一个专指"性格乐观、思维机敏"的美学名词。20 世纪 20 年代，当时中国著名的语言学家和文学家林语堂先生把它音译成"幽默"，用来表达"言谈举止有趣而意味深长"这个概念，从此就有了"幽默"这个词[10]。

幽默有积极和消极之分。积极的幽默有自嘲,分享笑话、喜剧电影、搞笑图片等,如"张奶奶,以后您就叫我燕子,可您看我这么胖,肯定飞不起来,就留在您身边照顾您吧"。消极的幽默有歧视、嘲笑他人、讲黄色不雅笑话等。与老年人沟通中,要使用积极幽默,而非消极幽默。

幽默的技巧有很多,沟通者可以根据具体沟通情景灵活使用。

中国汉字博大精深,相同的语音,多样的词义有时会造成很多误解,但也不乏出现一些幽默效果。比如,一母亲对孩子说:"你怎么能吃汤圆啊?不写作业,是不是闲的?"孩子说:"妈妈,汤圆是甜的。"再有,可以有意误解一些语句,如一位女士向其丈夫伸出手说:"我的手缺些用得着的东西。"丈夫随后买了支护手霜。其实妻子想要的是首饰,丈夫故意误解妻子的含义,巧妙化解了尴尬。另外,可以不按事物发展的顺序进行,意想不到的结果也会出现幽默的效果。如一个学生借了同学的手表,结果不慎将手表掉到了桌子上,本来以为被借手表的同学会非常生气,紧张手表,但他却说"这下完了,桌子碎了",化解了场面的尴尬。还可以运用一些泛化概念来回应问题。如一个傲慢的保安驱赶在小区门口的流浪汉:"你也不看看你站的地方?"流浪汉答道:"我看了,还在地球上。"[11]

知识链接

笑的作用

美国马里兰大学医学教授称,大笑可以提高内啡肽水平、强化免疫系统、增加血管中的氧气含量。笑对抑郁症患者有很大帮助。研究统计表明,笑有以下六大妙处。

1. 笑是特效止痛剂。想想看,笑是不是最自然、最没有副作用的止痛剂。开怀大笑时,脑中的快乐激素便会释出,快乐激素是最有效的止痛化学物质,能缓和体内各种疼痛,因此一些罹患风湿、关节炎的人,也要经常笑一笑、哈一哈,以减轻病情。

2. 笑能帮助减肥。大笑是保持身材苗条的最佳方法。权威研究统计部门的一项实验表明:每天开怀大笑累计达10~15分钟就可以明显消耗能量,使人心跳加速,燃烧部分多余的卡路里。

3. 笑能增强免疫力。开怀大笑能令体内的白细胞增加,促进体内的抗体循环,这样能增强免疫能力,对抗病菌。大笑也有助于血液循环,加速新陈代谢,让人感觉活力充沛。

4. 笑使心脏更强壮。研究表明,风趣幽默、喜欢与人开怀大笑的人患心血管疾病的概率较低。开怀大笑能使血液循环更好,血液流通可以避免有害物质的积聚,从而减少对血管的威胁,减少心脏病发生的机会。

5. 笑能助人升职。微笑让一个人看起来有魅力、善社交、充满自信,还能促进自我价值感上升,帮助人们有勇气攻克难关。开怀大笑让一个人看起来更直爽、干脆,办事更雷厉风行。爱笑的人最容易得到晋升。

> 6. 笑能赶走压力。一个人大笑的时候，身体立即释放内啡肽，驱走负面情绪，释放压力。压力大的时候，强迫自己大笑也能有同样的效果。
>
> ——引自百度经验
>
> （https：//jingyan.baidu.com/article/75ab0bcbea2743d6864db218.html）

（五）具体化技巧

所谓具体化，就是当与老年人沟通过程中，老年人表述的信息不够具体，以至于沟通者不能准确掌握老年人传递的信息和感受时，采用的具体性澄清技术。如李爷爷表述："我这几天内心很难过，像噎了些东西在胸口，上不去下不来啊。"这样的表述，沟通者很难掌握老年人具体的感受，就需要将问题具体化，找出线索。"李爷爷，这几天发生了什么让您难过的事情了吗？是儿女没来看您吗？"具体化技巧可以帮助沟通者将老年人表述含糊不清的问题澄清出来，也能帮助老年人在具体问题启示下，找到自己的真实感受。

具体化技巧适用范围比较广泛。首先，将模糊问题具体化。老年人用含糊的字表达其心理问题，如"我烦死了""我感到绝望"等，沟通者要设法将模糊的情绪、思想清晰化。例如，老年人说："今天我真倒霉死了。"沟通者回应说："您能告诉我都发生了什么事吗？"老年人说："多着哪！尽是不如意的事……反正事情多着哪。我总觉得，好事没我份，倒霉事尽让我碰了，别人怎么都没这些事。"通过沟通，沟通者可把握老年人所说的倒霉事，能进一步了解老年人的认知方式和行为特点。有时，老年人觉得烦恼、不安，具体化询问后，或许会发现问题并没有什么大不了。

其次，将过分概括化的问题具体化。过分概括化的问题即是以偏概全的思维方式。将个别事件上升为一般结论；对某一事件的看法发展成对某人的看法，把过去扩大到现在和未来。如他们都不喜欢我、我很蠢、他坏透了等。这就需要予以澄清。如沟通者"你说院里的老年人都对你不好，是谁对你不好？在哪些事情上对你不好？能举些例子吗？"通过具体化分析，发现根源在过分概括化的思维，一是把个别人扩大到其他人；二是把开玩笑当作对自己不好，从而影响到他对同屋老年人的看法，对人际关系产生不良评价，进而影响到情绪，出现抑郁、不信任等心理。这是一种认知的偏差，需用通过认知疗法来改变其错误的认知。

再次，将概念不清的问题具体化。概念不清的解决方法：对概念进行解释、澄清。有些老年人没有真正了解某些"疾病"，乱给自己贴标签，如"神经病""精神分裂症""心脏病"等。例如，老年人声称自己得了神经衰弱，担心会影响生活、损害健康，甚至发展为"神经病"。问：有何症状？答：睡不着。问：要过多少时间才能睡着？答：半小时左右。他听说睡不着就是神经衰弱。沟通者通过询问，了解他的睡不着与神经衰弱并没有必然联系。同时了解到这种现象原先就有，一直也没当回事。前些时候，听说院里有个老年人因睡眠困难，得了神经衰弱，忽然觉得自己似乎也会在躺下后翻来覆去，而不能安然入睡。当晚，睡觉时老想着这个问题，觉得特别难以入睡，之后的几个晚上也是如此，后来发展到白天也提心吊胆[12]。

我 说 你 摆

训练要求：
1. 参与人数：20 人；
2. 时间控制：30 分钟；
3. 场地：室内；
4. 所需道具：长方形盒子 24 个、桌子 4 张。

训练过程：
1. 20 名训练者平均分成 4 组，两组组成一个竞赛队；
2. 一个竞赛队中的一个组，背对着另一组先将自己桌上的 6 个盒子摆成任意形状；
3. 摆好的一组向自己队中的另一组描述所摆形状，另一组听到描述后即开始摆放，另一队亦然；
4. 两组交换角色进行；
5. 10 分钟后，根据两个竞赛队图形摆放的难度及各队中两组摆放的相似度判定获胜的一方。

训练分享：
1. 能取胜的原因是什么？向他人描述情况有什么技巧？
2. 你认为在沟通中怎样才能提高信息传达的有效性？

（六）批评技巧

批评是指出所认为的缺点和错误或对缺点和错误所提出的意见。批评总会给人不好的感受，因此要减少使用该技巧的频率。如果必须使用时，也要注意方式方法。沟通者要让过失看起来更容易改正，让老年人相信，改进自己的弱点并不是那么困难。

案例：一天晚上，散步回家，未到楼下，便见一辆救护车闪烁着刺眼的蓝光疾驶而去。一问才知原委：王大爷早年丧偶，退休后恋上了打麻将，儿女对此很有意见。这不，王大爷又因打麻将，忘了去幼儿园接孙子，儿子忍无可忍，抱怨了几句，气头上话说重了，于是，原本患有高血压的王大爷，便晕倒在地、不省人事……

对于王大爷打麻将入迷的事情，作为沟通者，你认为该怎么办？

1. 绵里藏针暗批评

批评老年人不在于语言的尖刻而在于形式的巧妙，其关键是朦胧、含蓄。如"李奶奶，您最近血糖升高了，我得把您的小蛋糕先藏起来，要不李大夫来了可不得了"。沟通者既阻止了李奶奶进食零食，又借用李大夫的权威批评了李奶奶。

2. 正话反说借批评

古语云："将欲取之，必先予之。"沟通者在批评老年人时，有时为了更好地达到目的，故意正话反说，反而更能成功。如"今天我给大家讲讲吸烟的好处。第一大好处是可以防小偷。因为吸烟会引起咳嗽，晚上一咳嗽，小偷就不敢来了。第二大好处是永远年轻。烟吸得多了，寿命就会变短，这样就永远别想老了。"

3. 有意沉默示批评

在批评老年人的时候，有意识地保持沉默，用眼神、微笑去批评老年人也是一种较好的方式。对有过错的老年人，只要你会心地对他一笑，他往往既心知肚明，又感到这是对他的一种莫大的尊重、特殊的信任。使老年人在沉默的氛围中感受到你的不满和责备，从而领悟到自己的过错。

4. 借己道人巧批评

批评自己亲身经历的相类似事情，达到让老年人领悟的效果。如"张爷爷，我爷爷以前和您一样，特别喜欢吸烟，手指都发黄了，后来，肺部感染，恢复了很久，我爷爷总说等好了就不吸烟了，总上不来气太难受了"。

5. 对比揭示比喻批评

黑白鲜明的对比与比喻常给人心灵震动，使之产生出人意料的效果。如"张奶奶，您看隔壁的李奶奶，坚持吃了一周营养餐，血糖都正常了，她之前的血糖可是比您还高啊！"

6. 褒贬有致妙批评

心理学研究表明，人在听了赞扬之后再听批评，心理要容易接受得多。这种方法也被叫作三明治法，先表扬，再批评，再表扬。如"王大爷，您最近气色可真好啊，要是再配合张医生的康复训练，那准比周润发还帅哪！"

> **知识链接**
>
> 美国著名演说家卡耐基在《人性的弱点》中，讲过这样一个故事：太阳和风要比试谁的力量大，正好看到路上走着一位穿棉袄的老头。它们约定，谁能把老头的衣服脱下来，谁就算赢。风首先出场，它猛烈地向老头刮去，结果，它越使劲地刮，老头就把棉袄裹得越紧，风无可奈何地败下阵来。这时，太阳出场了。它用温和的阳光照在老头的身上，并不断地加温。老头先是解开了纽扣，但还是耐不住热，最后终于脱下了棉袄。
>
> 这则故事给了你什么启示？
>
> ——引自人民网《批评的方法和技巧》
>
> （http://dangjian.people.com.cn/n/2013/1022/c117092-23283298.html，2013年10月22日）

（七）自我表露技巧

"自我表露"一词由人本主义心理学家西尼·朱拉德于1958年提出，他认为自我表露就是让目标人了解有关自己的信息，目标人就是将个人信息与其进行交流的人。后来，他又在《透明的自我》中将自我表露界定为，告诉另外一个人关于自己的信息，真诚地与他人分享自己个人的、私密的想法与感觉的过程。Derlega 和 Chaikin 将自我表露定义为"交换自我的任何信息，包括个人的地位、性情、过去的事情以及未来的计划等"[13]。

自我表露是沟通者在与老年人进行沟通时，为了帮助或启发老年人而自愿将自己相同的内心感受或真实想法传递给老年人的技巧。这一概念强调了沟通者与老年人的关系，体现了沟通者表达自身感受和信息的主观意愿，同时强调了表达的真实性。自我表露能够促进相互间的交流，通过交流增进感情、密切关系。自我表露在人际交往中有着很重要的位置，也是衡量沟通者交际能力的一个标准。适当的自我表露不仅会拉近沟通者和老年人的距离，而且让老年人对自己有更多的了解与信任。

沟通者适时向老年人说出一些自己的感受和经历，以求获得共鸣。自我表露要遵循几个原则：首先要理解老年人；要选择适当的动机自我表露；不要为增强与老年人的沟通去刻意表露自己，甚至不惜编造假话；要让老年人感觉到你的自我表露是为了启发他思考。如张爷爷说："我有一次犯了心脏病，儿女都不在身边，我很害怕。"沟通者可以回应："您说的这种感受我能理解，我小的时候有一次放学，爸爸没来接我，同学们都走光了，我自己站在校门口，害怕极了，觉得自己再也见不到家人了。那种无助与恐惧我到现在都记得。"

> **测一测**
>
> **自我暴露指数测试**
>
> 用五点评定表示你在多大程度上同意下面的说法。
> 1. 在我难过的时候，我通常向朋友倾诉。
> 2. 我不愿谈论自己的问题。
> 3. 当我身上发生不愉快事情的时候，我经常找人谈论这些事情。
> 4. 我一般不和人讨论那些使我难过的事情。
> 5. 当我感到沮丧或难过的时候，我总是独自承担。
> 6. 我会找人谈论自己的问题。
> 7. 当我心情不好的时候，我会找朋友聊天。
> 8. 如果我难过，我最不愿意找别人倾诉。
> 9. 当我遇到难处的时候，我很少找别人谈论这些困难。
> 10. 当我痛苦的时候，我不会告诉任何人。
> 11. 当我心情不好的时候，我一般找人聊天。
> 12. 我愿意把我不高兴的事告诉别人。
>
> **计分方法：**
> 先将反向题目反向计分（1＝5，2＝4，3＝3，4＝2，5＝1）。反向题目为2、4、5、8、9、10。然后将所有12个题目得分相加。分值越高，越易于自我表露。
>
> ——引自百度文库
> （https://wenku.baidu.com/view/d41fd53383c4bb4cf7ecd1b4.html）

（八）威慑技巧

不怒自威是威慑技巧的最高标准。平稳地，细声，稍微压低声调，有如在劝说般轻声细语地说也可以起到威慑作用。威慑技巧适用于一些其他技巧无法完成与老年人沟通的情况。

1. 威慑技巧类别

（1）用自身的专业背景威慑。一些专业人士会给老年人带来职业上的信服感，自然能起到威慑作用。如医生、社工、心理咨询师、律师等。如张爷爷总是拒绝吃药，沟通者看着他把药吃进去，张爷爷一转头就又把药吐出来了。但只要沟通者穿上白色大褂，张爷爷就乖乖把药吃了。

（2）用自信威慑。沟通者坚定的眼神和肯定的话语，会将沟通者的自信变成老年人的自信，自然起到威慑的作用。

2. 使用威慑技巧的注意事项

（1）使用威慑技巧时注意软化，语音、语调要尽量平稳，细声细语，压低语调。

（2）要时刻观察老年人的情绪变化。

（九）鼓励技巧

鼓励是一种积极向上的力量，是指鼓动激励。沟通中多鼓励老年人，有利于沟通关系的建立，也有利于老年人的身心健康。首先，鼓励的方法要适时运用，当老年人出现沟通者期望的反馈或行为时，沟通者就要马上鼓励。如"张奶奶，您今天康复做得真棒，再坚持下去，手臂肯定很快就能动了"。其次，鼓励最好能适度。沟通者不能对老年人进行过度的鼓励，鼓励老年人应该从简到繁、由易到难。鼓励老年人的内容不能超出老年人的能力范围，在符合老年人的最低期望时鼓励老年人，不但容易让老年人领受你的鼓励，内心还会产生压力，没做好，还被你鼓励，这种压力会激发老年人更加努力。如"张奶奶，您今天能握住橘子了真棒！明天我们再试试苹果，您一定行的"。

使用鼓励技巧要发现每个老年人的独特之处，而不是以优衬差，什么事都把老年人相比较。当老年人出现过错时采用鼓励技巧，不但容易让老人领受你的鼓励，内心还会产生压力，这种压力会激发老年人更加乐于改变。

（十）对峙技巧

对峙又称为面质、对质、正视现实、质询等。对峙是指老年人向沟通者指出并与之讨论存在于他身上的各种情感、思想、行为之间的矛盾。对峙的目的和意义在于协助老年人对自己的情感、思想、行为及所处的境况做深入的了解，澄清各种自相矛盾、混乱不清、实质各异的感受、言行，促使老年人放下自己有意无意的防卫心理，面对现实情况。如张奶奶说："自从隔壁住了邻居，我就睡不着，好像快一个月都没睡了。"沟通者回应说："张奶奶，您一个月都没睡了？可专家说了人一周不睡就有生命危险了。"需要注意的是，对于缺乏自信、意识薄弱的老年人，不适合运用对峙技巧。

实操训练

张奶奶说自己很受人欢迎，但就是和李奶奶相处不了。实际上，张奶奶和其他老年人相处也不愉快。请你用对峙的方法指出事实。

（十一）拒绝技巧

在与老年人沟通中，可能由于各种原因，老年人会对沟通者提出一些要求，比如有的老年人会拒绝与沟通者进行沟通，有的老年人拉着沟通者喋喋不休，有的老年人要给沟通者介绍男女朋友等。这时，沟通者就要拒绝一些不合理或不利于沟通进行的要求。拒绝老年人是拒绝他的想法而非拒绝老年人本身，沟通者要正确使用拒绝技巧，不要产生不必要的内疚心态。

1. 直接拒绝法

直接拒绝是拒绝中最为激烈的方法，就是当场直接表达拒绝之意。对老年人采用这种拒绝方法，一定要避免态度生硬，说话难听。在一般情况下，直接拒绝老年人，需要把拒绝的原因讲明白。如张奶奶患有糖尿病，要求沟通者给她带一些糖果。沟通者可以这样回复："张奶奶，这个我不能答应您，因为糖果会让您的血糖升高。不如这样，下次我来，给您带些您最喜欢的剪纸吧。"

2. 婉转拒绝法

就是用温和曲折的语言，去表达拒绝之本意。与直接拒绝法相比，它更容易被接受。因为它更大程度上顾全了被拒绝者的尊严。如"张奶奶，您要的糖果我可以给您带来，但是医生要是发现了，您的药量和治疗会加大吧？"

3. 沉默是金法

沉默是金法就是在面对难以回答的问题时，暂时中止"发言"，一言不发。当老年人的问题很棘手时，可以用沉默代替回答。这种不说"不"字的拒绝，所表达出的无可奉告之意，常常会产生极强的心理上的威慑力，令老年人不得不在这一问题上重新思考。

4. 转移法拒绝

转移法就是避实就虚，对老年人不说"是"，也不说"否"，只是搁置此事，转而议论其他事情。如张奶奶要给沟通者介绍男朋友，沟通者可以说："张奶奶，我一会儿要去开会，您的事咱们下次再谈。"[14]

在使用拒绝技术时，要注意老年人的接受能力。有的老年人无法接受被拒绝，而对沟通者发怒或停止沟通，所以要在采取拒绝技巧时判断老年人的接受能力，而选择适合的拒绝方法。拒绝老年人后尝试表达一些感谢或歉意，可以有效缓解拒绝带来的伤害。如"张奶奶，谢谢您的好意，但我现在真的没有考虑这些问题。"拒绝要特别注意场合，私下的拒绝能保护老年人的自尊心，因此要选择私下的场合拒绝。沟通者的态度友善，先给予肯定再拒绝，能降低老年人"被否定"的感受。如"张奶奶您说得真好，但要是能放弃糖果的事就更好了"。

（十二）赞美技巧

赞美是对人的行为的一种鼓励和鼓舞。渴望得到别人的赞美，是人的心理需求。赞美老年人可以迅速拉近沟通者与老年人的关系。如"张大娘，您好啊！您今天穿的这件红衣服真好看！特别年轻"。赞美老年人也可以满足老年人的自尊需要，通过赞美，老年人能获得他人对自己的肯定。如"张爷爷，您真是老当益壮！"因为社会角色的改变，老年人失去了原有工作、生活场景，获得赞美的机会也越来越少，因此沟通者要熟练使用赞美技巧。

1. 赞美要合乎时宜

赞美是美好的沟通技巧，但是过多的赞美会适得其反，给人造成一种阿谀奉承之感。赞美要相机行事、适可而止，最好达到"美酒饮到微醉后，好花看到半开时"的效果。当与老年人进行沟通时，开头的赞扬能鼓励老年人，中间的赞扬能督促老年人，结尾的赞扬则可以肯定老年人。

2. 赞美要具体，发现一个优点但不发明一个优点

在日常生活中，人们有非常显著成绩的时候并不多见，因此沟通者要有一双发现老年人优点的眼睛，但要注意，发现老年人的优点是赞美，发明老年人的优点就是奉承了。如张爷爷谢顶，却被赞美头发茂盛。因此，沟通中应从具体的事件入手，善于发现老年人哪怕是最微小的长处，并不失时机地予以赞美。赞美用语越翔实、具体，说明沟通者对老年人愈加了解，让老年人与沟通者之间的沟通距离越来越近。如"李爷爷，您穿上军装的气质真是太英俊了，像极了电视剧里的李云龙"。

3. 赞美要因人而异

人的素质有高低之分，年龄有长幼之别，因人而异，突出个性，有特点的赞美比一般化的赞美能收到更好的效果。老年人总希望别人不忘记他"想当年"的业绩与雄风，同其交谈时，可多称赞他引为自豪的过去。如"李奶奶，您当年做教育局局长的时候，真是桃李满天下，真羡慕您啊！"此外，赞美并不一定总用一些固定的词语，见人便说"好……"。有时，投以赞许的目光、做一个夸奖的手势、送一个友好的微笑也能收到意想不到的效果。[15]

实操训练

"戴 高 帽"

训练要求：

1. 时间控制：20分钟左右；
2. 场地：室内。

训练过程：

1. 训练者按照4人一组分成若干组，围圈坐；
2. 每组请一位成员坐或站在团体中央，向大家介绍自己的姓名、个性、爱好等；
3. 其他成员轮流根据自己对他（她）的了解及观察并说出他（她）的优点（如性格、相貌、待人接物的方式……），要用第二人称，"我认为你……""我觉得你……"不用介入第三者。被赞美的人不能说话，但要与赞美者做眼神交流；赞美者话不能太多，不能重复前面的话；只赞美，不批评。

训练分享：

1. 在他人眼中自己的哪些优点是以前察觉到的？哪些是没有察觉到的？哪些

赞美最令自己高兴？为什么？

2. 小组成员分享受到赞美后的心理感觉。

——引自豆丁网《专注力训练方法》

(https://www.docin.com/p-2185704848.html)

（十三）积极反馈技巧

反馈分为正向的反馈和建设性的反馈。正向的反馈就是沟通者对老年人积极的行为提出的称赞，以促进这种行为的再次出现。如"张奶奶，您今天饭吃得真好，连不爱吃的苦瓜都吃掉了"。建设性的反馈，就是沟通者对老年人做得不足的地方，提出一些启示性建议，以减少不足行为的出现。如"张奶奶，今天饭吃得真好，要是把苦瓜也吃了就更棒了"。注意积极反馈技巧要紧跟老年人沟通的频率，老年人沟通后就要进行反馈，不要拖延。

沟通者在回应老年人之前应确保沟通者自己所要表达的意思是经过认真考虑的，能让老年人确实感受到沟通者的真诚和理解。沟通者切忌盛气凌人、居高临下的姿态。回应时避免埋怨、指责或故意贬低老年人。沟通者要善于换位思考。反馈要针对老年人的需求，站在老年人的立场和角度考虑问题，针对老年人最为需要的方面给予回应。

1. 反馈的时机

（1）反馈要及时，但不一定是即时。一方面要保证反馈的时间在沟通者与老年人间的记忆中非常清晰，另一方面要给老年人留有适当的思考时间，以促进沟通交流的良性发展。

（2）通过观察对方言语中表达的情感或情绪，灵活选择反馈的最佳时机，避免在老年人情绪较为激动时进行反馈。

2. 反馈的语言

（1）反馈的语言要确定、具体，便于老年人理解。

（2）尽量使用和善、委婉的语言，避免发生正面冲突。笼统、抽象或带有成见的语言对反馈是不利的。

（3）把反馈的重点放在最重要的问题上，确保老年人能够理解和接受。

（4）当不满意所收到的反馈时，可以将自己的疑问反馈给老年人，进行双向反馈。

翻 转 纸 牌

训练要求：

1. 时间控制：20分钟；
2. 场地：室内；
3. 所需道具：桌子数张、纸牌。

训练过程：

1. 训练者分为若干组，每组人数均等，8~10人；

> 2. 每组成员依次从起始线开始，跑步到前方的区域，全队用最快的时间将反扣的数字牌按照顺序翻过来；
> 3. 每组每次只能有一人从起始线进入活动区域，每人只能翻动一张数字牌，如果翻开的数字是紧跟着已经翻开的数字，可以继续翻牌，如果不是正确的数字牌，则继续扣回去，换下一名队员，不能改动数字牌的位置；
> 4. 最早完成的小组获胜。
>
> **训练思考：**
> 1. 完成本活动的关键点是什么？
> 2. 在完成活动的过程中，反馈的作用体现在哪些方面？

（十四）寻找共同点

沟通者若能找到与老年人的若干共同点，然后展开交流，后续的沟通一定会顺畅许多。寻找与老年人相同点的方法，大致有以下几种：

1. 听口音

听口音寻找共同点的方法很有效，但需要熟悉各地方口音，甚至能学会几句比较有标志性的话，当遇到有相关地方口音的老年人时说上两句，分外亲切，很快能拉近沟通者与老年人的距离。

2. 问家乡

这是一种运用得比较广的方式。了解老年人的家乡后，可以分以下两种情况进行沟通：若对那个地方熟悉，可与老年人共同分享其家乡的特点、特色；若对那个地方不熟悉，则可以让老年人谈谈他们自己认为不错的地方。

3. 寻找话题的"闪光点"

老年人在退出社会角色前的事业、工作、成就，抑或是老年人优秀的子女或孙辈，都是与老年人沟通谈话的"闪光点"。如"张奶奶，您儿子可真有本事啊！年纪轻轻就当上了CEO"。还可以根据老年人的兴趣爱好寻求共鸣。如"李爷爷您也喜欢下象棋啊，我不忙的时候也总下"。

> 换 位 思 考
>
> **训练要求：**
> 1. 时间控制：20分钟左右；
> 2. 场地：室内；
> 3. 所需道具：图片数张。

训练过程：

1. 指导者给训练者看下面两幅图，请训练者分别说说看到了什么。

2. 让训练者换个角度看图片，看看有什么新的发现？

训练分享：

1. 请训练者谈谈通过看图片获得了什么样的感受。
2. 当你和别人发生矛盾时，试着站在别人的角度看问题，试着理解他人，效果是不是不一样？
3. 当你和别人发生沟通危机时，怎样处理会更好一些？

 实操训练

寻找沟通共同点

训练要求：

1. 时间控制：30分钟；
2. 场地：不限；
3. 所需道具：每人一张个人信息表（表3-3）、一支笔。

表3-3 个人信息表

个人信息项	具有同类信息的训练者姓名
你最喜欢的季节是：	
你出生在　　月份	
你最喜欢的体育活动是：	
你能使用　种语言进行交流	
你最喜欢的歌手是：	
你最喜欢的颜色是：	
你最喜欢的一本书是：	
你最想去的地方是：	
你是否养过小动物：□是　□否	

训练过程：

1. 训练者把个人信息表中的信息填写完整，要求如实填写；
2. 填完个人信息表后，训练者要去寻找具有同类信息的人（只要有一项信息符合即可），请具有同类信息的人在对应的信息项后签名；
3. 最后，得到签名最多的训练者获胜。

训练分享：

1. 你是通过何种方式找到与你有共同点的训练者的？请获得签名较多的训练者谈谈自己的感受。
2. 通过活动，原来不熟悉的训练者之间是不是已加深了对彼此的了解？

任务四　了解与老年人非语言沟通的特点

【知识目标】

◇ 了解老年人非语言沟通的特点。

【能力目标】

◇ 提高学生对老年人生理特点的认知能力。

【素质目标】

◇ 培养学生对老年人的同理心。

一、老年人非语言沟通的生理特点

沟通中的非语言一部分是表情。人类的面部是由44块肌肉组成的，血管和神经缠绕着软骨和骨骼，光滑绷紧的皮肤贴在骨骼上，这些组织相互关联、相互作用，可以做出推、拉、扭曲各种动作，摆出足以让人吃惊的5 000个表情来。另一种是动作，人体一共有7大关节，分别为肩关节、腕关节、髋关节、膝关节、踝关节、肘关节、颞下颌关节。关节一般由关节面、关节囊、关节腔组成。人体全身骨头为360块，四肢大关节为12个，小关节为210个。人体全身的肌肉共约639块，约由60亿条肌纤维组成，其中最长的肌纤维达60厘米，最短的仅有1毫米左右。老年人由于受到年龄、营养、性别、胖瘦和锻炼情况影响，每个关节和肌肉的活动范围受限，导致非语言沟通的能力下降。

二、老年人非语言沟通的特点

老年人除了受关节和肌肉的影响，五感能力也逐渐下降，导致老年人的非语言表达越来越少、表达滞后性明显、反馈敏感度下降。例如，张奶奶与老伴感情一直很好，但老伴近几年身体欠佳，近期离世。可张奶奶并没有出现家属预想中的痛苦，甚至连一滴眼泪也没有流过。张奶奶的家人找到社区的社会工作者，希望得到帮助。社工见到张奶奶时，她肢体僵硬，坐在沙发里，目光呆滞。社工用手抚摸着张奶奶的手说："我知道您现在很难过，爷爷走了，您心里压抑着悲伤……"张奶奶慢慢转向社工，动了动手指，社工坐在张奶奶身旁，边用手抚摸着张奶奶的背边说："张奶奶，难过的话就哭出来吧，您的孩子们不在这儿，不用担心。"许久，张奶奶哭了起来。老年人对于外界的感知力下降，情绪发泄也缓慢，沟通者在使用和感知老年人的非语言时，要耐心观察和等待，不要急于求成。

知识链接

毛巾操（节选）

毛巾操动作简单，易于学习，而且毛巾便于随身携带，可以随时练习。毛巾操是专门为中老年人设计的，共有9个动作，难度适中。通过练习可以增强肌肉力量，提高肌肉灵活性、柔韧性，改善身体的稳定性，预防摔倒。

第1节 预备式

自然站立，把毛巾挂于颈部，原地踏步，自然摆臂，一左一右为一次，练习8次。

目的：热身，为下面各动作练习做准备。

第2节 弓步前推

自然站立，双脚分开与肩同宽，双手持毛巾置于胸前，目视前方；

左腿向前迈出一步，右腿向后蹬直，成左弓步，同时双手持毛巾向正前方推出；

收回左腿，还原，换右腿练习弓步前推，动作与左侧相同；

一左一右为一次练习，练习4次后还原。

目的：增强下肢力量，前后移动重心，提高运动中的平衡能力。

第3节 屈膝下蹲

自然站立，双脚分开，稍宽于肩，双手持毛巾置于脑后，目视前方；

屈膝下蹲，使大腿尽量与地面平行（膝关节有伤病者以舒适为度），膝盖与脚尖方向相同，且膝盖垂线不超过脚尖；

身体直立，膝关节伸直，同时举起毛巾于头部正上方，完成一次练习，反复练习8次后还原；

老年人可根据个人情况适当调整练习次数、下蹲幅度。

目的：增强下肢力量，上下移动重心，提高运动中的平衡能力。

> **第4节 侧向转体**
>
> 自然站立,双脚分开与肩同宽,双手持毛巾前平举,与肩同高;
>
> 以腰为轴身体向左侧慢慢旋转,待感觉到右侧肌肉拉伸时,身体向右侧旋转;
>
> 右侧练习与左侧相同,唯方向相反,一左一右为一次,练习4次;
>
> 待动作练习熟练后,可以适当提高转体幅度,延长拉伸时间。
>
> 目的:拉伸腰部肌肉,滑利脊柱关节,提高肌肉的柔韧性。
>
> ——引自北京市疾控中心慢病防治所

任务五 掌握与老年人非语言沟通的技巧

【知识目标】

◇ 掌握表情、微笑等非语言沟通技巧。

【能力目标】

◇ 提高学生观察事物的能力。

【素质目标】

◇ 培养学生对老年人的耐心与关爱。

一、非语言沟通基础技巧

我们知道,沟通的方式不外乎口头语言和肢体语言两种。通过口头语言,沟通者能传达信息,而通过肢体语言,沟通者可以传达出自己的思想和情感。

我们来看以下一些数据:

由图3-2可见,与人交流中,别人眼睛所见对交流的影响最大,占了55%;讲话者的语音、语调也会影响交流,占38%;而讲话者的用词,仅占7%。

在沟通中,沟通者对非语言技巧十分关注。因为老年人的语言可以受到自己的控制,可以因为一些因素而选择说

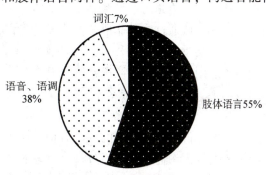

图3-2 沟通的比重

注:图片来自网络。

谎、欺骗，但非语言则很难伪装，尤其是身体语言。身体语言一般分为开放式和封闭式身体语言，开放式就是整个身体呈现开放状，如接孩子放学回家的父母会张开双臂准备拥抱孩子，展现的是一种无防御、亲切的信息。封闭式身体语言则相反，展现一种防御、自我保护和不接纳，如老师批评学生时，学生低着头，双手交叉，用力相握。在与老年人沟通中，沟通者要以开放式的身体语言面对老年人，这样有利于良好沟通关系的建立。

（一）表情

表情指人通过面部的各种动作而表达的信息情绪。它是凭借眼、眉、嘴以及颜面肌肉的变化等体现出丰富内容的。人们对现实环境和事物所产生的内心体验以及所采取的态度，这就是通常所说的感情，它经常有意无意地通过面部表情显示出来。表情最能反映出一个人的特性。在所有非语言沟通中，人们认识最趋一致的就是脸部表情，因为这是最显眼、最一目了然的神态。表情在面对面的口语沟通过程中是心灵的屏幕，能够辅助有声语言传递信息，沟通人们的感情[16]。

沟通者在与老年人沟通时，表情应放松、和蔼。一些不利于良好沟通的面部表情必须得到控制。如皱眉，会让人感觉到不愉快；眉毛上调，会让人感觉在挑起冲突。

（二）目光

目光具有爱憎功能、威吓功能、补偿功能、显示地位功能等。

在沟通过程中，可以通过传递准确的目光来增强情感沟通。如热情诚恳的目光，让人感觉到亲切；平静坦诚的目光，给人一种稳重的感觉；闪耀俏皮的目光，表现出幽默；冷淡虚伪的目光，则传达出人的不悦；而咄咄逼人的目光，会让人不寒而栗。

沟通过程中，沟通双方通常相互注视的连续时间占整个对话的10%～80%。注视率<15%：容易造成冷漠、悲观、狡辩、回避、顺从、迟钝等消极印象；注视率≥80%：会给人留下易亲近、自信、大方、成熟、诚实等积极印象。

（三）手势

手势作为人体语言的一个重要方面，在沟通中起着重要的作用。手势，即以手的动作态势示意。手势语是通过手和手指语来传递信息。人们常常用手势来代替语言行为，用来强调某一问题或通过这种非语言方式描述语言，给沟通者提供缓解紧张的机会。它包括握手、招手、摇手和手指动作等。手势作为信息传递方式，是先于有声语言的[17]。和老年人沟通中运用手势，应该明确精练、自如和谐、温和亲切。

（四）动作

心理学告诉我们，人们的一些看似不经意的小动作，正是在传达着内心的一些情感，我们在与老年人沟通时可以通过观察对方的动作来了解其当下的心理状态。日常动作的含义见表3-4。

表 3-4 日常动作的含义

身体部位	动作	含义
头部	抬头上昂	自信、果断、较为自我
	向左倾	享受谈话过程、放松
	向右倾	在思考与判断、紧张
眼神	正视对方	友善、诚恳、外向、有安全感、自信、笃定
	游移不定	紧张、不自信、不诚实、内向、人际敏感度较低
手	手抓住椅把	不自信、紧张
	手绕衣角或其他东西	不自信、紧张,或者心不在焉、不专注
	双手垫在屁股下面	保守、拘谨,人际交往能力弱
	手挠喉咙、手放在嘴唇上	不认同,准备发言反击
	双手放在背后或环抱双臂	不欣赏、质疑、防御、准备攻击
腿脚	跷二郎腿、腿脚抖动	清高、随意、有些自大
	两腿张开,脚尖朝对方	开放、诚恳
	两腿交叉,脚尖朝自己	封闭、不友好
坐姿	往后靠	放松、自我、骄傲
	往前倾	注意、感兴趣、赞同
	坐在椅边上	不安、厌烦、警觉

(五) 肢体语言沟通的禁忌

头部不宜做的动作:盲目地摇头晃脑;经常性地挤眉弄眼;两眼死盯住别人不放或闭眼听人讲话;用眼睛四处搜寻别人的房间;板着面孔斜眼看人;冲人龇牙咧嘴,嗤鼻瞪眼;抽鼻子,吧唧嘴,向下流鼻涕、流口水;未说话先咳嗽清嗓子,倒吸气;说话时向别人脸上溅唾沫;看书报时张着嘴或蘸唾沫翻书页;冲着别人打哈欠、打喷嚏;无论对方心情如何都对人家傻笑;吸烟时吐烟圈或从鼻子向外喷烟。

手足不宜做的动作:情绪一激动就手舞足蹈,忘乎所以;有人无人把手指掰得嗒嗒响。数钱用手蘸唾沫,甚至用舌头舔手指;把手放在嘴里咬指甲;在大庭广众下伸手到裤中去挠痒;夏天把手伸到衣服里去揩汗或搓汗泥;随便用手剔牙、抠牙屑;擦完鼻子往衣服上揩拭;握手时过分用力或者"死鱼手"(即毫不用力,好似让对方握住一条死鱼一般);说话时用手指点对方;坐长椅时跷起二郎腿或腿抖动不止;把腿、脚放到桌子上或伸到前边坐位上去;女性在交谈时将双腿叉开;跟上级或长辈说话时双手叉腰或两腿叉开;走路时东倒西歪,摇摇晃晃。

其他禁忌:随地吐痰、擤鼻涕;进屋用脚踹门;到商店买东西故意挤别人或趴在别人身上看东西;排队时"夹塞儿";几个人在马路上并排骑自行车,甚至勾肩搭背;随地扔废纸、烟蒂和果皮等;从楼上往下吐痰、倒垃圾、泼脏水等。

(一) 从握手的习惯了解人的性格

1. 无精打采型：这种人握手时，手指头软弱无力而握得不紧，常见于悲观、犹豫不决的人。

2. 大力士型：这种人出手猛烈，握时用大劲，非等对方有畏缩或表示激动的反应时，才肯松手。这是一种性格鲁莽，喜欢以体力标榜自己、好争雄的人。

3. 踌躇型：这种人无法决定自己要不要跟别人握手。这是一种前怕狼后怕虎、遇事迟疑不决、缺乏判断力的人。

4. 保守型：这种人握手时，手臂不愿伸长，肘部的弯曲度成直角，手臂喜欢贴近身体，充分显示出谨慎与保守的个性。

5. 强迫型：这种人从不肯放过任何可以同人握手的机会。不论是向对方告别、访问或者是偶尔邂逅，总是不论亲疏地先伸出手与对方相握。这种近乎强迫性的握手动作，反映出他内心的不安和自卑。

6. 敷衍型：这种人把握手看成应付人的例行公事。握手时仅把手指头伸向对方，毫无诚意可言。这是一种做事草率、急情成性的人。

7. 粗犷型：这种人握手时的动作比较粗犷，不但紧握住对方的手，还会加上不停摇晃的动作。这种人具有坚定的意志，秉性刚强。

8. 说教型：这种人常先握住对方的手，以示好感，随之便滔滔不绝地向对方发起宣传攻势，不达目的，誓不放手。这种人往往是机会主义者，善于利用别人来满足自己的欲望。

9. 统御型：这种人在握手前先凝视对方片刻，或在握手时翻过手腕把他人的手掌压在自己的手掌下方。这种人具有强烈的统御欲，企图通过握手使对方处于心理上的劣势。

10. 自我型：在宴会等多人聚集的场合，能够轻松自如地和陌生人握手，具有旺盛的自我表现欲。

(二) 从站姿了解人的性格

1. 站立时习惯把双手插入裤袋的人：城府较深，不轻易向人表露内心的情绪。性格偏于保守、内向。凡事步步为营，警觉性极高，不肯轻信别人。

2. 站立时常把双手置于臀部的人：自主性强，处事认真而绝不轻率，具有驾驭一切的能力。他们最大的缺点是主观，性格表现为固执。

3. 站立时喜欢把双手叠放于胸前的人：这种人性格坚强，不屈不挠，不轻易向困境和压力低头。但是由于过分重视个人利益，与人交往经常摆出一副自我保护的防范姿态，拒人于千里之外，令人难以接近。

4. 站立时将双手握置于背后的人：性格特点是奉公守法，尊重权威，极富责任感，不过有时情绪不稳定，往往莫测高深，最大的优点是富有耐性，而且能够接受新思想和新观点。

5. 站立时习惯把一只手插入裤袋,另一只手放在身旁的人:性格复杂多变,有时会极易与人相处,推心置腹;有时则冷若冰霜,对人处处提防,为自己筑起一道防护网。

6. 站立时两手互握置于胸前的人:其性格表现为成竹在胸,对自己的所作所为充满成功感,虽然不至于睥睨一切,但踌躇满志,信心十足。

7. 站立时双脚合并,双手垂置身旁的人:性格特点诚实可靠,循规蹈矩且生性坚毅,不会向任何困难屈服低头。

8. 站立时不能静立,不断改变站立姿态的人:性格急躁,暴烈,身心经常处于紧张的状态,而且不断改变自己的思想观念。在生活方面喜欢接受新的挑战,是一个典型的行动主义者。

——引自博客园《读心之术》

(https://www.cnblogs.com/gkb986/archive/2012/05/10/2494861.html)

二、非语言沟通技巧

(一) 微笑技巧

微笑是一种美好、积极情感的反映,也是一种礼貌和涵养的表现。一位优秀的沟通者脸上总是带着真诚的微笑。沟通者必须学会分解和淡化老年人的烦恼与不快,时时刻刻保持一种轻松的情绪,把欢乐传递给老年人。

1. 微笑包含三方面标准

首先是面部表情标准。面部表情和蔼可亲。上唇的位置:露出上前牙的75%~100%。上唇的曲线:向上弯曲的曲线意味着嘴角比上唇中部的下界要高。上前牙曲线与下唇的平行:平行即上前牙的切端线平行于下唇的上界。上前牙与下唇之间的关系:不接触和刚刚接触为好[18]。伴随微笑自然地露出6~8颗牙齿,嘴角微微上翘;微笑注重"微"字,笑的幅度不宜过大;微笑时真诚、甜美、亲切、善意、充满爱心;口眼结合,嘴唇、眼神含笑。其次是眼睛、眼神标准。面对老人目光友善,眼神柔和,亲切坦然,眼睛和蔼有神,自然流露真诚。眼睛礼貌正视老年人,不左顾右盼、心不在焉。眼神要实现"三个度":眼神的集中度:不要将目光聚集在老年人脸上的某个部位,而要用眼睛注视于老年人脸部三角部位,即以双眼为上线,嘴为下顶角,也就是双眼和嘴之间;眼神的光泽度:精神饱满,在亲和力理念下保持慈祥的、神采奕奕的眼光,再辅之以微笑和蔼的面部表情;眼神的交流度:迎着老年人的眼神进行目光交流,传递你对老年人的敬意与你的善良之心。眼睛是心灵的窗户。心灵在有了亲和力的理念后,就自然会发出神采奕奕的眼光,就很容易形成具有磁性的亲和力的眼神,这样可以拉近与老年人间的距离。最后是声音语态标准。声音要清晰柔和、细腻圆滑,语速适中,富有甜美悦耳的感染力;语调平和,语音厚重温和;控制音量适中,让老年人听得清楚,但声音不能过大;说话态度诚恳,语句流畅,语气不卑不亢[19]。

2. 微笑练习方法

通常练习微笑的方法有两种。一种是专业的练习，像空姐的训练，通常是咬住特制筷子，保持微笑。另一种是日常训练，这种方法要求训练者每日起来面对镜子，慢慢发出"钱"这个字，当出现标准微笑时便停止，保持30秒，让脸部肌肉保持记忆。然后再放松，再次练习。重复几次后，记住这种脸部紧张的感觉。多次练习后，就可凭借肌肉僵持记忆来完成标准微笑。

微笑的种类

1. 真诚的微笑：具有人性化的、发自内心的、真实感情的自然流露。

2. 信服的微笑：带有信任感、敬服感的内心情怀的面部表示，或是双方会心的淡淡一笑。

3. 友善的微笑：亲近和善的、友好的、原谅的、宽恕的、诙谐的轻笑。

4. 爱恋的微笑：男女之间的、依恋相爱的甜蜜一笑。

5. 喜悦的微笑：成功或胜利后的高兴、愉悦心情的自然流露。

6. 美媚的微笑：优美雅静又带有逗趣的轻笑，或既妩媚漫柔、讨人喜欢又带有挑逗性的诏笑。

7. 娇羞的微笑：娇溜溜、羞答答、文静静，嫩面含羞、浅笑似花。

8. 苦涩的微笑：内心的莫大酸楚或伤痛不愿意渲染外泄，只有挂在嘴边的一丝苦笑才能真正表达深刻。

9. 无奈的微笑：失意时、失败时无所求助、无所寄托、无可奈何的窘迫、尴尬、困惑、忍受、忍耐的勉强低笑。

10. 礼仪的微笑：陌生人相见微微点头的招呼式、应酬式的笑容，平时谦恭的、文雅的、含蓄的、深沉的或带有其他礼仪成分的浅笑。

11. 职业的微笑：服务行业或其他一些临时性宣传、表演职业，保持微笑是起码的要求，无论心情好坏，无论自己有没有微笑的动因，都需要自觉地面带笑容，这是领导的要求、职业的需要，长期也可能形成了习惯；有时竞技场上负于对手也需要高雅的职业姿态的微笑。

12. 虚假的微笑：不实在、无诚心、假意、做作，带有令人不可信任的笑眯眯的表情；有些时候，虚假的笑也带有良善的意味，以对亲人掩饰真实的失望和痛苦。

——引自百度文库

（https：//wenku.baidu.com/view/3ecf244fcf84b9d528ea7ad9.html）

（二）沉默技巧

沉默是一种暂时性不做沟通而陷入思考的状态。沉默出现的情况分为两种：一种是沟通者有意识地运用沉默技巧；另一种是老年人无法继续所谈的内容而沉默。沉默的出现看似中断了沟通交流，实则没有，沟通在无声中进行着。

1. 老年人沉默的原因

第一，老年人未完全信任沟通者，唯恐坦诚的沟通会带来沟通者的指责或批评，因此犹豫不决，沉默不语。在这种情况下，如果沟通者按捺不住，催促老年人实言相告，老年人受到逼迫，厌恶感霍然而起，就会让防卫的外壳更加坚固。有些沟通者忍不住沉默引起的尴尬，于是急促地丢给老年人一个问题，希望借着老年人的回应，解除沉默的僵局。老年人正处于说与不说的犹豫，面对沟通者给出的问题，正确的做法是沟通者允许老年人沉默，过一段时间后，如果老年人仍然沉默不语，沟通者可以使用以下叙述继续中断的谈话主题。如"我们刚刚有一段时间的沉默，不知道在这段沉默的时间里，你想些什么？"这样一问，老年人只好放下犹豫的心思，据实以告。

第二，老年人正在整理他的思绪，需要一段时间才能理出头绪。这时候，沟通者必须耐心等待。如果沟通者迫不及待，老年人也就只好胡乱丢掷零碎的信息，满足沟通者的急迫需要。

第三，沟通者的问题。老年人从未思虑过，因为不知如何回答，所以不知不觉沉默下来。就像以上两种情况一样，沟通者仍需耐心等待。

从老年人沉默的动作，实在难以判断老年人沉默的真正原因，不过有一个基本的处理规则，就是允许老年人沉默，耐心等待老年人开口。如果经过一段时候之后老年人仍然沉默不语，就套用以上的话："我们刚刚有一段时间的沉默，不知道在这段沉默的时间里，你想些什么？"

总而言之，老年人的沉默有其背后的意义。沟通者应当沉着应战，给予老年人充分的沉默时间，然后用适当的问题，询问老年人沉默时候内心的所思与所感。

2. 沉默技巧的适用时机与注意事项

沉默技巧适用时机。沉默技巧可以在咨询的任何时刻、任何阶段使用。只要老年人出现沉默反应，沟通者就可以使用沉默技巧。

沉默技巧注意事项。老年人在沉默多少时间后，沟通者才能介入，这个问题没有固定的答案，必须依当时的状况而定。老年人沉默时，沟通者须仔细观察老年人非语言行为的变化。新进的沟通者，面对老年人的沉默常会手足无措，不知如何是好，于是在慌乱中，就会随意丢给老年人问题，这种做法会将谈话导引到无关的主题上。

3. 沟通者的三种沉默

在沟通过程中，沟通者有时也会采取有意识的沉默来促进沟通效果。沟通者沉默分为三种：一种是本质性的，另一种是工作性的，还有一种是消极性的。

本质性沉默。这是沟通的本质所需求的。如上所述，沟通是老年人在沟通者的帮助下将潜意识意识化的过程。沟通者可以采用共情、提问、澄清等方式帮助老年人进行表达。

大多数时候，沟通者应该保持沉默，沟通者应该以真诚、共情、尊重的心态提供给老年人一个自由、安全、包容的空间，不带评价的空间。让老年人精确深入地表达、探索自己。尽量将时间留给老年人，让老年人自己听懂自己、治愈自己，而不能喧宾夺主，不断地发表、炫耀自己的"广博"知识和"精到"见解。

工作性沉默。作为一种技巧，沟通者需要沉默，因为许多工作只有在沉默中才能很好地完成；沟通者要倾听，既是为了让老年人发泄和挖掘，也是为了收集更多的信息，贴近老年人的心灵；沟通者要共情，他必须设身处地进入老年人的认知、情感、想象之中，要暂时悬置自己的观点和情感。沟通者要觉察：一是要觉察对方语言的快慢、高低，还要觉察非语言的体态、表情、眼神；二是要觉察自己的语言及非语言的种种特征，觉察自己在沉默中的认知和情绪。沟通者在觉察老年人和自己的基础上，要辨别对方的移情和自己的反移情。不能陷入老年人的人际模式中去。沟通者还要在沉默中思考对策，判断沟通进展，反省自己的干预方式。

消极性沉默。这是沟通者难以避免的。沟通者有时不应该沉默，也不需要沉默，这时他的沉默可能并不是为了与老年人沟通，而是因为触动了他自己的问题。比如新手沟通者有时会过分谨慎，生怕自己出错，因此经常选择沉默；新手沟通者经常会觉得自己和老年人有同样的问题，或者沟通者的情结在沟通过程中被击中，处于惊愕的失语状态；当老年人不断地提出一个个难题时，沟通者退避三舍，导致过度沉默[20]。

（三）触摸技巧

触摸是对身体的一部分短时间地抚摸，在不适于用语言表示关怀的情况下可用轻轻的抚摸来代替。触摸可以有正效应，也可以有负效应，影响因素有性别、社会文化背景、触摸的形式及双方的关系等。沟通者可以触摸老年人的手、背部或肩部。需要注意的是：触摸的一个黄金法则是不应有人为这种接触而感到受威胁或侵犯，异性触摸时要注意敞开房门。

触摸可以给老年人传递一些力量和安慰，如老年人悲伤时，沟通者可以用手握住老年人的手，或者轻拍老年人的肩部，给其力量。

（四）倾听技巧

听字的繁体写法是"聽"。一个"耳"字，听自然要耳朵听；一个"心"字，一心一意去听；"四"代表眼睛，要看着对方；"耳"下方还有个"王"字，要把说话的人当成王者对待。因此，倾听不仅是耳朵听到相应的声音的过程，而且是一种情感活动，需要通过面部表情、肢体语言和话语的回应，向对方传递一种信息：我很想听你说话，我尊重和关怀你。

沟通是双向的，沟通者既是听者也是说者。倾听是沟通过程中最重要的环节之一，良好的倾听是高效沟通的开始。倾听不仅需要具有真诚的同理心，还要具备一定的倾听技巧。

知识链接

巴顿尝汤

巴顿将军为了显示他对部下生活的关心，搞了一次参观士兵食堂的突然袭击。在食堂里，他看见两个士兵站在一个大汤锅前。"让我尝尝这汤！"巴顿将军向士兵命令道。"可是，将军……"士兵正准备解释。"没什么'可是'，给我勺子！"巴顿将军拿过勺子喝了一大口，怒斥道："太不像话了，怎么能给战士喝这个？这简直就是刷锅水！""我正想告诉您这是刷锅水，没想到您已经尝出来了。"士兵答道。只有善于倾听，才不会做出像巴顿将军这样愚蠢的事！

这则故事带给你什么启示？

——引自百度文库

（https：//wenku.baidu.com/view/9d2b9e1b0b4c2e3f57276364.html）

倾听是接受口头和非语言信息、确定其含义，并对此做出反应的过程。要设身处地去听，用心和脑去听，理解对方的意思。倾听时，身体轻微前倾、适时点头、注视对方，适当使用"嗯、对、是的、好的"等短语，或使用重复技巧表明自己听的状态。

测一测

学习兴趣调查问卷

要求：先从头至尾读题，然后作答。

1. 你对学习本门课有兴趣吗？
2. 你喜欢的教学方法是什么？
3. 你认为老师哪一方面对你的学习兴趣影响最大？
4. 除必须上的本门课和要写的本门课作业外，你是否愿意再学一些其他的本门课知识？
5. 本门课测试中成绩不理想你会怎么样？
6. 当你看到这道题的时候就不要往下看，请停下来。
7. 你觉得你学习本门课的兴趣主要来自哪里？
8. 你对本门课的兴趣主要表现在哪些方面？
9. 你认为教师讲授的本门课内容简单吗？
10. 如果你不喜欢本门课，原因是什么？

这个测验带给你什么启示？

1. 倾听的原则

在倾听过程中，我们需要注意一些原则：适应讲话者的风格；眼耳并用；首先寻求理解他人，然后再被他人理解；鼓励他人表达自己；倾听全部信息。

2. 表现出有兴趣倾听的方法

适应讲话者的风格。每个人发送信息的时候，他的语速和音量是不一样的，你要尽可能地去适应他的风格，尽可能地去接收他更多、更全面的信息。

倾听不仅要用你的耳朵，还要用你的眼睛。耳朵倾听的是一些信息，而眼睛看到的却是传达给你的丰富的情感和思想。

首先要理解老年人。有些沟通者容易犯的错误是，还没有等老年人把话说完就根据自己的理解打断老年人。这是非常不礼貌的，容易引起老年人的反感。

其次要鼓励老年人。保持目光交流，并且适当地点头示意，表示认同和鼓励，表现出倾听的兴趣。

3. 倾听的步骤

准备倾听。向老年人发出准备倾听的信息通常在听之前会和老年人有一个眼神上的交流。

采取积极行动。积极的行动包括频繁点头，鼓励老年人去说。在听的过程中，也可以身体略微地向前倾斜而不是后仰，这种姿势表示：我愿意去听，也努力在听。同时，老年人也会发送更多的信息给沟通者。

准备理解老年人全部的信息。在沟通的过程中，沟通者没有听清楚或者没有理解时，一定要及时告诉老年人，请老年人重复或者解释。也就是说在沟通时，如果发生这样的情况应该及时通知对方。

4. 倾听的四个层次

第一层次——心不在焉地听。倾听者心不在焉，几乎没有注意说话人所说的话，心里考虑着其他毫无关联的事情，或内心只是一味地想着辩驳。这种倾听者感兴趣的不是听，而是说，他们正迫不及待地想要说话。这种层次上的倾听，往往导致人际关系的破裂，是一种极其危险的倾听方式。

第二层次——被动消极地听。倾听者被动消极地听所说的字词和内容，常常错过了讲话者通过表情、眼神等体态语言所表达的意思。这种层次上的倾听，常常导致误解、错误的举动，失去真正交流的机会。另外，倾听者经常通过点头示意来表示正在倾听，讲话者会误以为自己所说的话被完全听懂了。

第三层次——主动积极地听。倾听者主动积极地听对方所说的话，能够专心地注意对方，能够聆听对方的话语内容。这种层次的倾听，常常能够激发对方的注意，但是很难引起对方的共鸣。

第四层次——富有同理心地听。用同理心积极主动地倾听，这不是一般的"听"，而是用心去"听"，这是一个优秀倾听者的典型特征。这种倾听者在讲话者的信息中寻找感兴趣的部分，他们认为这是获取有用信息的契机。这种倾听者不急于做出判断，而是感同身受对方的情感。他们能够设身处地看待事物，总结已经传递的信息，质疑或是权衡所听到的话，有意识地注意非语言线索，询问而不是辩解、质疑讲话者。他们的宗旨是带着理解和尊重积极主动地倾听。这种感情注入的倾听方式在形成良好人际关系方面起着极其重要的作用。

测一测

看看下面的特征，你经常会出现哪些情况？

1. 不全神贯注，心不在焉。
2. 在与别人交谈时会想象自己的表现，因此常错过对方的谈话内容。
3. 当别人在说话时，常常允许自己想别的事情。
4. 试着去简化一些听到的细节。
5. 专注在谈话内容的某一细节上，而不是在对方要表达的整体意义上。
6. 允许用自己对话题或是对对方主题的看法去影响对信息的评估。
7. 听到我所期望听到的东西，而不是对方实际谈话的内容。
8. 只被动地听对方讲述内容，而不积极响应。
9. 只听对方讲，但不了解对方的感受。
10. 因个人的小偏见而分心。例如，有人可能习惯说脏话，或做出一些你不喜欢的举动，或许你容易被某种腔调激怒。
11. 在未了解事情的全貌前，我已对内容做出了判断。
12. 只注意表面的意义，而不去了解隐藏的意义。

——引自百度文库

(https：//wenku.baidu.com/view/bf47ce4be518964bcf847ca9.html)

5. 倾听的注意事项

（1）确定主要观点和支持性观点。确定老年人的主要观点，需注意老年人在提出主要观点时使用的非语言技巧，他可能会提高声音、说得更快、重复关键词或使用肢体动作等。

（2）组织信息。老年人可能通过赞成与反对、优点与缺点、喜好与厌恶、相同与不同、时间顺序等某种特有形式来组织信息。倾听者可以通过这种特点更好地理解信息。

（3）总结信息。用简单的词语甚至不完整的句子总结信息，在内心形成对主要观点的印象。在观点发生重要变化时进行总结更有效。

（4）信息形象化。把信息变成图画，从而减少错过信息主要部分的可能性。信息和图画联系了起来，能够更好地记住信息。

（5）信息个人化。即寻求对自己有特殊意义的信息。

（6）做笔记。通过做简短的笔记，可以更容易组织信息，并将信息形象化、个人化。

旁 听 者

训练要求：

1. 时间控制：30~45分钟；
2. 场地：室内。

训练过程：

1. 训练者分 A、B 两组面对面坐或站立；

2. 指导者把要讨论的题目告诉 A 组成员，A 组成员就问题表达自己的想法或观点，但不能直接说出讨论的题目，B 组成员旁听；3 分钟后，B 组成员就听到的内容进行陈述；

3. 5 分钟后，角色转换，指导者把另一个讨论的题目告诉 B 组成员进行讨论，A 组成员旁听，流程如上；

4. 在训练最后一个阶段，所有训练者围坐成一个大圈，并就刚才讨论的内容发表各自的意见与所有人分享。

训练分享：

1. 旁听的训练者陈述的内容是你们讨论的题目及你们的观点吗？

2. 作为旁听者，你们在倾听的过程中是如何确定对方讨论的问题及他们的观点的？

3. 作为旁听者，如果你们听到的内容与他们实际讨论的题目不一致，你们觉得主要原因是什么？

——引自人人文库网

（https：//www.renrendoc.com/p-33131588.html）

（五）微表情技巧

微表情是一种持续时间仅为 1/25 秒至 1/5 秒的非常快速的表情，表达了人试图压抑与隐藏的真正情感。微表情技术使用要经过专门的学习和训练，且不容易用肉眼发现，这里只做简单了解。

1. 高兴

人们高兴时的面部动作包括嘴角翘起，面颊上抬起皱，眼睑收缩，眼睛尾部会形成"鱼尾纹"。

2. 伤心

人们伤心时的面部特征包括眯眼，眉毛收紧，嘴角下拉，下巴抬起或收紧。

3. 害怕

人们害怕时，嘴巴和眼睛张开，眉毛上扬，鼻孔张大。

4. 愤怒

人们愤怒时，眉毛下垂，前额紧皱，眼睑和嘴唇紧张。

5. 厌恶

厌恶的表情包括嗤鼻，上嘴唇上抬，眉毛下垂，眯眼。

6. 惊讶

惊讶时，下颚下垂，嘴唇和嘴巴放松，眼睛张大，眼睑和眉毛微抬。

7. 轻蔑

轻蔑的典型特征就是嘴角一侧抬起，做讥笑或得意笑状。

> **知识链接**
>
> 保罗·艾克曼（Paul Ekman），美国心理学家，出生于华盛顿。主要研究脸部表情辨识、情绪与人际欺骗。1991年获美国心理学会颁发的杰出科学贡献奖。他在芝加哥大学和纽约大学接受本科教育，在加利福尼亚大学旧金山分校的兰利波特精神病研究所临床实习一年，1958年获纽约市阿德菲大学博士学位。1958—1960年任职于新泽西州迪克斯堡美国陆军参谋部，1972年任加州大学旧金山分校心理学教授至2004年退休。
>
> 他提出不同文化的面部表情都有共通性。他之所以从事这项研究，主要是受到达尔文《人与动物的情绪表达》一书的启发。一开始是研究西方人和新几内亚原始部落居民的面部表情，他要求受访者辨认各种面部表情的图片，并且要用面部表情来传达自己所认定的情绪状态，结果他发现某些基本情绪（快乐、悲伤、愤怒、厌恶、惊讶和恐惧）的表达在两种文化中都很雷同。
>
> 艾克曼较早地对脸部肌肉群运动及其对表情的控制作用做了深入研究，开发了面部动作编码系统来描述面部表情。他根据人脸的解剖学特点，将其划分成若干既相互独立又相互联系的运动单元（AU），并分析了这些运动单元的运动特征及其所控制的主要区域以及与之相关的表情，并给出了大量的照片说明。
>
> 在四十年的研究生涯中，他曾研究新几内亚部落民族、精神分裂患者、间谍、连续杀人犯和职业杀手面容。联邦调查局、中央情报局、警方、反恐怖小组等政府机构，甚至动画工作室也常请他当表情顾问。
>
> ——引自360百科
>
> （https：//baike.so.com/doc/6585790-6799561.html）

【引用文献】

[1] 虚拟沟通[EB/OL]（2019-08-15）[2021-02-06] http://baike.baidu.com/view/21101433.html.

[2] 杨砚焕.浅议"三大支柱"在聋校教学中的重要作用[R].全国基础教育"未来教育家论坛",2012-12-01.

[3] 马莉.非语言行为在英语教学中的作用及其运用[J].中国校外教育(理论),2010(12).

[4] 李洪伟.护患沟通与护患关系处理[J].赤子,2014(10).

[5] 胡成."老糊涂"一定是老年痴呆吗？[J].家庭科学·新健康,2017(12).

[6] 语音应用编程接口[EB/OL].[2021-02-07] http://baike.baidu.com/view/19855393.ht-

ml.

[7]朱健梅.初中化学课堂教学中的提问艺术研究[D].广州:华南师范大学,2011.

[8]客户服务电话的接听技巧[EB/OL].(2014-03-14)[2021-02-07],http://blog.ifeng.com/article/32149624.html.2014年03月14日.

[9]徐娟.同理心的拿捏技巧[J].中国社会工作,2011(11).

[10]唐仲清.幽默技巧面面观[EB/OL].(2011-11-25)[2021-02-08]http://bbs.tianya.cn/post-14-962549-1.shtml,2011年11月25日.

[11]幽默实用技巧[EB/OL].(2012-10-26)[2021-02-09]https://wenku.baidu.com/view/8b5ce24ae518964bcf847cc3.html,2012年10月26日.

[12]具体化技术[EB/OL].(2008-04-20)[2021-02-11]http://baike.baidu.com/view/3599512.html.

[13]李林英.大学生自我表露的调查研究[J].心理发展与教育,2004(8).

[14]拒绝与道歉礼仪[EB/OL].(2018-07-16)[2021-02-14]https://www.diyifanwen.com/fanwen/gerenliyi/2057241.htm.

[15]赞美别人的技巧[EB/OL].(2007-07-31)[2021-02-16]http://duimiandehua.blog.sohu.com/57628648.html.

[16]王雅娟.非语言交际在高校图书馆读者服务中的运用[J].现代情报,2009(6).

[17]王兆贞.小学生口语交际中体态语言的培养策略[J].新校园(中旬刊),2013(10).

[18]费广会.试论大学英语课堂教学中的微笑教育[J].湖南中学物理·教育前沿,2009(12).

[19]何欢.酒店微笑服务的重要性[J].西部皮革,2016(1).

[20]王求是.心理咨询中沉默的处理与运用[J].教育导刊(上半月),2010(4).

[21]马秀珍.学生工作中"倾听"的功效[J].辽宁科技学院学报,2012(11).

[22]徐晓荣.也谈小学科学教师的"倾听"角色[J].小学教学研究(理论版),2011(4).

[23]微表情[EB/OL].(2019-09-07)[2021-02-26].http://baike.baidu.com/view/4546963.html.

项目四 与老年人沟通后的记录

【知识目标】

◇ 了解异常情况处理报告流程。
◇ 理解沟通结束后老年人会出现的反应。
◇ 掌握沟通结束的方法。

【能力目标】

◇ 提高撰写沟通记录的能力。
◇ 增强与老年人共情的能力。
◇ 提升风险处理能力。

【素质目标】

◇ 体验老年人沟通后的情感,培养同理心。
◇ 识别异常情况,增强责任感。
◇ 感受助人成就感,增强职业荣誉感。

【思维导图】

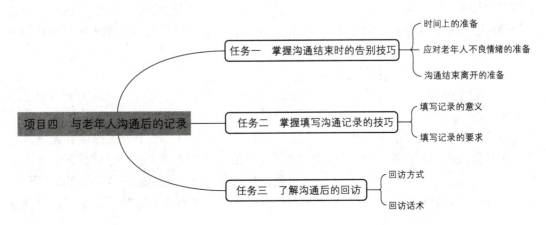

老年人沟通技巧

> **案例导入**
>
> 社区工作者小王今天对老年人进行入户访谈,访谈内容完成后,小王觉得很疲惫,收拾一下东西就走了。回到社区后,社区主任看了小王的访谈记录并询问了小王访谈的经过,针对他工作中的一些不足对他进行了批评,比如记录不规范,记录上没有老年人的签字、结束访谈时没有和老年人沟通等。
>
> 【思考】
>
> 小王觉得自己完成了访谈内容就可以下班了,没想到后续还要做这么多工作。同学们你认为小王的想法对吗?与老年人沟通后我们还需要处理什么工作呢?请开始这一项目的学习吧!

任务一 掌握沟通结束时的告别技巧

【知识目标】

◇ 掌握沟通结束时的告别技巧。

【能力目标】

◇ 增强同理心能力。

【素质目标】

◇ 培养学生理解老年人的情感。

与老年人沟通要结束时,要给老年人进行一定的提示,以免造成老年人沟通信息未完成或情感上的伤害。如张奶奶,独居,67岁,育有一子,其子常年居住国外。社区工作者小李经常走访张奶奶,临近年关,有一次小李拜访了张奶奶,沟通过程很愉快,但当小李结束沟通时,张奶奶却哭了起来,"过年你就放假了吧?年后啥时候能再见着啊?"导致张奶奶情绪失控的原因除了独居老人的孤独等情绪,还有就是沟通者小李未做好沟通结束时的准备。

一、时间上的准备

与老年人沟通内容基本完成时,要在沟通正式结束前的五至十分钟提前和老年人说明。如"张奶奶,今天我们聊得很愉快,一会儿我还要到李爷爷那去一趟,您还有什么要交代的吗?"或"李爷爷,您今天说的事情我都知道了,我再说一遍您看看有没有落下的,要是没有,咱们今天先聊这些。"结束前提前让老年人心理有个时间的预期,可以避免老年人落下想沟通的内容,也可以避免突然的沟通结束导致的情绪问题。

二、应对老年人不良情绪的准备

有时,沟通者与老年人在沟通中由于关系良好,有些老年人不愿意终止沟通。因此,有的老年人会出现一些不良情绪,如悲伤、愤怒、否认等。所谓悲伤,就是沟通者结束沟通时,老年人由于不舍、孤独等心理因素而出现的情绪低落、哭泣。如沟通者说:"张奶奶咱们今天就聊到这里了。"老人低头不说话,也不理沟通者,甚至默默抹去眼泪。愤怒则是沟通者表示结束沟通时,老年人因为不能继续沟通而出现的大声指责、摔东西、拒绝吃饭等。如沟通者说:"张爷爷,我一会儿要去开会,今天就到这儿。"张爷爷出现了愤怒的情绪:"你说什么了!这就完事了!你和他们都一样,就是不愿意和我说话,一天就糊弄我。"否认则是沟通者表示要结束沟通时,老年人否认沟通者了解、掌握了需要知道的信息,要求沟通者继续沟通。如沟通者说:"王大爷,您提的要求我都知道了,我一会儿就去和领导反映情况。""你没了解,我还没说完呢!我再和你说一遍……"

心理学上有一个词叫"移情",可用来解释一些老年人在沟通结束时不良情绪的产生。"移情"是人本主义心理学创始人之一的罗杰斯提出的。"移情"一词来源于精神分析学说,是精神分析的一个用语。也就是老年人将自己过去对生活中某些重要人物的情感会过多投射到沟通者身上的过程。移情分为正移情和负移情。正移情就是老年人将积极的情感投射到沟通者身上。如张奶奶非常喜欢护理员小李,因为小李的年纪、性格都与张奶奶的孙子非常像。负移情则相反,老年人会将负面的情感投射到沟通者的身上。如王爷爷拒绝和护理员小李沟通,因为小李和自己不孝的儿子说话方式一样,一听到小李说话,王爷爷就气不打一处来。但不论正负移情,在沟通者结束沟通时都可能使老年人产生不良情绪。因此,沟通者也要注意沟通中的移情。

应对老年人不良情绪的发生,首先要在沟通正式结束前提前告知老年人。其次,对于常见的老年人情绪要有识别和分析能力,探索老年人为什么会出现这种情绪。如老年人出现悲伤时,可能是因为孤独,沟通者应在告知老年人结束沟通时对下次沟通加以说明。如"张奶奶,今天咱们就聊到这儿,我年后初七就上班,等我上班第一个来看您,过年的时候我还要给您打电话拜年呢!您可别关机哦!"

老年人常见不良情绪

1. 失落感

失落感是指一种若有所失、无所事事又无所适从的感觉。老年人由于工作环境和职位的变化,心理上会产生一种失落感,从而表现出两种情绪:有的沉默寡言,表情淡漠,情绪低落,凡事都无动于衷;有的急躁易怒,易发脾气,对周围的事物看不惯,为一点小事而发脾气。离退休后,老年人的主体活动和社会角色发生了改变，从工作单位转向家庭，他的社会关系和生活环境较之以前显得陌生，加上子女"离巢"，过去那种热情、热闹的氛围一去不复返，对新的生活规律往往又不能很快适应，一种被冷落的心理感受便会油然而生。

2. 孤独感

孤独感是指个体由于社会交往需求未得到满足而产生的一种内心体验。它往往给人带来寂寞、冷落甚至被遗弃的体验。孤独感是老年人较常见的一种消极情绪，严重的孤独感易导致老年人人格变态，有碍健康，甚至影响寿命。许多研究资料指出，多数人到了老年，都会不同程度地产生孤独的心理感受。而孤独感对老年人的身心健康是极其有害的，它可以造成人心理的自我封闭，减少与外界的交流。

3. 自卑感

当一个人的价值特性劣于他人的价值特性时，就会产生一种自卑感，由于离退休，老年人原有的社会地位发生了改变，还不适应目前重新担任的社会角色，进而产生了"自己已经没用了"，"自己成了社会和家庭的负担、包袱"等强烈的自卑感，尽管年岁日增，但老年人常常自觉经验丰富，才能不凡，一旦退休就无从发挥，自尊心受挫，大有"英雄无用武之地"的感叹。于是，空虚、寂寞、受冷落之感袭上心头，往往误以为自身价值不复存在，久而久之就会低估自己甚至看不起自己。这种自卑感一旦形成，老年人就会经常对自己产生怀疑，忧心忡忡，表现出过分的焦虑。

4. 抑郁感

老年人在现实生活中容易遭受挫折，不顺心、不如意之事时有发生，例如，遇到家庭内部出现矛盾和纠纷，子女在升学、就业、婚姻等方面有困难，自己的身体又日趋衰落，疾病缠身，许多老年人就会变得长吁短叹、烦躁不安、情绪低落或者郁郁寡欢。这些都是抑郁的表现。

5. 恐惧感

随着身体的老化，老年人变得越发害怕生病。一方面，老年人担心生病后自己生活难以自理，给家人和晚辈带来麻烦，变成家庭的累赘；另一方面，老年人一旦生病，特别是重病，似乎就感觉离死神不远了。因此，老年人对疾病和死亡通常会产生恐惧感。

——引自幸福老年网

（http://www.0417.com.cn/bbs/forum.php?mod=viewthread&tid=158）

三、沟通结束离开的准备

沟通目的达成，沟通者就可结束沟通并离开了。根据老年人的身体情况，一般沟通应控制在20分钟左右，时间过长会造成老年人的厌烦，过短会有敷衍的感觉。沟通者在离开前，要对老年人所给予的支持表示感谢。如"张大娘，谢谢您今天所提的建议，多亏了您的帮助，要不日后非得造成损失不可"。在与老年人沟通后得到一定结果时，也要表示感谢。如"李大爷，感谢您的理解。下次社区再办晚会，一定邀请您来演出"。沟通后，与老年人分享沟通中的亮点。如"张爷爷，您今天提到的'人要过得有意义，而非生命的长短'，真是说得太棒了！"当有第三方在场时，积极转达外部的反馈意见。如"王爷爷，您看连隔壁床的张爷爷也被您逗乐了呢！"

除了语言上要以感谢、赞美等技巧为老年人营造欢乐的气氛外，沟通者的肢体语言也要做好离开的准备。如整理用物、调整坐姿、看表、起身等。当老年人送沟通者时，沟通者要配合老年人的步速，回身面向老年人，可主动握手，注意让老年人留步，表达感谢或表示打扰之歉意，再挥手致意再见。告别后，方可离开。但要注意的是，沟通者结束沟通时离开的速度不要过快，这样会给老年人留下不耐烦的印象。离开后，不要在途中和他人窃窃私语，以免被老年人误解。

知识链接

握手礼仪的注意事项

一般是先打招呼或点头示意，然后相互握手、寒暄致意。

关系亲密的，边握手边问候，时间可长一些。

初次见面的，则应听完介绍之后轻轻相握，握一下即可。

年轻者对年长者、身份低者对身份高者应稍稍欠身，以双手握住对方的手，以示尊敬。男子与妇女握手时，往往只握一下妇女的手指部分即可。

握手时，双目应注视对方，微笑致意或问好；不要看着第三者握手。对方如伸出手来，不要拒绝，以免尴尬。

握手的先后顺序：应由主人、年长者、身份高者、妇女先伸手；客人、年轻者、身份低者见面时先问候，待对方伸手再握。

——引自360百科

（https://baike.so.com/doc/6281835-6495293.html）

任务二 掌握填写沟通记录的技巧

【知识目标】

◇ 掌握沟通记录技巧。

老年人沟通技巧

【能力目标】

◇ 增强撰写材料的能力。

【素质目标】

◇ 培养学生做事谨慎周密的态度。

一、填写记录的意义

沟通者在沟通结束后，要及时填写记录。一是填写的沟通记录是工作的有效证明，也是日后追查的一个有效凭证。二是为了积累经验，将好的沟通方法和失败的沟通经验积累下来，提高自己与老年人的沟通能力。三是可以为新进的工作者提供参考学习的资料。

二、填写记录的要求

沟通记录表（表4-1）要由沟通者进行填写，沟通者要按照记录表格所列项目逐一填写，不得从简。如遇到一些项目没有内容可填写"无"，不得空白或遗漏，亦不可填写"同上"。填写的内容如果不在表格列表内但有必要记录时，要在备注栏或记录表空白处记录，并在记录表中注明。填写的内容要及时、完整、准确、如实反映客观情况，禁止沟通者虚报或编造记录内容。记录中如果包含计量单位、数字、符号等要按照国家规定填写。记录填写时的字体要清楚、干净、端正，不得乱涂乱改。一旦填写错误，要用"/"划掉，并在旁边重新填写正确的内容，且在画改处注明画改人的姓名和日期。如张晓丽，2020年2月17日，因记录人名错误画改。填写记录要使用蓝色或黑色钢笔、签字笔或圆珠笔，不可使用铅笔填写。记录中要签好自己的姓名，不可用姓或简称代替。纸质版记录签好后，交由老年人确认签字，再交由上级审核，并录入一份电子版进行存档。

表4-1 沟通记录表

姓名		性别	
出生日期		民族	
既往病史			
沟通环境：			
沟通目的：			
沟通过程：			
沟通结果：			
自我反思：			
老年人签字： 沟通者签字： 部门主管签字：		日期： 日期： 日期：	

90

任务三 了解沟通后的回访

【知识目标】

◇ 掌握沟通结束后的回访技巧。

【能力目标】

◇ 增强回访能力。

【素质目标】

◇ 培养学生的全人服务理念。

一、回访方式

有时，沟通者出于老年人的实际需求或对服务质量的进一步要求，在沟通结束后可能会进行一些回访。回访可以是面对面进行的，也可以是通过电话进行的。当然，如果回访老年群体文化水平较高，网络视频回访也是可以的。但不管哪一种回访方式，都要注意回访时对老年人的尊重，表达出沟通者对老年人的重视。

回访前，沟通者要按照充分准备、寒暄致意、自我介绍、说明来意、具体沟通的步骤进行。充分准备包括回访的提纲，采用什么沟通方式进行。回访的时间尽量安排在上午九点到十点半或下午两点到四点半，因为这个时间段不会打扰老年人的休息，也不会影响老年人的午休和进餐。如果是面对面回访，要提前和老年人约定好回访的时间和地点，严格按照沟通时的要求进行准备。如果采用电话回访，回访时间尽量控制在3分钟之内，不宜过长。接电话的礼仪通常是响铃3声内接起，但由于老年人行动缓慢，沟通者要保持充分的耐心，切不可响3声后就挂断。电话回访虽然看不到对方，但是声音是会传递一个人的状态的。沟通者不可举止不端，把电话夹在脖子底下、趴在桌子上或瘫坐在椅子，也不要边打电话边吃东西或喝水。沟通者在电话回访时也要注意仪容仪表，要微笑沟通，通话时多使用敬语，如"您好、谢谢、请"等。同时在手边准备好回访记录表，随时填写回访的信息内容。

二、回访话术

回访老年人时，首先要说明沟通的来意，争取老年人的同意，并告知回访的时间长度。如果遇到老年人拒绝回访，则需要减少回访时间或用一些小福利增加回访的吸引力。如果是电话回访，沟通者可以说："您好，是张奶奶吗？我是社区工作者小吴，前两天去您家里进行人口普查的那个高个子小伙子，今天想对您提出的儿子和您户口分开的事做个回访，能占用您两分钟时间吗?"当回访要结束时,沟通者可以说:"好的,张奶奶,如果有什么不清楚的地方,您可以随时给我打电话。如果您有什么意见或建议可以反馈给我们,帮助我们提高,以便我们能更好地为您服务。非常感谢您对我们工作的支持,打扰您了,谢谢,再见。"[1]

回访结束后,沟通者要填写回访记录表(表4-2),对老年人的回访过程和回访结果进行汇总和评价。填写后交由部门主管对回访记录表进行审查,并提出指导意见,经过分类后由专人负责保存。

表4-2　回访记录表

姓名		性别	
上次沟通时间		上次沟通内容	
回访方式:			
回访目的:			
回访过程:			
跟进意见:			
沟通者签字:		日期:	
部门主管签字:		日期:	

打电话礼仪

拨号前应核对号码,不可拨通之后再问对方:"你是哪里?"与人通话要亲切、谦恭、自然。根据受话人身份、年龄、双方关系及通话目的等,在用语、语气等方面也应有所不同。接通之后先说"你(您)好",是礼貌的象征,不可少。接下来应先报家门、姓名,因何事找何部门、何人。通话开始时,应询问对方是否方便接听。讲话要干净利落,声音要不高不低,语速要不快不慢。有关时间、地点、人名、数字等关键信息,应核实、重复一遍,以免出错。

拨打电话时,不论是通报、约会、祝贺、感谢、诉说等,要事先想好内容,不可漫无边际地想到哪儿说到哪儿。不可在办公时间电话聊天,不占用公家电话办理自己的私事。通话时间要合适,公务电话要避开刚上班、快下班或即将吃饭之时。因私电话,尽量不干扰对方休息、就餐、过节等。打国际长途要注意时差,夜间打电话会让人感到惊慌。

——引自《金正昆讲礼仪:电话礼节》
(http://blog.sina.com.cn/s/blog_16add88380102yx2p.html)

【引用文献】

[1] 电话回访[EB/OL].(2008-04-20)[2021-03-05]http://baike.baidu.com/view/2187142.html.

项目五　与家庭养老、居家养老老人的沟通

【知识目标】

◇ 了解家庭养老、居家养老的基本定义和主要服务对象、服务内容。
◇ 掌握居家养老老人的心理特点及情绪特点。
◇ 掌握与家庭养老和居家养老老人的基本沟通技巧及步骤，能够细分每个步骤的具体目标。
◇ 熟悉不同居家养老的几种常见的沟通实务处理方法。

【能力目标】

◇ 能够准确判断家庭养老和居家养老所需要的服务。
◇ 能运用已学的沟通技巧和居家养老老人、失独老人、空巢老人、寡居老人进行有效沟通。

【素质目标】

◇ 培养学生能够根据老年人实际情况提供服务沟通，并通过具有恰当有效的沟通服务解决问题的能力。
◇ 善于使用沟通技巧提供高质量的家庭和居家养老服务。

【思维导图】

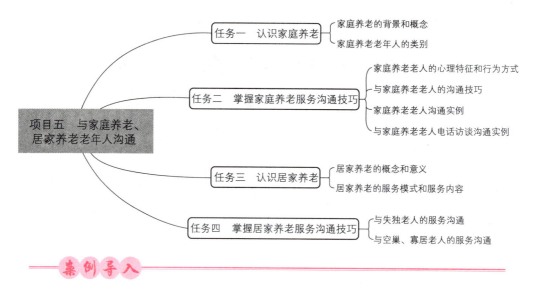

案例导入

案例一：

难！老年人警惕性高、缺乏信任感，老年人身边的服务如何找到"敲门砖"

位于北京市通州区台湖镇的"印象台湖"社区养老服务驿站建在一处公租房附近。2018年2月，借着春节的喜气，驿站正式开门迎客。试营业的那几天，驿站内热闹非凡。每天一大早，就有30多位老年人进屋取暖聊天。

驿站负责人宋双告诉记者，北京市对于社区养老服务驿站采取的是"一次性建设补贴＋老年人流量补贴"的资金扶持政策。这就意味着，没有老年人的刷卡流量，驿站就无法得到政府补贴。

为了记录每日流量，工作人员请老年人在进门时刷一次"养老助残卡"。虽然不收取任何费用，可老年人还是保持了超高的警惕，"这卡怎么能随便刷呢，万一泄露了个人信息咋办？！"

就这样，刚开业不久的驿站又没了人气。开着门，却空着人。面对着空荡荡的房间和高额的水电费，工作人员看在眼里、急在心里。"大家集思广益，决定试着通过'1元早餐'的形式，先取得老年人的信任，再逐渐了解老年人的需求。"宋双回忆道。

一袋牛奶、两个鸡蛋，仅需1元钱。"从刚开始的十几名老年人，到后来的四五十名老年人。现在，每天大约有100名老年人来驿站领早餐。"宋双开心地说，驿站在提供早餐的同时，还为老年人开展健康指导等服务。让工作人员感动的是，经过一段时间的了解，社区里的老年人对驿站越来越认可，有的老年人还提出愿意在空闲时间无偿到驿站帮忙。

借着"1元早餐"这个"敲门砖"，驿站里的康复护理、居家服务等其他项目也逐渐被带动起来。"通过无偿服务积攒人气是一时之举，根本上还需要有偿服务才能持续。"宋双说，但作为驿站和老年人之间的桥梁，"1元早餐"

这个活动还会长久地办下去。

案例二：

2019年，《都挺好》这部电视剧火了，这部电视剧说的是强势又重男轻女的苏母突然离世，围绕苏父的养老问题，一幕家庭大戏随之拉开：终于摆脱妻子控制的父亲苏大强一反往日的懦弱，开始各种"作"，一会儿要跟大儿子去美国定居，不成之后又不顾其经济困窘的现实，要求购买价值数百万元的大宅。终于安定下来后，又提出要娶保姆，房产证上加上保姆名字。为了满足父亲的"作"，苏家三兄妹之间积攒多年的恩怨也随之展开。剧中的苏大强不仅自己活得累，也让儿女"嫌弃"，他和儿女之间围绕着"养老"这个问题折腾不休。电视剧播出后，不仅年轻人爱看，许多老年人也非常认可，从而引起了从年轻人到老年人一起讨论《都挺好》的社会现象。年轻人认为苏大强自私自利、折腾自己的子女搞得众叛亲离。而老年人虽然不认同苏大强的某些做法，但是对苏大强"寂寞""试探儿女底线""渴望补偿年轻时受的苦"等心理却感同身受。值得关注的是，2018年，中国60岁及以上人口已达2.5亿人，其中65岁及以上人口达到1.67亿人，占总人口的11.9%。中国老龄化的规模史无前例，老龄化阶段与发展阶段错位程度在人类历史上也是前所未有。中国"未富先老"的现象把养老问题推到了大众面前，子女赡养老年人问题也就成为当前每个人都关心的社会大众话题。

案例三：

社区组织妇女进行两癌筛查时，王阿姨被检查出患有乳腺癌。王阿姨无法接受这个事实，开始变得心事重重。在女儿和朋友的多次劝说下，她才肯去医院接受乳房切割手术。化疗后经常呕吐、头晕、失眠，这是王阿姨最难熬的日子，六个月的化疗花去了大部分的积蓄。留医期间的费用都是靠女儿支付。半年后，丈夫又因病去世。一年内王阿姨遭遇了人生中两次重大打击。她更是整天郁郁寡欢，当时，医生建议她术后要多参加集体活动，保持乐观开朗的心情。后来经朋友介绍，王阿姨来到文化宫学习唱歌，尝试从阴影里走出来。慢慢地，王阿姨在义工的介绍下参加社区的兴趣活动、健康讲座、生日会、怀旧小组、义工服务等。"印象最深刻的是参加小组座谈会。"社工安排老年人一起谈谈老故事和自己的经历。在一次分享中，王阿姨坦陈说起了自己的患癌经历，并分享自己的切身感受及情绪变化，过程分享过后，自己的心情也放松了不少。她觉得每个老年人都有丰富的阅历，大家多彼此交流，心情也会得到疏解，还能从彼此身上学到许多关于养生和愉悦身心的方法。

案例四：

家住北京市朝阳区安贞街道的杨大妈，来到25千米以外的"润枫领尚"社区交接出租房屋事宜。杨大妈惊喜地发现，小区南门附近建设了一家规模不小的社区养老服务驿站和助老超市。

啥叫"养老驿站"？其实，杨大妈也不清楚，"只是以前在新闻里听到过"。带着好奇心，杨大妈走进了驿站，向站长李秀敏详细了解了这里所能提供的服务内容。

"润枫领尚"社区位于通州区、朝阳区和亦庄经济开发区的交界处,地理位置较为偏僻。61岁的杨大妈说:"以前之所以把房屋出租,就是因为购物、买菜等非常不方便。这下好了,既能在这里买到生活必需品,还有老年讲堂、健康管理等项目。现在,我和老伴在安贞街道居住的是板楼高层,女儿不在身边,什么都要自己来弄,年纪越来越大了,上下楼也越来越吃力。等这个小区的出租房收回后,我们就搬过来住。"

据李秀敏介绍,"润枫领尚"社区里有很多老年人都像杨大妈一样,属于活力老年人。"我们的重点服务对象是失能、失智、重残等有长期照护需求的群体,但活力老年人也是让驿站焕发生机的重要力量。"为此,驿站引入"时间银行"概念,充分挖掘和发挥活力老年人的能力特长,鼓励他们成为助老服务志愿者,并通过志愿服务积分兑换商品或服务,"目前,社区里有50多位活力老年人积极报名担当驿站志愿者。他们既是消费者,又成了服务者,从被动接受服务转变为主动服务他人"。

今年65岁的李大妈就是志愿者之一,驿站"助老食堂"开业后,她将成为一名"厨师"。对此,李大妈很是期待,"我闺女曾开过饭店,那时候我就经常去帮忙,老年人能吃对口的饭菜我都会做。以后,我还可以教大家包包子、包饺子。"

还没入住社区的杨大妈也提前表态,她坚定地说:"将来,我也要成为志愿者,这样的晚年才快乐、才有价值。"

任务一 认识家庭养老

【知识目标】

◇ 熟悉家庭养老的基本定义。
◇ 掌握家庭养老老人的类别构成。

【能力目标】

◇ 运用所学理论,对家庭养老老人进行区分。

【素质目标】

◇ 通过对家庭养老理论知识的认知,培养学生对行业的情感,提升学生职业素养。

一、家庭养老的背景和概念

1. 家庭养老的概念

家庭养老是中国传统的养老模式，是"在家养老"和"子女养老"两种形式的结合，是指养老支持力量主要来自配偶和儿女的养老模式。老人居住在家庭中，主要由有血缘关系的家庭成员对老年人提供赡养服务，包括经济上的赡养、生活上的照顾和情感上的交流三个方面。这种方式适合不愿意脱离熟悉环境，且子女有经济能力、照顾精力和照顾时间的老年人，或是高龄老年人和对到养老院或者护理院养老存在着一定偏见和顾虑的老年人。

2. 家庭养老的背景

（1）中国传统家庭文化观念和社会伦理观念。

中国自古以来就有"养儿防老""孝顺"等传统伦理观念。"养儿防老"是中国传统养老方式的基本特征，传统家庭一般通过生养子女来解决他们的养老问题，并且更多的是指来自儿子的赡养。中国宪法规定："父母有抚养教育子女的义务，成年子女有赡养扶助父母的义务。"这是对东方反哺模式的法律解说。

另外，中国几千年来社会伦理的核心就是"孝"。在儒家思想中，"孝"是社会伦理道德的核心，一个人只有对父母孝顺，才会对君主和国家忠诚。因此也有了"百善孝为先""孝悌"等儒家伦理道德的核心思想。

正因为这种"孝"文化使得中国人都自觉认同家庭成员对长辈的养老责任，晚辈服侍长辈不仅是责任与义务，还是一件光荣的事情，从而使家庭养老这种养老方式成为当前普遍养老模式的一种。

（2）我国多种养老模式并存的社会背景。中华人民共和国成立后，我国提出了社会养老模式，但是这种模式发展时间较短，社会养老保障制度还在摸索和完善阶段，社会养老金的给付标准比较低，特别是农村地区的养老保障基本依靠家庭养老。另外，社会养老需要的养老专业人员严重不足，养老的硬件设施也跟不上当前老年人的需要，不能满足老年人个性化、差异化的养老需求。显然，完全依靠社会养老是不可行的，家庭养老能够缓解社会养老的压力，从经济上来说，奉养老年人的费用是代与代之间的经济转移，老年人抚养孩子长大成人，当父母老后孩子负担老人患病时的经济需求和生活需求，这种家庭养老的经济供养能够弥补社会养老保障的不足之处。因此，在当前形势下，我国的养老政策还是以家庭养老为主，辅以社会养老等多种形式的养老方式。

二、家庭养老老人的类别

随着社会发展，家庭养老的老人之间也有不同的状况，我们大致将其归纳为以下几种：

1. 失独老人

失独老人是指因各种原因失去自己养育的独生子女，且没有其他子女的老年人，既可以指一对夫妻,也可以指独身老年人。

案例:中国在20世纪80年代开始实施计划生育。肖爸爸和肖妈妈只有小肖一个女儿,18岁那年小肖由于车祸身亡。肖爸爸和肖妈妈因为年纪大没有再要第二胎。但是,最近肖妈妈越来越难以忍受失去孩子的痛苦,想不管通过什么方法哪怕被人嘲笑也要再生一个孩子。肖爸爸却认为再生一个孩子恐怕没有精力陪这个孩子长大。

在中国,大部分家庭都只有一个子女,当子女发生意外后,父母又没有其他子女赡养,类似肖爸爸和肖妈妈这种家庭在中国被称为失独家庭。《2010中国卫生年鉴》统计,目前中国有100万失独家庭,并且每年以7.6万个家庭的速度不断增加,这些老年人后续的养老问题将是当前社会一大急需解决的难题。

2. 空巢老人

空巢老人是指没有子女照顾、单身独居或夫妻双居的老年人,这些老人独居的原因分为三种情况:一是无儿无女无老伴的孤寡老人;另一种是有子女但与其分开单住的老年人;还有一种就是儿女远在外地,不得已寂守空巢的老年人。

随着老年人口的增加和我国社会、经济结构的不断变化,2000—2010这十年间,我国城镇空巢老人数量由42%上升至54%,农村空巢老人数量由37.9%上升至45.6%。预计2050年我国老年人口将达到峰值4.83亿。届时,我国每三个人中就有一个老年人,占全球老年人口的1/4,空巢化程度将更加严重。空巢老人面临的重要问题是:物质层面,老年人年老体弱、无人赡养、就医困难;精神层面,老年人的精神生活贫乏,再加之空巢老人社会活动减少、子女关怀不够,极易引发精神疾病。据调查,空巢老人中存在心理问题的比例达到60%,而达到疾病程度,需要医学关注、心理干预的空巢老人,比例达到10%~20%。

3. 寡居老人

寡居老人又称独居老人或孤寡老人,主要是指配偶早逝,身边也无子女照顾的老年人。这些老年人本来就承受着配偶去世的伤痛,再加上子女不在身边,进一步增加了心理伤痛,从而增加了老年人的死亡率。据科学研究,"寡居效应"往往是因为悲伤或长期照料生病的配偶,导致自己患病;还有一种是因为一方老年人病情加重,另一方疏于照料自己,从而导致自己身体健康水平下降,再加上失去配偶后的伤心与孤独的心理,导致寡居老人的死亡率高。照顾并关心寡居老人的心理状况,特别是帮助其度过丧偶的前三个月,能有效降低寡居老人的死亡率。

案例:2014年,安徽省发生一起惨剧,一名六旬寡居老人独自死在家里,一周后才被邻居发现。据了解,老人妻子去年刚去世,虽然有两个女儿,但早已外嫁都不在身边。老人嗜好养犬,家里曾养了近十条狗。11月21日,楼下的马师傅发现了一些不对劲的地方,找来了警方,随后龙子湖公安分局的刑警和法医也赶到现场。根据警方通报,老人死了,而且已经死了有一周左右时间,但是无人发现。

4. 正常老年人

一般指孩子在身边的居家养老老人。

阅读案例,谈一谈以下案例中的老年人是属于哪种情况的老年人。

案例一:

2014年10月27日,一位风尘仆仆赶回老家的儿子,推开门后却险些当场昏厥,原来他牵肠挂肚的父母早已倒在家中,没了呼吸。陈先生,嘉兴人,家住嘉兴市南湖区菱香坊小区,不过陈先生长期在上海工作,嘉兴老家里只有年老的父母。三个礼拜前,陈先生发现打电话无人接听,一时还没放在心上。之后一段时间,陈先生屡次打电话,依然无人接听。陈先生担心出事,在前天夜里8点多赶了回去,没想到推开门后就闻到了一股恶臭,父母一个趴在地上,一个躺在床上……对于这样的悲剧,我们除了扼腕叹息,更要严肃地去解决养老问题。

案例二:

笛妈妈今年57岁,笛妈妈的女儿1983年出生,在大连理工大学数学系本科毕业后留校保研,之后又公派美国读博。2008年5月底,女儿在美国遭遇车祸不幸去世。女儿去世一年半以后,笛妈妈和老公搬离了原来居住的城市,几乎断绝了和从前生活圈子之间的所有来往,开始了与世隔绝的生活。笛妈妈说,中国的老百姓活的就是孩子,他们这个年纪的人,共同的话题也是孩子,没有孩子,什么都没有了。

有关专家推算,1975—2010年出生的2.18亿独生子女中,有超过1 000万人会在25岁之前死亡。这意味着有2 000万名父亲和母亲,在中老年时期失去唯一的子嗣,成为孤立无助的失独老年人。像笛妈妈这样的家庭遭遇在中国已经不是个体的悲剧。在人们身边存在着这样一个特殊的群体,他们的年龄大都在50岁开外,疾病或意外却使他们遭遇独子夭折的厄运,在经历了老来丧子的人生大悲之后,已失去再生育能力,只能独自承担养老压力。

案例三:

潘教授今年75岁了,当年为响应国家计划生育政策,潘教授和爱人34岁结婚,35岁才有孩子;而当他到了70岁高龄,需要孩子照顾的时候,孩子却因为心脏病离开了人世。孩子去世之后,潘教授曾经跑过好几家养老院,想给自己和老伴的晚年找个安置,但所有的养老院都将他拒之门外。按照规定,养老院接收老年人需要子女签字,但现在已经没有人可以给他们负这个责任了。

案例四:

2018年6月27日,重庆江津区公安局嘉平派出所接到年过六旬的陈大爷报案,称自己的"老伴儿"不见了。民警经询问获知,陈大爷一年前通过陌生人介绍,认识了现在的"妻子"庞大妈,作为答谢,当时他给了介绍人几百元的"介绍费"。陈大爷告诉民警,此后,他自认与庞大妈已是名义上的夫妻关系,庞大妈也偶尔会来家中做家务，二人感情较为稳定，但他们基本都是通过电话联络感情。庞大妈每次来家里，都会要求他给"生活费"，而拿到钱后便以各种借口离开。截至报案时，陈大爷已累计给庞大妈6 000余元。后经民警询问得知，该团伙已经在当地诈骗过5名寡居老年人，在诈骗前他们都会到农村去转悠"踩点"，专门挑选独居的孤寡老人。针对这些寡居老人，团伙成员会设身处地揣摩他们生活寂寞的心理状态，然后找机会给老年人介绍"老婆"，并设局骗取财物。该团伙在诈骗过程中，常用套路为索要"生活费""路费""人情费"，有时甚至会编造子女发生交通事故等谎言来博取受害人同情，骗取高额"医疗费"。出于对她们的信任，受害人每次都会给她们几百到几千元，甚至上万元的现金。

任务二 掌握家庭养老服务沟通技巧

【知识目标】

◇ 掌握家庭养老老人主要的心理变化特点和行为方式。
◇ 掌握家庭养老老人主要的沟通方式。

【能力目标】

◇ 运用所学知识，能够与家庭养老老人实现良好沟通。
◇ 掌握运用电话和家庭养老老人沟通的具体方法。

【素质目标】

◇ 培养学生能够根据老年人的实际情况提供服务，并通过恰当有效的沟通解决问题的能力。

一、家庭养老老人主要心理特征和行为方式

1. 正常心理特征和行为方式

（1）能够接受现实，对生活有积极的态度。这些老年人经历了人生的种种考验，能够认识并坦然接受自己已经慢慢离开了原有的社会关系；能够正视自己不断衰老的生理现象；能够构建新的社会关系和人生目标，并积极主动参与到新的活动中；能够妥善处理社会和家庭的人际关系，并因此对目前的生活状态感到满意和幸福。

（2）满足于当前状态，乐于接受他人帮助。这些老年人承认并接受目前自己的状态，在物质、精神上期待并安于接受他人的帮助，对工作不感兴趣、不存奢望、满足于现状、

过着逍遥自得的日子。

(3) 善于接受他人、善于与人相处。这些老年人善于与他人交往，在心理上他们不仅善于接受自己的优点和缺点，同时也能接受他人的优缺点，认可他人的存在价值和生活方式，并能够与他人建立良好的生活关系。

(4) 善于控制自身情绪，心境良好。情绪会影响老年人的寿命。有科学研究表明，情绪好的人往往更容易长寿。这些老年人心态平和、反应适度，不过于敏感、不过于冷漠、不过于焦虑、不对自己的情绪过于压抑，也不随意宣泄，容易和子女或他人建立较和谐的关系。

2. 负面情绪和行为特征

(1) 焦虑。居家老人常见的负面情绪就是焦虑。随着老年人生理功能衰老，各种疾病出现，社会地位和角色的改变，社会交往减少以及丧偶、子女离家等负面生活事件的冲击，老年人很容易焦虑。焦虑情绪的程度不同，表现的状态也不一样，对老年人的损害也不同。

案例：张爷爷的儿子因车祸去世，社工小张去探访社区内的孤寡老年人时认识了张爷爷。她仔细观察张爷爷之后，发现他常常会惶惶不安、异常敏感，觉得别人是在议论自己没儿子，是"无后"之人，甚至对于别人一个微不足道的眼神变化也会内心焦虑、猜测不断。有时，张爷爷想到儿子会心烦意乱、坐立不安、长吁短叹，反复念叨同一件事情。张爷爷在严重焦虑的情况下还会出现呼吸困难、过度换气、胸闷、心悸、眩晕等异常生理变化。小张分析张爷爷出现这些现象的主要原因在于他对自己未来的不确定，不知道自己该何去何从、由谁来赡养、赡养条件怎么样、是否能够得到及时的护理和救助。

(2) 绝望。绝望是失独老人或失偶老人常见的心理特征。所以不论是失独还是失偶，这种共同生活状态突然因为另一方的亡故而发生了改变。这些老年人一直以来所保持的社会和家庭角色与状态已经无法再持续下去，然而老年人自身又无法正确面对现实、调整心态，丧失了对生活的希望与乐趣，甚至会产生一些过激行为，如自杀、自残或伤害他人的行为。

(3) 孤独和哀伤。孤独、哀伤是许多失独、寡居、空巢老人的另一个心理特征。这些老年人的家人由于各种原因离开家庭，剩下的老年人就会产生一种强烈的挫折感和孤独感，且没有他人疏导，每天都保持同样的生活状态，从而使老年人的孤独感和哀伤感日益增加。

案例：某小区内有一位现年80岁的老太太，名叫孙阿婆。孙阿婆一生养育了9个子女，老伴已经去世多年，平时她跟独身的小儿子一起居住，其他8个子女则分别居住在本市的其他地方。2008年冬天，孙阿婆的小儿子因遭遇车祸不幸身亡，孙阿婆一下子变成了依靠低保金生活的独居老人，身体状况也每况愈下。几年来，孙阿婆的其他8个子女在照顾母亲的问题上，相互推诿，谁都不肯承担照顾和赡养母亲的责任。现在，年老多病的孙阿婆孤身一人独自生活，因行动不便也很少出门；有时烧一顿饭要吃好几天，有时烧不动就只有饿肚子，有一顿没一顿地苦熬着日子。

(4) 孤僻与逃避。在一些地区失去子女或伴侣的老年人甚至会受到歧视。如有些地区仍然认为中年丧子或老年丧子是没有"积德"或做了"伤天害理的事情的报应",所以这些老年人在子女或老伴去世后,越来越不愿意与外人接触,也不愿意参加亲朋好友的聚会,生活中总是做出逃避现实的态度与反应,从而变得性格孤僻。

案例:赵某,女,68岁,高中文化,年轻时是单位会计,性格内向。有一儿一女,儿子在上海某外资企业工作,女儿在本市从事教育工作。儿子和女儿都很孝敬,时常回家探望父母。赵某退休后,每天早晨与丈夫到社区附近的广场打太极拳,晚上老两口到社区散步。老两口还经常到全国各地旅游,邻居和亲戚都十分羡慕赵某老两口,赵某也十分满意这种生活。可是天有不测风云,一天,老两口去散步回来,赵某的丈夫突然感到胸口不舒服,赵某扶丈夫上床休息,没有想到过了一会儿就要不行了。赵某急忙拨打急救电话,救护车将赵某丈夫送到医院为时已晚,赵某目睹了丈夫的猝死。后来,她得知丈夫死于心肌梗死后后悔不已、极端自责,性格变得更加沉默寡言,每天将自己关在家中以泪洗面,吃得少睡得少,身体日益虚弱。儿子要接她去上海居住也被拒绝,赵某认为去子女家居住会给子女带来不必要的麻烦,不愿意去;女儿和外孙女有时来陪伴和劝说母亲也未能让母亲的情况有所好转。赵某每天思念和丈夫在一起的点点滴滴,觉得生活没意思,在亲友面前时常流露出随丈夫而去的想法,而且经常拒绝进食。

(5)抑郁与恐惧。抑郁是对事情的演绎报以悲观的看法从而引起的一种情绪状态。失独老人常常把子女去世的责任归咎到自己身上,长期压抑自己的情绪,认为自己不配享受欢乐等情绪。同时,也担心别人会因为自己失去孩子而看不起自己,从而强迫自己从过去的人际网络中疏离出来。再加上年纪增长,由于病痛带来的其他负面情绪,老年人很容易陷入抑郁及恐惧的负面情绪中。值得注意的是,抑郁症是引发自杀的高危因素,对于患有极严重的抑郁症的老年人,应当重点关注、及时送医。

(6)依赖与不信任。老年人还会出现依赖与不信任情绪并存的状况。当老年人出现生活不能自理或者完全不能自理的时候,他们的生活极度依赖家人和社会的照顾。老年人所拥有的只是有限的财产,所以他们对自己的财产看得非常重要,生怕赖以生存的财产被他人夺走后无法生存,故而老年人又极度地不信赖他人,甚至把财产看得比子女还重要。这种情绪往往会造成老年人不敢与他人沟通交往,从而导致老年人产生其他心理问题。

二、与家庭养老老人沟通的技巧

和老年人沟通时应注意到服务人员与老年人的关系是随着沟通的次数和情感程度慢慢拉近的,不同的社交阶段应当采取不同的沟通技巧才能拉近与老年人之间的距离,从而建立更深厚的关系。

1. 破冰阶段——闲聊、接纳与倾听

从老年人的心理角度分析后可以得知,老年人特别是一些处于负面情绪状态下的老年人,他们对陌生人是抱有防备心态的。因此,想要建立与家庭养老老人的联系与沟通,应当报以真诚的态度,回避一些带有目的性的沟通方式。同时,也需要获得服务对象和子女的认同与支持,从而营造良好的沟通氛围。一方面,闲聊、拉家常的沟通方法能够营造轻松的谈话氛围,从而获得老年人的信任。所谓闲聊,就是不设定话题或谈话目的,什么都

聊的一种沟通方式，可以谈家长里短、谈吃喝玩乐，对什么有兴趣就聊什么，什么能让人高兴就聊什么。无论和老年人聊什么样的内容都可以在轻松、愉快的氛围下唤起他们对生活乐观、积极的态度。持续不断的"拉家常"、关心老年人才能让老年人感觉自己是被关心的，有助于帮助老年人打开心扉与人沟通。另一方面，老年人本身话就比较多，通过与人倾诉可以帮助老年人缓解内心苦闷，也有助于老年人延缓大脑衰老、预防老年痴呆。老年人在倾诉过程中能够对过去的经历或者要解决的问题进行回忆和思考，这样有助于老年人在此过程中进行自我精神慰藉。从生理学的角度上来说，他们的倾诉可以左右人的体温，促进人体激素分泌，刺激末梢神经，收缩血管，从而影响血液循环。倾听老年人的倾诉，也是理解老年人人生经历、了解老年人现状与问题的最好方式，有助于和老年人建立更为亲厚的关系。

2. 建立关系阶段——乐观的态度、尊重

乐观而又积极的态度能给周边的人带来正能量，能影响他人的情绪和生活状态。很多老年人因为惧怕与他人建立关系甚至远离原来的社会交际圈，使自身陷入焦虑、抑郁的情绪之中。因此，积极、乐观的态度加上不断的鼓励和支持才能帮助老年人走出负面情绪，从而建立深厚的关系。同时，我们在与老年人深入交往的过程中也会看到，老年人对尊重的需要更为迫切。因为老年人社会交往能力降低、心理障碍增加，常常会感到不被尊重，所以获得老年人的认可，和老年人建立长期关系，应做到在尊重的基础上和老年人进行沟通交流。首先要尊重老年人，主动和老年人打招呼，细心倾听老年人的意见和要求，尽力帮助老年人解决他们提出的问题，想办法克服和老年人交流时的障碍。

3. 加深关系阶段——同理心、陪伴

在与老年人沟通的过程中肯定不会一帆风顺，老年人的人生经历和性格决定了老年人和我们交流的态度与方式。无论老年人用什么样的态度与方式和我们交谈，我们都要站在老年人的角度去理解和体会他们的感受和想法。有些老年人在听力或语言等方面受损，或者本身行动不便，可能很久都没有和他人沟通过了，又或者刚刚经历了丧偶或丧子的悲痛，因此我们在和这些老年人沟通时要理解他们的痛苦，默默在旁陪伴，这样也会给他们带来力量与支持。这是我们能够与老年人建立长久关系的重要方法。

三、家庭养老老人沟通实例

案例：冯大妈，67岁，老伴于五年前过世，现自己一个人居住。她有一个独生女儿小丽，留学并定居美国。

年初，冯大妈下楼时不慎摔了一跤，造成膝部关节损伤行动不便。小丽得知消息后赶忙回国探望。虽然母亲平日身体健康状况良好，考虑到母亲年岁日益增大，又是一个人住，于是小丽积极动员母亲随自己一起去美国定居。本是出于一片孝心，小丽没想到自己的想法竟然遭到母亲的强烈反对。几次沟通无果，小丽气愤地对母亲说："我一个人在外打拼，能留在美国实属不易，我不可能放弃在美国的一切，您年纪大了，我爸也不在了，您不跟着我能跟谁过呀！这次是万幸，没有摔得卧床不起，我离您这么远，以后再有个三长两短可怎么办呀?"

"我不用你管我,我自己的退休金和积蓄就足够花了,我有病就请家政工来伺候我,不用你大小姐管。"

眼看着离女儿回美国的日子越来越近,母女却陷入了沟通的僵局。社工小张听说此事,主动上门为二人开展调解工作。

1. 与老人沟通

(1) 建立初步联系。

小张(微笑):冯奶奶您好,我是居委会的社工,我叫小张。是居委会陈主任让我过来看看您,和您聊聊天,看看有什么能帮忙的。(自我介绍,让老人明白自己是谁。)

冯奶奶:哦,小张您好,谢谢陈主任的关心啊!

小张:冯奶奶您客气啦,陈主任说和您都是老姐妹了,有什么情况您尽管和我们说。(拉近与老人之间的关系。)

冯奶奶:哎呀,陈主任还记得我,她真是热心人,这么多年还记得我。

(2) 接纳与倾听建立专业关系。

小张:是的,听陈主任说您腿跌伤了,您现在腿好点了吗?怎么样啦?(引导老人并引出话题)

冯奶奶:还好,下周要去医院换药,就是年纪大了,现在腿又这个样子,上下楼不太方便。现在女儿在还好,下周她就要回去了,我想到时候找个保姆来照顾我,麻烦你们社区也帮我打听一下哪能找到。(老人表情忧郁,较为担忧自己的情况。)

小张:哦,是的,您现在这个样子确实需要人帮忙。找保姆倒是不难,就是需要时间。我小丽姐怎么想的呢?(对老人表现出同理心,并给予安慰,试着了解更多。)

冯奶奶:她呀,从小就努力读书,能到国外读书她也是费了老大劲了,本以为过两年就回来了,可是谁知道她出国读书后就再也不想回来了,还让我跟着她到美国去,她也不想想我人生地不熟的,也不会英语,怎么能适应得了?还有美国吃的也和我们不一样,让我天天吃牛排、面包,我可是一天也受不了。我不会和她走的。(老人情绪激动了起来。)

小张:哈哈,奶奶您太可爱了,不过我小丽姐也是担心您一个人在这里,现在腿又这样,怕您生活不方便。您觉得小丽姐走了以后,您有什么不方便的地方吗?

冯奶奶:唉,我一个老婆子每天也就这么点事情,搞点菜烧烧吃吃,把家里稍微搞得干净一点。虽然老伴走得早,但是平时找几个老邻居聊聊天,也就这样过着,就是晚上一个人在家,也没人聊天……不过我都习惯了,也好安静。没事,我就是最近不方便,麻烦你们帮忙找个保姆帮我这两天,买买菜,烧烧饭,陪我去医院换个药就行。唉,人老了确实也不如从前了,这次又这样……唉,我这个女儿是靠不住了。(老人表情再度阴沉下来,说着说着就停下来,似乎在想什么,但是明显能感到老人比较难过、情绪低落。)

小张:哦,小丽姐怎么就靠不住了呢?我看她专门从美国赶回来照顾您。(引导老人说出和女儿之间的问题。)

冯奶奶:我这个女儿算是白养了,她这辈子就打算在美国定居不回来了。我的腿都这样了她还要赶回美国去,说是工作重要不能回来。美国有什么好的,老头子也走了,养的女儿也不管我,丢下我一个人在这里,有时候想想还不如早点到地下和老头子见面,大家都解脱,我活着还有什么意思呀?(老人情绪激动,同时有一些非理智的负面情绪,可以看出老人对独居无人照顾感到无助、焦虑。)

小张:冯奶奶,您别激动,您看我小丽姐也是好不容易才有今天的成就,这要是别人都羡慕死了。虽然她现在在国外工作,但是她还是很关心您的,您看她这不是马上就回国来照顾您,还想接您去美国吗?

冯奶奶:她马上都要回去了,说这些还有什么用。她要真孝顺我,就应该回国找个工作好照顾我。她大概也是不想管我了,我也指望不上她了,以后就要麻烦你们社区多帮帮我这个老婆子啦!(老人表现出对他人的依赖和对自己独居状况的担心。)

(3)加深关系阶段。

小张:原来是这样呀,冯奶奶,您放心,我们社区肯定不会不管您的,我们会经常来看看您,您要是有什么问题也可以及时和我们说,到时候您可别嫌我们烦呀!对了,冯奶奶,我看小丽姐还是很担心您的,您看要不让我和小丽姐聊一聊,看看她是怎么想的?

冯奶奶:好的,好的,那就麻烦你们啦!和你们聊聊我心里也舒服些,你们一定要常来看看我啊!

通过和冯奶奶的沟通,感觉她还是比较容易沟通的,而且较为健谈。表面上,她是寡居老人因为腿伤生活难以自理,需要他人的照顾,但仔细分析,感觉她存在两方面的问题。一方面是老伴去世后她一直寡居,人际交往较少,对待生活的态度不是很积极,没有意识到应该改善自己的生活状态,甚至出现一些负面的心理,"还不如早点到地下和老头子见面""活着还有什么意思"之类的话语,可以反映老人这方面的心理。另一方面她对子女亲情的渴望和对去国外生活的恐惧与排斥。冯奶奶的家人还是给予了她一定的关爱与照顾,她也能理解女儿的辛苦,但是对国外生活的排斥情绪使她难以接受女儿的提议。通过这次沟通,工作人员对老人的状况有所了解,基本了解了老人内心的真实想法,也在一定程度上打开了老人的心门,与老人建立了初步的信任。

2. 与老人子女沟通

家庭养老过程中,子女是养老的主力军。居家养老过程中很多情况下是调解子女和老人的沟通问题。因此在结束和冯奶奶的沟通后,小张又一次和小丽进行了沟通,了解到小丽当前和冯奶奶之间存在的问题,并让小丽明白冯奶奶目前的处境和即将面临的困难。

小张:您好,我是社区的社工小张,居委会陈主任让我和您母亲多沟通,看看有什么能帮助她的。(自我介绍,让老人的女儿明白自己是谁。)

小丽:您好,我听说了,谢谢你们对我妈妈的关心,你们能够经常来看我妈妈,我妈妈很高兴,你们也让我认识到自己对我妈妈一直都不够关心,真心感谢你们让我知道要去关心我妈妈,我肯定会尽到自己的责任的。(说明小丽还是很信赖工作人员,也比较爱母亲,愿意配合工作。)

小张:(说明冯奶奶的情况,并询问小丽的想法。)小丽姐,您是怎么想的呢?

小丽:我所剩下的亲人只有我妈妈了,我知道老年人不适应国外的生活环境,但是我目前处于事业发展的上升期,不能离开美国。我其实是想把自己的事业发展好了以后,为我妈妈提供更好的生活条件。我妈妈不理解我的这个想法，认为我是耍脾气，我真的很难过。

小张：听您这么说，我非常理解您的心情，我知道您也非常孝顺您母亲。这样吧，您看要不我陪着您再和您母亲一起好好聊聊吧！

小丽：好的，实在是太感谢你们了。

案例分析：社工在与老年人子女沟通时，让子女更清楚地了解老年人真正需要的是什么。同时，建议子女平时多与老年人联系，增加老年人与子女的交流，减少老年人的孤独感，为融洽的家庭氛围营造提供条件，继而用家庭的温暖来感化老年人，逐步改变老年人消极的生存观。

四、与家庭养老老人电话访谈沟通实例

在为家庭养老的老年人提供沟通服务时，电话是我们常常使用的工具，也是一种非常重要的手段，因为它更为快捷、方便。另一方面，电话交谈也有其自身的缺陷。老年服务工作者接听、拨打电话的沟通技巧是否高明，往往会影响到他是否能够顺利达到本次交谈的目的，甚至会直接影响到和老年人沟通的顺利程度。因此，如何让对方从声音中感受到工作者的热情友好，给对方留下诚实可靠的良好印象，学习和掌握基本的电话交谈技巧是非常有必要的。

和老年人电话交谈时要做到：第一，和老年人通话时要有充分的心理准备，要从与老年人交朋友的角度出发，保持心态平和；第二，要考虑到老年人可能做出的积极反应，也要考虑到老年人可能出现的冷漠态度；第三，保持良好的心态和老年人沟通，这种良好的心态会通过你的语言语调表露出来，虽未谋面，老年人也会感受到你的自信和坦然，从而留下良好的印象。

案例：李爷爷在社区的居家养老服务中心办理了一项上门帮助老年人居家洗澡的服务项目。社区工作者小张一直都很准时到吴爷爷家里为他服务，他的服务也得到了李爷爷的充分肯定。可是今天约好的时间都过了好几个小时，小张却一直没有出现，李爷爷着急了，连忙打电话给居家养老服务中心。工作人员小明接听了电话，整个电话交谈过程中出现了两次不回应对方的情况，李爷爷对此非常不满意。了解了老人的需求后，由于小明的沟通技巧存在缺陷一直没有给出满意的答复，经过长时间的交流，对方已经表现出了不耐烦。

小明："为什么他今天没有去你那儿给你进行服务呢？"

李爷爷："为啥？我怎么知道他为什么没有按时来？"

小明："之前不是每次都按时到你家里去了，而且李爷爷你对他的技术也一直赞不绝口，怎么今天会突然就没有去呢？"

李爷爷："我怎么知道呢？我还打了他的电话，电话一直是关机状态，是不是出了什么事情？你是不是要帮我处理一下啊？"

小明："……"（7秒内没有任何声音，无法回应。）

当李爷爷很生气地表示服务中心的总机电话打不进时，小明确实有6秒没有对李爷爷

的问题做出反应,所以李爷爷生气地挂断了电话。

请思考为什么李爷爷会生气地把电话挂断?

在此案例中我们看到:在电话交谈时,因为双方不能面对面地沟通,所以除声音以外的信息对方是无法知晓的。因此当接电话的工作人员没有回应时,老人就会觉得受到了怠慢并对结果不满意。

1. 接听或拨打电话使用礼貌用语及时问候

(1)接听电话。首先应注意电话铃响三声之内及时接听,自报家门并问候:"您好,这里是××老年服务中心";如果不能及时在三声铃响之内接听,应先致歉再问候:"抱歉让您久等了,这里是××老年服务中心。"

(2)拨打电话时。首先礼貌问候,并自报姓名,说明致电目的:"您好,我是××老年服务中心的××(姓名),请问您是×××老人吗?"

2. 说话保持愉悦声音,语速慢且大声

老年人一般听力都不太好,语速也比较慢。因此在与老年人用电话沟通时,应当观察周围环境是否嘈杂,尽量找寻安静的地方和老年人沟通,和老年人沟通时尤其需要注意放缓语速,咬字发音要清晰,尽量使用老年人能够理解的词汇,需要说明的内容也应当简单明了。

错误的电话沟通案例:

小李:张奶奶,您上次要找的小李呀她说她家里有事要回去一趟,只能周四或周六去找您,您看您什么时候方便呀?哦,对了,她周四上午有时间,周六下午有时间,您看呢?

说明:一次性给出大量信息老年人难以接受,可以分段引导老年人,例如:

小李:张奶奶您好,您还记得上次为您提供服务的小李吗?

张奶奶:记得呀,这周三我和她约好了,她来我家。

小李:张奶奶不好意思呀,她家里有急事明天不能来了。

张奶奶:啊?这可怎么办,我可喜欢她了。

小李:您看和您改约周四或周六可以吗?

张奶奶:最好周四。

小李:好的,让她周四上午找您可以吗?

张奶奶:好的,我等她。

3. 在老年人说话时应认真倾听体现礼貌并不时给予回应

老年人说话时应认真倾听,没有必要时不要打断对方说话。老年人常常比较唠叨,但在老人没有说完或表达模糊时,不要匆忙做出结论或打断老年人说话。同时,一定不要让自己陷入与老年人的争论之中,对老年人说过的话不要重复提问,老年人说话时应该不时地给予回应,让老年人了解自己认真倾听的状态。

错误的电话沟通案例:

孙爷爷:"小林呀,你们服务中心的张医生真是好呀!我的老寒腿他上门帮我针灸几次就搞好了,我……"

小林:"好了,好了,我知道了,孙爷爷你不要说了,你就是这次还想找张医生呗。"

孙爷爷:"小林呀,你们服务中心的张医生真是好呀!我的老寒腿他上门帮我针灸几次就搞好了,我能不能这次还是找张医生帮我治疗呢?"

小林:"……(停顿几秒)啊,张医生,他这周什么排班我不知道,要排班组长才知道,你等一下我问问他。"

正确的电话沟通案例:

孙爷爷:"小林呀,你们服务中心的张医生真是好呀!我的老寒腿他上门帮我针灸几次就搞好了,我能不能这次还是找张医生帮我治疗呢?"

小林:"太好了,孙爷爷,张医生要是知道您这么喜欢他,他肯定很高兴。您放心,我这就帮您登记,让他这次还来帮您针灸。"

4. 表达请求事项时要使用礼貌用语

在与老年人沟通时,有时老年人表达不清楚或者自己没听清对方的话语时忌讳说:"啊?什么?您说什么?"而应该注意使用礼貌用语:"请您再说一遍好吗?""对不起,能麻烦您再说一遍吗?"向老年人表达一些请求事项时也应该多使用询问语句征求对方同意。身为服务人员或工作人员往往代表了所在公司或组织的形象,所说的每一句话都代表了企业或组织对老年人的态度,所以一定要注意使用礼貌用语。

例如:

"张爷爷,不好意思,我这里信号不太好听得不是很清楚,能麻烦您大声一点吗?谢谢您啦!"

"王奶奶您说的这个事情我要查一下相关资料,请您在这里等我几分钟好吗?我马上回来。"

"赵爷爷,需要用您的手机号码预约服务,您能告诉我您的电话号码吗?"

5. 向老年人告别前要再次询问需求和表示感谢

在挂断电话前,应再次向老年人询问还有没有其他需求,并表示感谢。这时应当注意,询问与感谢应当发自内心,站在真心帮助对方的角度进行发问,避免急躁、不耐烦的语气和着急结束的态度。否则,虽然使用了礼貌用语,但是仍然会给老年人不好的感觉。

错误的电话沟通案例:

员工:"××爷爷/奶奶,请问您还需要其他帮助吗?"(语速快、语气重。)

老人:"没有了。"

员工:"祝您愉快!再见!"

正确电话沟通案例:

员工:"××爷爷/奶奶,请问您还需要其他帮助吗?"(语速缓、语气轻柔、面带微笑。)

老人:"没有了。"

员工:"那就不打扰您啦!谢谢来电!再见!"

实操训练

1. 将学生分成若干组，让小组成员将自己爷爷、奶奶的电话号码进行汇总。教师给小组长不同的电话沟通主题或由学生自定电话沟通主题，让小组长对成员进行分工，自定电话交谈的内容和事宜。各小组交换电话号码，设计内容打给爷爷或奶奶，并汇总电话过程中的心得体会，全班同学一起进行交流。

2. 将班上同学分为若干组，每组又分为两方，一方扮演社区工作人员，一方扮演空巢老人李奶奶。李奶奶中风出院后在家休养，但总是感觉自己半边身体不能动，人生也快走向尽头了，天天在家唉声叹气，子女也不知道该如何劝老年人，特意请了社区工作人员帮忙劝劝李奶奶。双方进行沟通之后，在全班进行点评交流。

任务三 认识居家养老

【知识目标】

◇ 熟悉居家养老的基本定义。
◇ 掌握居家养老的服务模式和服务内容。

【能力目标】

◇ 运用所学理论，能正确区分居家养老服务的主要类别和模式。

【素质目标】

◇ 通过对居家养老理论知识的认知，培养学生对行业的情感，提升学生的职业素养。

一、居家养老的概念和意义

1. 居家养老的概念

2016年，我国老龄人口突破2.3亿大关，老龄人口比例超过老龄化标准，我国已进入老龄社会。随着老年人口的不断增多，各地开始对养老福利模式进行积极的探索，居家养老服务应运而生。居家养老（服务）是指以家庭为核心、以社区为依托、以专业化服务为依靠，为居住在家的老年人提供解决日常生活困难为主要内容的社会化服务。这是一种介于家庭养老和机构养老之间的养老模式。

2. 居家养老的意义

（1）符合我国"未富先老"的社会特点。我国人口老龄化是在经济还不够发达、物质条件尚不充裕的情况下到来的。因此，单靠政府的力量来发展养老福利事业是不现实的。居家养老服务与机构养老服务相比，具有成本较低、覆盖面广、服务方式灵活等诸多优点，它可以用较小的成本满足老年人的服务需求。更为重要的是，通过居家养老服务，可以让一部分家庭经济有困难但又有养老服务需求的老年人得到精心照料，从而对稳固家庭、稳定社会起到良好的支撑作用。

（2）适应我国老年人的生活习惯和心理特征。受中华民族传统的家庭伦理观念影响，我国大多数老年人不愿离开自己的家庭和社区，到一个新的环境去养老。居家养老服务采取让老年人在自己家里和社区接受生活照料的服务形式，适应了老年人的生活习惯，满足了老年人的心理需求，有助于他们安度晚年。

3. 居家养老和家庭养老的区别

不管是居家养老还是家庭养老，当前情况下都需要社会的介入与参与。但是两者之间又是有区别的，家庭养老不仅包含了对老人赡养照顾的责任，还包含了经济上的支持及经济上的赡养和生活上的照顾，简单的理解就是"全包"，老人所有的事情都要由子女和家庭成员承担。而居家养老是指老人住在自己家里，服务及照顾的责任不一定是由家庭成员承担，而是通过社会服务提供和完成的，在经济上也是同理，居家老年人的钱可以是老年人自己的，尤其是对有一定收入的老年人来讲，钱不是问题，谁来提供服务才是个问题。所以，在居家养老的模式上，老年人是完全可以独立的，无论是照顾上还是经济上，不依赖家庭和子女。

二、居家养老的服务模式和服务内容

1. 主要服务服务对象

居家服务的对象有三大类：

第一类是低保户、城镇"三无"老人或"五保"老人、革命"五老人员"、百岁老人、优抚老人以及生活不能自理或部分不能自理且家庭条件差的老年人，这些服务对象一般由社区政府以及社会慈善捐助提供无偿服务。

第二类是60岁以上的低收入家庭老年人、享受生活补助且未参加城镇集体企业退休人员、享受定补的救济对象及60岁以上的空巢老人。这些老年人承担一部分费用，其余费用由社区养老服务单位提供。

第三类是居住在辖区60岁以上需要居家养老服务、有一定经济能力通过自费的形式购买服务的老年人，也由社区居家养老服务单位提供服务。

2. 主要服务模式

现阶段，居家养老还没有固定的模式。各地方根据自己的特点，建立适合地区特色的居家养老模式，但大体上可以分为两类：一是根据谁来购买服务进行划分，可以分为政府购买模式和老年人或老年人家庭自己购买服务的模式；二是根据服务方法的不同，可以分为上门服务和社区居家养老服务中心模式。包括生活照料与医疗服务以及精神关爱服务。主要形式有两种:由经过专业培训的服务人员上门为老年人开展照料服务;在社区创办老年人日间服务中心,为老年人提供日托服务。当然由于各地情况不一,我国各地都在不断摸索适合当期情况的居家养老服务模式,如邻里互助模式、时间银行模式、志愿者服务等多种服务模式。

知识链接

探索创新"3+X"试点——人人享有基本社区居家养老服务

自从成为中央财政支持居家和社区养老服务改革试点以来,广州市提出全面开展助餐配餐、医养结合、家政服务3项基本服务,同时,鼓励各区、街镇根据辖区实际选择若干项目提供服务。这一社区居家养老"3+X"创新试点工作,从老年人需求出发,紧紧抓住老年人最关心、最直接、最现实的利益问题。

以"大配餐"服务为抓手,广州市实施养老助餐配餐服务提升工程,完善"市中心城区10~15分钟、外围城区20~25分钟"的养老助餐配餐服务网络。目前,广州市长者饭堂已覆盖全市街镇、村居,并逐步向连锁化、专业化、规模化发展。以护理站为切入口,推进社区医养结合。该市择优遴选了64个试点单位,给予每个试点单位35万~40万元的资助,为老年人提供各类专业护理服务。目前,已为62.87万名65岁以上常住居民签约家庭医生,已有145个街镇建立医养合作关系,为248家社区居家服务机构提供每周2~3次医疗卫生服务。

广州市还制定《促进"家政+养老"融合发展的实施方案》,要求各街镇居家养老服务平台引入专业机构为老年人开展生活照料服务。全市共有165个街镇开展、19万人次老年人享受家政和生活照料服务。

为确保人人享有基本社区居家养老服务,广州市还完善了特殊老年人关爱服务体系,坚持"请出来"与"送上门"相结合、"一站式"与"到户式"并重,并制定《广州市加强独居、空巢、失能等老年人关爱服务体系十条措施》,建立"关爱地图",实施定期巡访和主动服务等措施,健全具有广州特色的独居、空巢、失能等老年人关爱服务体系,每年提供定期关怀服务438.5万人次、定位服务27.3万人次。

坚持市场导向社会力量参与,持续提升养老服务质量

广州市大力支持社会力量参与社区居家养老服务,并推进养老服务企业登记规范化、便利化。对在社区提供日间照料、康复护理、助餐助行等服务的社区养老服务机构,在用电、用水、用气方面享受居民价格;对社会力量运营的居家养老服务设施,给予运营经费和服务项目补助;落实《粤港澳大湾区发展规划纲要》,积极推进养老领域的合作发展;对本地、外地和境外投资者举办的经营性与公益性养老服务项目,实行同等待遇;连续4年每年投入1000万元开展为老服务公益创投,培育263个创新型为老服务项目。每年举办中国国际老龄产业博览会、广州博览会老年健康产业展等活动，为政府部门和境内外养老服务企业搭建交流对接平台。

在持续提升社区居家养老服务质量方面，委托第三方机构定期对社区居家养老服务机构的人员、设施、服务、管理、信誉等情况开展综合评估，评估结果与购买服务、资助补贴等挂钩。每年分别支持区级居家养老综合服务中心、街镇级居家养老综合服务平台、老年人活动站点不低于100万元、60万元、3万元的运营资助。健全民政、卫生健康、市场监管等部门和各区政府之间的协同合作机制，开展日常巡查和督导，并督促落实整改。制定《老年人照顾需求等级评定规范》《社区居家养老服务规范》等，制定社区居家养老服务协议、社区居家养老服务机构运营合同范本等，强化行业自律。

目前，广州市85.5%的社区居家养老服务综合体、95%的长者饭堂由社会力量开办，涌现出一批立足广州、辐射全国的养老服务机构品牌，社会力量已成为提供养老服务的主体。

——引自《中国社会报》

3. 主要服务内容

居家养老主要从生活护理、医疗保健、安全守护、精神慰藉、法律援助、文化体育、慈善救助等几大方面为居家养老老人提供所需要的服务内容（表5-1）。

表5-1 居家养老服务内容

服务类别	服务项目	具体内容
生活照料服务	饮食服务	送餐及餐后清理
	起居服务	协助老年人穿衣、脱衣、如厕
	卫生清理服务	协助老年人日常清洁及打扫
	代办服务	交费、拿快递、购买等
医疗保健服务	预防保健服务	定期上门体检
	医疗协助服务	陪同就医、叮嘱吃药等医疗辅助服务
	康复护理服务	指导老年人正确使用康复器具
	健康咨询服务	多渠道为老年人提供医疗保养等方面的信息与知识
安全守护服务	安全设施安装	协助打造适老居家环境
	安全隐患排查	不定期检查居家环境排除安全隐患
精神慰藉服务	精神支持服务	耐心倾听、与老年人进行有效沟通交流
	心理疏导服务	掌握老年人沟通技巧，帮助老年人疏导情绪，保障老年人心理健康

续表

服务类别	服务项目	具体内容
法律援助服务	法律咨询服务	帮助老年人获得法律咨询与援助
	权益维护服务	帮助老年人通过法律程序和手段维护自身权益
文化体育服务	文化教育服务	开展老年大学等活动丰富老年人精神世界
	休闲体育服务	开展老年人户外休闲健身活动
慈善救济服务	救济救助服务	帮助符合救济条件的老年人及时、全面享受政府社会救济
	志愿者服务	建立公益活动团体帮助更多需要居家服务的老年人

参考资料：

某机构居家养老服务条款

（一）生活护理

1. 服务内容

（1）个人卫生护理。个人卫生护理包括洗发、梳头、口腔清洁、洗脸、剃胡须、修剪指甲、洗手洗脚、沐浴等护理项目。

（2）生活起居护理。生活起居护理包括协助进食、协助排泄及如厕、协助移动、更换衣物、卧位护理等护理项目。

2. 服务要求

（1）个人卫生护理。

①洗发。控制水温至 40～45 ℃，防止水流入眼睛及耳朵；用指腹揉搓头皮及头发，力量适中，避免抓伤头皮；洗净后吹干头发，防止受凉。

②梳头。由发根到发梢梳理，动作轻柔；宜选择圆钝的梳子；鼓励老年人每天多梳头，起到改善头部血液循环等作用。

③口腔清洁。老年人戴有活动性义齿的，先取下义齿后再进行口腔清洁；操作时擦拭手法正确，擦拭用具切忌伤及口腔黏膜及牙龈；擦拭时棉球（或纱布）不应过湿，防止引起呛咳。

④洗脸。水温适宜，擦洗动作轻柔；颜面部干净，口角、耳后、颈部无污垢，眼部无分泌物。眼角、耳道及耳廓等褶皱较多部位重点擦拭；洗脸后适当涂抹润肤霜，防止干燥。

⑤剃须。保持颜面部无长须；剃须用具保持清洁；涂剃须膏或用温热毛巾敷脸，软化胡须；动作轻柔，防止刮伤皮肤；剃完后用温水擦拭干净，适当涂抹润肤霜；定期消毒、更换剃须刀片，避免细菌滋生。

⑥修剪指（趾）甲。保持无长指（趾）甲；动作轻柔，防止皮肤破损；修剪后指（趾）甲边缘用锉刀轻磨。

⑦洗手、洗脚。洗手、洗脚用具分开，即时清洗；将手（脚）放入调节好水温的脸盆

或水桶中充分浸泡；用适量肥皂或洗手液细致擦洗，去除手（脚）部污垢和死皮，动作轻柔；洗后适当涂抹润肤霜，防止干燥。

⑧沐浴。水温控制在40~50℃，室温（24±2）℃，先面部后躯体，注意观察老年人身体情况，发现异常及时处理；沐浴前有安全提示，忌空腹或饱餐时沐浴，忌突然蹲下或站立；沐浴前水温调节适宜，先开冷水，再开热水；沐浴时取舒适、稳固的座位，肢体处于功能体位，沐浴后身上无异味、无污垢、皮肤干洁；沐浴过程中应有家属或监护人在场，防跌防烫伤，注意防寒保暖、防暑降温及浴室内的通风。

(2) 生活起居护理。

①协助进食。用餐前老年人和服务人员须洗手；对有咀嚼和吞咽功能障碍的老年人，要将食物切碎、搅拌；喂食时服务人员位于老年人侧面，由下方将食物送入口中；每次喂饭前应先协助老年人进汤或水；协助进食时让老年人有充分时间咀嚼吞服，防止呛噎；进食完毕后用清水漱口。

②协助排泄及如厕。对有能力控制便意的老年人适时提醒如厕。对行动不便的老年人扶助如厕及协助使用便器；对失禁的老年人及时更换尿布，保持皮肤清洁干燥，无污迹；对排泄异常的老年人，观察大小便的性状、颜色、排量及频次并做记录；便器使用后即时倾倒，污染尿片即时置于污物桶内，防止污染环境；保护老年人隐私。

③协助移动。应确保器具性能良好，轮椅刹闸稳固，轮椅刹闸后定点放置；将轮椅靠近老年人身体健侧，轮椅与床或椅子呈30°~40°，固定轮椅，将老年人稳妥地移到轮椅或椅子上，叮嘱老年人扶好轮椅扶手；动作轻柔，为坐轮椅的老年人固定好安全保护带。

④更换衣物。了解老年人的肢体功能，注意更换的顺序；保持肢体在功能位范围内活动，防止牵拉受损，防跌倒、坠地；根据老年人意愿及时更换衣物；保护老年人隐私。

⑤卧位护理。根据不同的身体状况及护理要求调整老年人体位；翻身后适当按摩受压部位；保持姿势稳定，并在受压部位垫海绵垫、气垫或垫衬枕头等；翻身后整理床单位，各肢体关节保持功能位；保护老年人隐私。

(二) 助餐服务

1. 服务内容

(1) 集中用餐。集中用餐是指老年人到居家养老服务站或社区食堂集中就餐。

(2) 上门送餐。上门送餐是指由居家养老服务站或供餐单位派遣专人使用具有统一标识的送餐运输工具将膳食送至老年人家中。

2. 服务要求

(1) 集中用餐。

①社区食堂设置符合《中华人民共和国食品卫生法》的相关规定。

②配置符合老年人特点的无障碍设施，配备满足老年人助餐服务需求的膳食设备（保温设备、消毒设备、必要的炊事用具和餐桌椅等）。

③在醒目处公示助餐服务时间、服务须知等，保持内外环境及餐桌整洁，餐具须每餐消毒一次（不得使用化学消毒剂）。

④助餐员须经体检合格取得健康合格证后才能从事膳食服务工作，每年定期体格检查一次，有记录；注意个人卫生，勤洗手、勤理发、勤剪指甲，保持工作服清洁。

⑤尊重老年人的饮食习惯，做到荤素搭配、干稀搭配、粗细搭配合理，每周有食谱。

⑥给予老年人充分的用餐时间，服务过程细致、周到、亲切；注意观察老年人用餐安全，发现异常及时处理。

(2) 送餐上门。

①使用具有统一标识的送餐运输工具将膳食送至老年人家中。

②提前一周为老年人预定膳食，并做记录。

③送餐途中确保食物的卫生、清洁、保温。

④送餐时核对老年人的姓名、菜品及数量，核实无误后签收，服务时礼貌、周到、细致。

(三) 助浴服务

1. 服务内容

(1) 上门助浴。上门助浴是指由服务人员上门协助老年人沐浴。

(2) 外出助浴。外出助浴是指选择具有相应资质的公共洗浴场所协助老年人沐浴。

2. 服务要求

(1) 上门助浴。

①根据老年人身体状态确定助浴次数，时间以15~30分钟为宜，防跌防烫伤，注意防寒保暖、防暑降温及浴室内的通风。

②水温控制在40~50℃，室温（24±2）℃，先面部后躯体，注意观察老年人身体情况，发现异常及时处理。

③沐浴前有安全提示，忌空腹或饱餐时沐浴，忌突然蹲下或站立。

④沐浴时取舒适的肢体功能位，沐浴后身上无异味、无污垢，皮肤干洁。

⑤沐浴过程中应有家属或监护人在场。

(2) 外出助浴。

①选择具有相应资质的公共洗浴场所协助老年人沐浴。

②根据老年人身体情况准备手杖、助行器、轮椅或其他辅助器具。

③备齐外出沐浴需携带的洗发露、沐浴露、毛巾、换洗衣物等用品。

④沐浴要求同"上门助浴"（①~⑤）。

(四) 助洁服务

1. 服务内容

(1) 家庭保洁。家庭保洁是指服务人员上门为老年人提供家庭清洁服务。

(2) 物品清洁。物品清洁是指服务人员上门为老年人提供物品清洁服务。

2. 服务要求

(1) 家庭保洁。

①卧室、客厅整洁，地面洁净，无水渍、污渍，垃圾篓外观干净，篓内无垃圾。

②厨房洁净，抽油烟机外表无油污。

③卫生间马桶、浴缸、面盆洁净无异味，镜面无水雾。

④窗面无印痕，洁净光亮，阳台入室台阶、扶手、栏杆无灰尘。

⑤注意操作安全，踩梯作业时防止磨损地面、碰损室内的物品。

⑥清洁时应按照由里到外、由上至下的程序完成，完工后重新检查一次服务质量，防止疏漏。

(2) 物品清洁。

①整理被褥、枕头、床单等床上用品，按季节及时更换被褥且翻晒，夏季凉席每日擦一次。

②家具表面无尘，居室物品洁净、摆放有序，沙发巾、靠枕、搅枕摆放整齐。

③清洁需移动物品时，须征得老年人或家属同意后方可移动，清洁完后第一时间将物品放至原位。

④清洁用具及时清洗、消毒，保持清洁。

(五) 洗涤服务

1. 服务内容

(1) 集中送洗。集中送洗是指选择具有资质的专业洗涤机构为老年人提供衣物等物品清洗。

(2) 上门清洗。上门清洗是指由服务人员上门为老年人清洗衣物。

2. 服务要求

(1) 集中送洗。

①选择有资质的专业洗涤机构为老年人提供服务。

②告知老年人或家属贵重衣物不在洗涤范围。

③送取衣物时，应做到标识清楚、核对正确、按时送还。

④疑似传染性衣物送取时要用专用污（洁）衣袋。

(2) 上门清洗。

①被褥清洗至少一月一次。

②分类收集衣物、被褥、尿布，污、洁衣物分开放置。

③洗涤时根据衣物的质地和颜色分类洗涤，并做到洗净、晾晒后收纳好。

④告知老年人或家属贵重衣物或不能水洗的衣物不在洗涤范围。

⑤疑似传染性衣物先消毒后清洗，消毒液浓度及消毒方式、浸泡时间应符合消毒隔离要求。

(六) 助行服务

1. 服务内容

(1) 陪同散步。陪同散步是指由服务人员陪同老年人在住宅附近周边区域户外散步。

(2) 陪同外出。陪同外出是指由服务人员陪同老年人就近购物、探访等。

2. 服务要求

①根据老年人身体情况准备手杖、助行器、轮椅，或其他辅助器具。

②服务人员应掌握助行器、轮椅及其他辅助器具的正确使用方法。

③告知外出时的注意事项，取得老年人的理解和配合。

④助行过程中注意观察老年人身体情况，发现异常情况及时处理。

⑤服务过程中注意保护老年人安全。

（七）代办服务

1. 服务内容

（1）代购物品。代购物品是指由服务人员代替老年人采购日常生活用品。

（2）代领物品。代领物品是指由服务人员代替老年人领取养老金、邮局包裹等。

（3）代缴费用。代缴费用是指由服务人员代替老年人缴纳公共事业费用。

2. 服务要求

①根据老年人实际需求，确认代购物品名称。

②代领时仔细核对养老金金额、物品的名称，发生异议当面核实。

③代缴公共事业费需持有水、电、燃气、电信等缴费通知单。

④提供完整的代购、代领、代缴完成凭证，钱款当面点清。

⑤服务过程中注意保护老年人隐私。

（八）康复辅助

1. 服务内容

（1）群体康复。群体康复是指借助社区卫生和养老服务等公共服务场地设施，组织和指导3人及以上老年人群体开展肢体功能性康复训练。

（2）个体康复。个体康复是指由专业康复治疗（士）师上门为有康复需求的老年人提供被动运动、辅助运动的肢体功能性康复训练，以及保健性康复。

2. 服务要求

①根据需求配备相应的康复器具。

②项目设置需符合老年人的生理心理特点，群体康复有计划。

③个体康复由专业人员或在专业人员指导下按计划实施。

④告知老年人康复训练的目的及安全注意事项，量力而为。

⑤康复过程中注意观察老年人的身体情况，并予以记录、评估。

⑥康复过程中注意防跌、防过度，保护老年人安全。

（九）谈心服务

1. 服务内容

（1）谈心交流。谈心交流是指服务人员采取倾听、对话的方式，对老年人进行心理上的关爱，舒缓其心情，排遣其孤独感。

（2）读书读报。读书读报是指服务人员采取读书读报（网络查阅）的方式，帮助老年人了解时事，激发老年人对外部世界的兴趣、促进其身心健康。

2. 服务要求

（1）谈心交流。

①以老年人感兴趣的话题为切入点，引导老年人倾诉。

②多倾听，少表达，与老年人建立良好的信任关系，找出症结，给予解决。

③消除不良的情绪反应及孤独，帮助老年人维持家庭和子女的和睦关系。

④帮助老年人逐步适应老年生活，养成乐观的生活态度。

⑤注意保护老年人隐私。

(2) 读书读报。

①了解老年人的阅读爱好,选择老年人感兴趣的书报。

②语速慢、声音亮,尽可能用老年人习惯的方言阅读。

③帮助老年人多了解时事,加强和社会的有效相处。帮助老年人多掌握健康养身知识,培养良好的兴趣爱好。

(十) 助医服务

1. 服务内容

(1) 陪同就诊。陪同就诊是指由服务人员陪同老年人到医院取预约号、诊疗、取药、缴费等。

(2) 代为配药。代为配药是指服务人员到医疗机构或药房为老年人代配药物。

2. 服务要求

(1) 陪同就诊。

①选择合适的交通工具陪同老年人就诊。

②就诊时应携带病历、就诊卡,在医疗机构挂号窗口取号,协助检查,就诊后根据医生的医嘱划价、取药,给予用药指导等。

③钱物、票据、药品当面清点,做到票据、药物相符。

④注意老年人安全,保护老年人隐私,并通过交流缓解就医不良情绪。

⑤及时向老年人家属或其他监护人反馈就诊情况。

(2) 代为配药。

①代为配药需符合处方要求。

②仅限于临床医师诊断明确、病情稳定、治疗方案确定的门诊慢性病。

③由老年人或家属写明代配药的药名及剂量,并签字。

④在代配药定点医疗机构挂号、配药,根据医嘱划价、取药。

⑤钱物、票据、药品当面清点,做到票据、药物相符。

⑥保护老年人隐私。

(资料来源:中国养老咨询)

任务四
掌握居家养老服务沟通技巧

【知识目标】

◇ 掌握失独老人的主要特征及与失独老人的服务沟通方式。
◇ 掌握空巢、寡居老人的主要特征及与空巢、寡居老人的服务沟通方式。

【能力目标】

◇ 根据实际案例学习掌握与失独老人沟通的具体方法。

◇ 根据实际案例学习掌握与空巢、寡居老人沟通的具体方法。

【素质目标】

◇ 培养学生能够根据老人实际情况提供服务沟通，并通过具有恰当有效的服务沟通解决问题的能力。

对于失独、空巢、寡居老人来说家庭养老已经无法解决老年人实际生活中的需求，由于子女或者伴侣不在身边，使得老年人无法独立解决经济、心理和生活上的困难，需要依靠居家养老来提供服务。因此，如何接近失独、空巢、寡居老人，建立与老年人互相信任的沟通渠道，为老年人提供合适的生活照料和心理慰藉是居家养老沟通的重要内容。

一、与失独老人的服务沟通

1. 失独老人的主要特征

我国传统观念中，"子嗣"是一个家庭能够延续的重要因素，失去孩子对于一个家庭来说也就失去了所有的精神寄托，而如何帮助这些老年人安度晚年也是当前一个急需解决的社会问题。我国最早实施计划生育的家庭的失独老人目前为 55～70 岁，目前他们基本上存在以下问题：

（1）疾病加剧。由于丧子及自身衰老的因素，大部分失独老人在身体健康上都会遭遇疾病加剧或突发意外的状况。由于悲伤和抑郁的情绪以及老年孤独等情况会使失独老人比正常老年人更容易罹患老年痴呆、脑溢血、心肌梗死等老年性疾病，且发病年龄也比正常老年人提前。

（2）人际疏离。很多失独老人由于害怕他人的歧视或长期沉浸在丧子的悲痛之中，脱离了原有社会关系变得自我封闭。这些老年人会害怕回忆起以前的美好时光从而远离原来的生活环境、疏远原来的亲朋好友，甚至搬离原来居住的社区或城市，独自到陌生环境生活，为了不回想起自己的孩子，也不愿意与其他有孩子的正常家庭交往而独自生活。

（3）养老焦虑。由于失去了可以赡养自己的子女，失独老人的养老焦虑远远大于正常老年人。他们一是担心缺少经济的支援，二是担心缺少贴心的照顾，三是承受孤独和衰老带来的压力。这些焦虑的情绪更是造成老年人晚年生活不幸的重要因素。

2. 与失独老人的沟通技巧

（1）建立信任关系。

信任是提供沟通服务的前提，失独老人常常由于过于悲伤和自卑将自己封闭起来，不与外界联系。因此，服务人员与其沟通不应急于求成，而应建立与老年人的信任关系。

案例：虹桥小区的社工得知小区赵奶奶的独生女因身患癌症不治而亡，赵奶奶从此以后就再也不愿意外出，也不愿意和小区其他人交往。最近，邻居反馈赵奶奶家老有股异臭，于是社工和居委会工作人员一起到赵奶奶家了解情况。社工发现老人由于最近身体不适，不方便上下楼，也没有子女照顾，看着旁人儿孙膝下热热闹闹的场景，老人心里不舒服，就更不愿意出门了，于是家里的垃圾堆积了好几天，已经散发出异味。社工想和老人拉拉家常，老人明显有抵触情绪，不愿和社工多聊，但是社工没有放弃，仍然坚持来赵奶奶家帮她做家务，陪老人聊天，每逢节假日还给老人带来各种小礼物，有时还带着老人与其他失独老人一起参加活动。赵奶奶慢慢地了解了其他老年人的情况后，也愿意和别人一起聊天并参与各种活动。通过社工锲而不舍的努力，老人慢慢接纳了社工，把社工看成自己的孩子，久违的笑容也绽放在老人脸上。

（2）协助情绪疏导。在沟通过程中，沟通者应尽可能用积极倾听和同理心相结合的方法让失独老人在沟通过程中感到被了解和尊重，帮助失独老人表达出自己的情感，从而能够面对自己的心境和情绪，克服情绪障碍。

（3）关注生活需求。

在服务过程中积极了解失独老人的生活需求，并帮助其解决困难。

案例：失独老人张大爷，患有肾病需要每周到医院进行透析，最近老年人不小心扭伤了脚，行动不便。社工小王得知了老人的这一情况，不仅亲自接送张大爷去医院做透析，还帮张大爷找了一个老中医专门治疗扭伤，老人的扭伤很快就康复了。张大爷感慨地说，本来以为这辈子也就一个人孤独终老了，没想到还能有人来关心、照顾自己，感觉又有了盼头。

（4）鼓励进行人际交往。

对于失独老人来说，积极参与社会活动进行人际交往有助于老年人减轻抑郁程度，提升老年人的效能感。而失独老人之间更容易相互理解、沟通交谈。服务者可以鼓励失独老人参与失独老人之间的集体活动，拓展老年人的交际圈，从而带老年人走出失独的痛苦。

案例：社区失独老人陈阿姨，在孩子还未去世之前是一个热情开朗的人，在公司里也是各种活动的组织者。孩子去世后，张阿姨痛苦不堪，在社工的帮助下，张阿姨总算走出家门参加了社区组织的失独老人团体活动。参加活动一个月，张阿姨积极要求担任团体活动的志愿者，开始积极为活动出谋划策，服务其他失独老人。张阿姨说通过参加活动结识了许多志同道合的人，大家一起聊天、一起互动，减少了不少痛苦。张阿姨希望自己能够帮助其他失独老人一起度过丧子之痛，以更加积极的态度面对生活。

3. 与失独老人沟通实例

访谈人：社工1（S1）

被访谈人（案主）：刘叔叔（C1）、张阿姨（C2）

资料整理：社工2（S2）

时间：2013年6月15日15：00—16：00

地点：案主家中

一、案主基本资料

刘叔叔是机关文职军人，安徽籍。张阿姨是部队文工团军人，山东籍。两人被分配到南京军区服役。刘叔叔话比较少，但是酷爱文学；张阿姨性格外向，喜欢唱歌跳舞。在刘叔叔退休前夕，刘叔叔的儿子在一次意外车祸中经抢救无效身亡。刘叔叔和张阿姨两人在之后的日子里相互依靠、关心，夫妻感情很好。

二、第一次访谈目标

1. 获得案主的信任。

2. 使案主能够主动和我们讲述失独往事,便于我们开展计划。

3. 注意案主的情绪变化。

三、第一次访谈内容

S1&S2:叔叔、阿姨你们好,我们来看你们来了!

C1&C2:你们好!你们好!快进来坐!(微笑)

S1:叔叔、阿姨最近好吗?最近天气转暖了,早晚温差比较大,要注意身体。

C2:挺好的,挺好的。(微笑,点头)你们小孩子也要多注意身体。

S2:是的,是的。(微笑,点头)

S1:叔叔、阿姨最近有没有参加什么活动啊?我听说阿姨跳舞跳得很好啊!

C2:还行吧,偶尔也去。最近没怎么去,心情不是太好。

S2:阿姨您怎么了?

C1:这不是儿子的生日快到了,你阿姨有点难受。

S1:抱歉阿姨,让您难过了。(握住阿姨的手)

C2:没关系,其实也都过去好几年了。但是一到这个时候,我这心里还是难受。也幸亏有你们学校的社工经常来看看我们,你们学姐之前也和你们一样,定期过来看看我们。其实我们挺好的,身体也不错,没什么问题。你们最重要的还是要好好学习,注意身体,注意安全。

S1&S2:我们记住了,阿姨。(点头)

S1:阿姨,我们以后会经常来看您和叔叔的。你们要好好保重身体,心情好才能身体好。

C1:是的,是的,有空的时候我还很喜欢读读书,挺不错的,也是进步嘛!(笑)

S1&S2:叔叔说得对。(点头)

S1:叔叔,您觉得现在的生活状态和以前相比会不会差距很大?

C1:这个嘛……(略迟疑)起初还是有一些的,因为孩子是我们生命的延续。但是这几年时间慢慢也想明白了,不能改变的就接受吧!毕竟我还有你阿姨,我得照顾好她。我们现在生活压力也基本没有了,就过好每一天,以后的事儿不想了。(C2点头)

S1:叔叔、阿姨没想过再收养一个孩子吗?

C2:这个想过。事情虽然放下了,但心里还是会怀念的,收养一个对孩子来说是不公平的。再说,我们年龄也大了,精力也不够了。

S1:叔叔、阿姨说的也是对的。(点头)叔叔、阿姨能有这样的觉悟真的是难得。但是,过去的事情还是让它过去比较好,因为它会对咱们现在的生活产生影响,至少不是积极的作用。咱们不如正视它,这样心里会坦然很多。像阿姨一样出去跳跳舞,和叔叔旅旅游,真的不错。

C2:是啊,你说的也对。我们也想过一阵子出去转转,换换心情呢!有时候一想还得向前看,也就看开了。今天晚上我还准备带你叔叔去跳跳舞呢,天气挺不错的。

S1:(鼓掌)那真是太好了!跳跳舞还锻炼身体,心情也好啊!那叔叔、阿姨,我们先回去了，今天我们先聊到这儿，等过几天我们再来看你们。

C1：也好，路上注意安全。跟你们聊完之后，心情确实很舒畅。

四、后续访谈计划

通过和案主C1、C2的第一次访谈，我们发现案主的精神状态是比较不错的，而且现在的生活质量比较高，但是心态上还有少许不足。基于案主目前的情况，社工想通过接下来的访谈，了解目前政府以及社会组织等对失独家庭的照顾程度，以及失独家庭成员目前的感受。同时，在访谈中社工运用专业的理论知识让案主增强自我效能感和自我养老能力，并给出适当建议。

五、后续访谈目标

（1）深化访谈、增加信任度、建立更加友好的关系。

（2）了解案主当前的情况，初步确定案主的需求。

（3）给案主提供适当建议，改善案主心态。

六、后续访谈结束后

（1）进行资料整理。

（2）进行资料评估整合。

（3）评估本次访谈并且制订下一次访谈计划。

二、与空巢、寡居老人的服务沟通

1. 空巢老人、寡居老人的生活状态

空巢老人和寡居老人共同的生活状态是子女繁忙，平时都不在身边，基本上没时间回来探望他们。不同之处是寡居老人不仅儿女不在身边，他们由于伴侣死亡或离婚等原因独自一人生活。截至2019年我国有空巢老人1亿，病残老人4 400万，失能老人3 300万，失独老人1 000万，服务需求既广泛又复杂。空巢老人、独居老人的生活照料、医疗陪护、精神慰藉等需求突出，当前我国各地已广泛开展社会工作服务项目，为空巢老人、独居老人提供亲情抚慰、心理疏导等服务，丰富他们的精神生活，构筑老年人关爱网。

2. 与空巢老人、寡居老人沟通的技巧

（1）主动沟通取得信任。

在与寡居老人、空巢老人沟通过程中取得老年人的信任是非常重要的。在沟通服务过程中，服务人员常常会对寡居老人、空巢老人进行上门走访，需要积极与服务对象进行沟通，从而得到服务对象的认可。也可以通过与服务对象子女的沟通，得到子女的认可。我们可以将日常琐事作为聊天的切入点，也可以主动引导和倾听老年人说过去的故事。

案例：社区工作人员小刘在走访独居50年的老年人张婆婆的过程中，发现张婆婆对工作人员有抵触心理，不善于同外界打交道。小刘想了一个办法，他搜集了张婆婆熟悉的，关于这个社区变迁的老照片，集成一个册子，在上门走访的时候，拿出这个小册子，向张婆婆介绍照片里的影像。老人不仅招呼他进门，而且打开了话匣子，兴致勃勃地为小刘讲述她以往的生活，还有社区建筑物的变迁，老人非常开心，小刘离开的时候，张婆婆

主动邀请小刘下次有空继续来聊天。

(2) 保持经常性的来往。

服务沟通需要保持经常性,这是为寡居老人、空巢老人提供高质量服务的要求,一来保持服务人员与老年人的良性互动和信任,二来也能达到关注和关怀老年人的目的。

案例:侯东仪村农村幸福晚年驿站共辐射史东仪村、前东仪村等7个村。驿站的一项重要工作是为7个村100名高龄、空巢、重残老年人提供巡视探访服务。而这项服务的开展,本土工作人员的优势就更为凸显。站长决定从侯东仪村和周边着手,招聘一些对养老服务工作有热情的本土人员,这些人"对村里的情况知根知底,也更容易与老年人沟通交流"。陆陆续续,8人工作队伍组建起来了。其中,既有二三十岁的年轻人,也有四五十岁的中年人。为了更顺畅地开展工作,站长邀请专业人员对他们进行了有针对性的培训。

"7个村中,最近的史东仪村离驿站仅有三四百米,最远的赵庄村也不超过3千米。风土人情、村民习俗都很相似。"站长黄士杰说。这样驿站的工作人员可以经常去探望老年人并和他们建立深厚的关系。

老年人由于工作人员常年的关心照顾,早已和工作人员建立了深厚的情谊。侯东仪村77岁的高培芝和老伴是空巢老人,工作人员上门巡视探访时,总是被老人的热情打动。有一次老人摔伤了,工作人员第一时间送去水果等,老人感动得非要留他们一起吃饭。史东仪村80岁的史大爷也总盼着工作人员去。黄士杰说:"大爷特别喜欢找人聊天,热爱文学,还会写诗。工作人员每次去都陪着他唠家常、听他读自己写的诗,一待就是1个多小时。"

(3) 引导老年人培养爱好。

寡居老人、空巢老人离开子女,长时间单独生活容易产生孤独感,大部分老年人都会认为家里静悄悄的,没有生气,他们有心里话没处诉说,有时间没事情可打发。长时间这样,老年人可能会出现抑郁症状,精神寂寞孤独,觉得生活没有意思,经常回想往事,感觉失落悲观。经常独处且很少与人交流的老年人往往容易产生悲观情绪,有的人甚至会产生自杀行为。服务提供者应当积极鼓励老年人培养自己的兴趣爱好,参与各种趣味活动、文化娱乐活动、体育活动,消除孤独寂寞感,锻炼体魄。也可以鼓励老年人参与社会活动、志愿者活动,帮助他们扩大交际圈、获得成就感。

案例:当南通市的"巾帼挽霞"行动进入她的视野后,唐慧娟代表眼前一亮。"巾帼挽霞"行动以55岁至70岁的女性为服务主体,重点为高龄、残疾的空巢老人提供常态化的陪聊、代购等个体服务,以及文体娱乐、健康讲座、外出郊游等集中服务,着力解决他们的"精神养老"问题,提高他们的幸福指数。

经过调研,唐慧娟代表认为,该项目之所以能够获得老年人的信赖与喜爱,离不开这几个原因:一是花发、银发相助,即组织志愿者服务队,引导低龄老年人关爱高龄老年人,同是老年人更能够相互理解,通过聊一聊共同的话题,拉近老年人之间的关系;二是邻里守望互助,即发动近邻与空巢家庭多互动,通过帮老年人解决问题成为老年人的信赖者;三是爱心联盟共助,即发挥妇联作用,引导社团服务志愿化。

(4) 耐心倾听老年人的倾诉。

在与寡居老人、空巢老人沟通的过程中,认真倾听老年人的诉说。老年人的诉说,有时会高兴,有时会悲伤,有时客观,有时情绪化,这些都与他们过去和现在的生活经验相关,老年人诉说的主要目的是希望有人能够倾听。而我们只需安静地倾听老年人的诉说,不对老年人诉说的内容进行评价,而是表示理解与接纳。因为无论评价好坏与否、客观与否都不是老年人需要听到的,他们只是需要有人去倾听他们的感受和经验。

案例:"胡阿姨,在家吗?我们是社区的全科社工程红和王华。"6月19日,家住港尧新村的胡阿姨家中突然响起了清脆的敲门声,听到这两个熟悉的名字,胡阿姨赶紧开了门,对于她们两个,胡阿姨可是再熟悉不过了。据悉,尧化社区社工每逢过年过节总是登门拜访辖区内的空巢老人,了解他们的生活情况。

社工王华称,胡阿姨丧偶多年,三个子女又不在栖霞区生活,老年人一个人单独居住,是现在常见的空巢老年人。正因为这种情况,全科社工格外关注老年人的健康以及生活情况。记者了解到,这次全科社工上门为老年人带来了一个好消息,尧化街道民政办联合社会组织在做一个"四方协议"项目,即与独居老年人亲属及独居老年人本人签订重点空巢老年人协议书,通过栖霞区虚拟养老院为有需要的空巢老人安装呼叫器。此事由民政部门牵头负责监督落实,由社会组织定期为老年人提供"爱心电话""陪老年人唠唠嗑",帮助老年人接受虚拟养老院呼叫中心服务派单等服务。通过打通多方联动,为辖区老年人打造了一个专属的居家养老服务模式。

(5)鼓励老年人加强互助沟通。

通过"邻里互助""志愿者服务"等多种方式,加强寡居老人、空巢老人和外界的联系与互动,扩大社交面。同时,邻里互助、社区互助由于距离老年人较近,在突发情况或意外事件上能做到及时发现和救助。

案例:沙新凤,今年已经70多岁,是"一家亲"志愿服务队"爱家人"小队的一员。她和团队志愿者们一起开展孤寡老人探访、治安巡逻等志愿服务工作。"我儿子去世后,这些年,多亏社区关照,帮我家渡过难关,做志愿服务是应该的。"沙树凤说。更让沙新凤感慨的是,通过志愿服务,在倾听其他老年人倾诉和对他们进行劝解的过程中,自己的心结也打开了。同时,她用自己的经历来帮助其他老年人,更能够获得对方的信任,从而与许多老年人建立了深厚的关系。她说,希望更多社区居民借助社区的"一家亲"志愿者平台,为社区居民提供力所能及的服务。在沙新凤的带动下,其正在上高中的孙女也来做志愿者,社区志愿者工作为沙奶奶开启了新的生活。

(6)协助老年人增强自我沟通能力。

在沟通时帮助老年人认识到自身状态,接受空巢和寡居的现状,回顾老年人过去的经历,寻找到生活的意义来提升老年人的认知能力。

案例:社区张爷爷是铁路上的退休职工,回族人,很爱干净,老伴已去世多年了,女儿于去年去世,有一个十八九岁的外孙。老人与邻居关系很好,邻居是党员,结对帮扶老人,平时对老人的照顾很多。老人患有比较严重的心脏病,有一次突发心脏病,是邻居的儿子帮着送到医院的。但是邻居反馈说,老人一直情绪低沉,不太愿意说女儿的事情,戒备心很强,本来老人经常参加社区活动,现在不怎么愿意出来参加了。社区工作人员经常去看望老人,和老人熟悉了以后,社工运用缅怀往事疗法,鼓励服务对象对往事进行回顾,一方面,回顾自己一生的成就以及和女儿在一起其乐融融的日子,来弥补老人过去人生中的遗憾，增强服务对象的自尊和自信；另一方面，回顾过去痛苦的经历，重整老人对痛苦经历的看法，帮助老人学会接纳过去，改变对过去的看法，以积极乐观的态度面对生活，对未来树立正确的认知。通过这样的沟通，老人渐渐走出情绪的低谷，觉得自己还能"为外孙做点什么"，不是"老不中用、拖累、负担"。

（7）关注空巢老人的节后综合征。

"每当佳节倍思亲"，与过节时一家团聚其乐融融的状态相比，子女离去后家里格外冷清的状态会让老年人产生巨大的心理落差，老年人的心情也会变得极度低落、抑郁。这种情绪上的反差容易使老年人产生"分离综合征"，表现为孤独、空虚、寂寞、伤感、精神萎靡、常常偷偷哭泣，如老年人行动不便或身体不适时这种消极感会更加严重，造成老年人的心理障碍。老年服务工作者应更关注老年人此方面的相关问题，提供沟通服务，帮助老年人恢复到正常的生活状态。

案例：浦口建康福苑顶山养老服务中心联合金汤街社区在活动大厅组织开展了"共叙邻里情·冬至暖人心"活动，社区孤寡、空巢和独居老年人近40人参加了活动。一大早，工作人员就冒雨赶到了居家养老中心，并准备好了面皮和饺子馅。老年人欢聚一堂、有说有笑，相互展示着包水饺的手艺，不一会儿，一千多只形象各异的饺子就包好了。大家坐在一起拉着家常，吃着一盘盘热气腾腾的饺子，心里暖暖的，忘记了冬日的寒意，感觉到了过节的味道。包水饺活动不仅发扬了冬至传统节日的民俗文化，还促进了社区邻里关系和谐，加强了老年人的感情联系。

3. 空巢、寡居老人沟通实例

空巢老人访谈分析

访谈时间：2014年4月4日

访谈地点：南通市通州区金霞社区

访谈对象：曹老太

访谈方法：非结构性访谈，个人访谈，问题本位访谈

一、案例描述

曹某，女，63岁，退休前曾是通州区某服装厂职工，工作主动认真，经常加班，性格开朗，喜欢与人交往。现在丧偶，并且由于职业病，现在右手无法正常行动，做事常常借助左手才能完成。为此，她渐渐觉得自己没有自理能力，经常一个人孤单地听戏曲，也不与儿孙说话。她的儿子和儿媳妇都非常着急，询问过她是否再找老伴，她拒绝了；又问她是否愿意去养老院居住，那里环境好，有人专门服务，她也拒绝了。她总是一个人回忆往事，觉得自己从前在厂里上班，由于勤奋，被老板赏识，提拔为组长，颇感欣慰；但又由于自己没有文化，没有上升到更高的职位，心中充满遗憾。提到她的老伴，她更是一直抹眼泪，怪老伴离去太早，现在留下她一个人。

二、第一次访谈内容

我：您好，曹奶奶，我是来自南通大学社会工作系的学生，我叫蒋叶青，我会问您一些问题，希望您能回答我，好吗？

曹老太：嗯，好的，小姑娘你问吧，我都尽量回答你。

我：谢谢曹奶奶。请问您现在是居住在儿子和儿媳妇的房子里还是居住在自己以前购

买的房子里？

曹老太：目前我和儿子一起居住，我自己的房子现在租出去了。

我：您现在居住的房子多少平方米？您自己以前的房子是自己购买的吗？现在租出去一个月多少钱呢？平时可以靠房租生活吗？

曹老太：现在住的地方是老家拆迁分的房子，120平方米，连孙子4个人住也够了。我以前的房子是厂里分配的，不大，50多平方米，现在租出去，一个月租金2 000元，对于我这个老太婆来说平时用用也够了。我平时不太出门买东西，会给孙子买点零食和玩具。

我：您退休金大概多少呢？平时政府和社区会有补助给你吗？

曹老太：我退休金800多块钱，政府也有补贴，一个月60元，太少了。不过社区经常给我们老年人来送生活必需品，像毛巾、洗衣液、洗发露、香皂都会给的，对生活帮助挺大的。

我：社区居委会对老年人还是很好的，那您平时和儿子儿媳妇相处得怎么样？

曹老太：我儿子和儿媳妇还都挺孝顺的，经常会给我买养生的东西。但是他们平时工作忙，孙子都是由我带，不过我现在身体不太好，孙子有时候太顽皮了，我管不住他，也挺操心的，儿子和儿媳妇又没时间管，为这个事我也有点烦。我们还吵过架，我希望他们能腾出时间，不说管管孩子吧，也陪陪我这个老人。我老伴不在，我一个人太孤单了。现在我也快去见老伴了，唉，人老得真快啊！

我：奶奶，您不要难过，您可以和你儿子、儿媳妇沟通一下，找到解决的办法。另外，您也应该更积极地面对生活，发现生活的乐趣，这样才能让自己和亲戚、朋友都开心。

曹老太：谢谢你的提醒，我也会积极主动跟儿子和儿媳妇商量这些事情。

三、案主特点理论分析

（1）焦虑。曹老太虽然与子女一同生活，但是她常常感到焦虑，内心空虚，她的衰老、精神及情感变化，使她表现出杞人忧天和紧张感，让她无法再全身心投入生活中。由于没有老伴的陪伴，她常常感到生活无望，去菜市场买菜都会精神恍惚，甚至算错钱。她从前的同事没有紧密联系她时，她便觉得别人有意疏远她，非常苦恼。

（2）情绪多变。曹老太大多数时候情绪较为稳定。但是，当她与儿子、儿媳谈论到有关带孙子的事情时，情绪很激动，表示虽然很爱孙子，但是身体不便，没办法照看好小孩，自己也很劳累。在平时的生活中，儿子和儿媳去上班，只有曹老太一个人自己照料3岁的孙子，情绪稳定，尽自己所能把孙子照顾得无微不至。但是，一旦儿子和儿媳回到家，她就开始抱怨，埋怨他们让自己一个人带孩子，不让她休息，也责怪儿子没有时间陪伴自己，带自己出去游玩。

（3）个性。曹老太右手无法正常使用，无法适应现在的生活。而在对待这件事情的态度上，曹老太采取消极的态度，不愿意与社会接触，性格孤僻，爱听戏曲，沉溺于以前的事情，喜欢回忆和老伴的过往，也因此忽视了现在的家庭。曹老太个性比较急躁。在访谈对话中，可以看出，她没有听清楚问题或者不知道如何回答时，会变得急躁，出现跺脚等肢体语言。

四、解决方案

首先，曹老太的子女要腾出时间多陪陪老人，给老人温暖，带老人出去散散步，与老人唠唠家常。

其次，帮助曹老太回忆她工作时值得骄傲的事情，增加她的自信。

最后，鼓励曹老太积极参加一些社区组织的活动，走出家门。

实操训练

1. 根据以下情景选择合适的沟通内容和方式，设计服务沟通方案。

情景一：小李是社区的社工，有一天在走访一位独居老人的时候，发现老人把家里的门窗都关了，家里弥漫着一股异味，老人的床上还放着打火机，小李还发现老人习惯把一个脚凳放在床尾处，而这可能成为绊倒老人和影响老人健康的安全隐患。于是小李就想和老人沟通，说服老年人在生活中注意这些隐患。

情景二：社区一位独居老人喜欢在晚上悄悄地从窗户往外丢垃圾。高空掷物不仅危害他人人身安全而且违反相关法律，还会引起小区居民对老人的不满。社工小李接到邻居的诉苦后，希望和老人好好沟通一下。你要是小李会怎么说服老人注意呢？

2. 将学生分为几组，每组推选一名学生聊一聊自己身边某位居家老人的情况，并记录小组成员对这位居家老人的心理现象分析和沟通方案。每组推选一名代表将本组的案例和全班同学进行交流分享。

项目六 机构养老与沟通实务

【知识目标】

◇ 了解养老机构和机构养老的基本定义。
◇ 掌握养老机构养老老年人的正性心理特点及负性心理特点。
◇ 掌握机构养老的基本沟通技巧及步骤,能够细分每个步骤的具体目标。
◇ 熟悉机构养老几种常见的沟通实务处理方法。

【能力目标】

◇ 能熟知老年人入住养老机构后心理的变化特征,能准确分析老年人心理,并运用到实践中。
◇ 能运用已学沟通技巧,处理养老机构中常见的沟通实务,并能熟练运用到实际工作中。

【素质目标】

◇ 通过对养老机构老年人心理特征变化的学习,培养学生的职业素养。以爱育爱、完善自我,在未来的职业生涯中待老年人如家人,不断提升自我修养。

【思维导图】

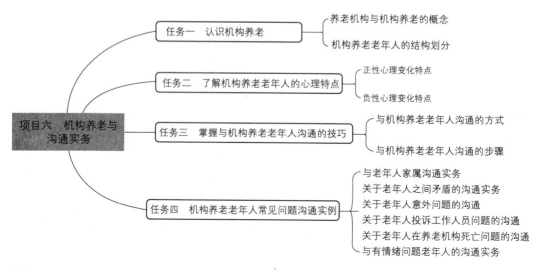

案例一：

85岁的离休老干部邹梁住进了厦门源泉山庄老年公寓，他告诉女儿，那儿的空气很好，住了两个月，老人精神好了，气色也好了，女儿也放心多了。

邹老和老伴相伴数十年，一直很恩爱，但不久前老伴去世了。家里摆放的一景一物很多都是二老爱情的见证，触景生情，邹老久久都很难从哀伤中走出来。特别是老伴是在洗澡时摔倒而去世的，这让邹老开始恐惧洗澡。而想让人帮老人洗澡，家里也只有女性保姆，不方便。突然间，邹老像是老了好几岁，这让子女很不放心。

有一次，女儿陪邹老参加每年原单位组织的健康疗养活动。在疗养院，女儿发现父亲精神了一些。回到家后，女儿跟邹老商量，是否想找家疗养院常住，邹老欣然同意了。

在养老院，三餐营养搭配均衡，会有护工帮助邹老洗澡，邹老也渐渐没那么害怕洗澡了，养老院的工作人员每隔两个小时还会到房间探视一次。不少义工组织，如同心慈善会等也会定时到养老院看望老人们，这让爱热闹的老人很是开心。

除了生活有人照料，邹老精神上也丰富了许多。邹老很喜欢下象棋，之前他女儿找遍了小区，都没能帮父亲找到棋友。如今，在养老院，有很多有共同语言和共同生活背景的老年人，邹老也找到了很多棋友。

案例二：

说起洪卜仁，很多厦门人都很熟悉，他可以说是厦门文史方面的"活字典"。一晃眼，洪老住进伍心连锁养老院温馨家园总院已经两个月了。用洪老的话来说，"这里环境太好了"。

洪老住在十楼，房间南北通透，窗外是郁郁葱葱的山林。洪老说，他现在每天最重要的事，就是看着眼前这片绿色。更让洪老兴奋的是，接下去他的办公场所可能也将搬到养老院内——这里将为老年人准备一个图书馆，并给洪老开辟一个单独的工作区域，让他继续发挥余热。

洪老说，孩子觉得跟老年人住麻烦。老年人才应该觉得跟孩子住麻烦，"生活方式根本不一样，容易起纠纷，还得帮他们看孩子"。现在在养老院里，不仅不用管孩子，还能跟一帮志趣相投的朋友天天串门聊天。如今，洪老见谁都推销起他的养老院。"老年人应该转变观念了，去养老院才是赶时髦的生活方式。"他说。

任务一 认识机构养老

【知识目标】
◇ 熟悉养老机构和机构养老的基本定义。
◇ 掌握机构养老老年人的结构组成。

【能力目标】
◇ 运用所学理论,对养老机构中的老年人按不同标准进行区分。

【素质目标】
◇ 通过对机构养老理论知识的认知,培养学生对行业的情感,提升学生的职业素养。

一、养老机构与机构养老的概念

1. 养老机构的基本概念

养老机构是社会养老专有名词,是指为老年人提供饮食起居、清洁卫生、生活护理、健康管理和文体娱乐活动等综合性服务的机构。它可以是独立的法人机构,也可以是附属于医疗机构、企事业单位、社会团体或组织、综合性社会福利机构的一个部门或者分支机构。

根据定义,可明确以下四个要素:

第一,养老机构的本质属性是养老机构和服务人员为了特定的目标,根据特定的规则,协同开展行动而形成的老年人服务组织。

第二,养老机构的服务对象是广义的老年人群体,但服务对象的主体通常是一些靠自己或家人在家庭中难以获得照料服务的失能、半失能以及失智老年人。但某些养老机构(如农村敬老院)也接收辖区内的孤残儿童或残疾人。

第三,在养老机构的服务功能方面,养老机构应为老年人提供住宿场所,这是养老机构区别于不提供住宿场所的老年人日间照料机构等其他服务机构的一个重要维度。养老机构还应为入住老年人提供生活照料、康复护理、精神慰藉、文化娱乐等基于老年人各种需求的多样化服务。

第四,在养老机构经营服务主体方面,可以是直接或者间接为老年人提供服务的事业单位、企业和服务公司、社会服务组织以及合伙人和个体经营者。常见的养老机构主要有养老院、老年公寓、护理院、护老院、老年人服务中心等。

2. 机构养老的基本概念

机构养老将是未来养老的一大主体方式。

机构养老也叫机构照顾，是一种老年人离开自己的家，到各种养老机构生活，其生活照顾和护理由养老机构负责提供的养老方式。

在老年人的长期护理服务中，机构养老是对老年人保持持续性照顾非常重要的环节。从服务内容方面来讲，机构养老服务包括医疗服务、康复保健服务、日常生活照顾和社会性服务等内容，各种不同功能的机构养老所提供的服务内容的侧重点也有所不同。

二、机构养老老年人的结构划分

1. 按国家收费政策划分

（1）自费代养老年人。自费代养老年人的所有服务费用均由其个人或家庭成员负担。

（2）三无老人（无劳动能力、无生活来源、无赡养人和扶养人，或者其赡养人和扶养人确无赡养或扶养能力的老年人）。三无老人的服务费用一部分由政府资助，另一部分由相关福利机构义务负担。

2. 按家庭结构的完整性划分

（1）完整家庭结构的老人。

（2）失独老人（唯一的子女离世的老年人）。

（3）空巢老年人（子女离家的老年人）。

3. 按照老年人的年龄划分

我国将60岁及以上者界定为老年人。根据世界卫生组织（WHO）的标准，可将60~74岁划分为"年轻老年人"，75~89岁划分为"老年人"，90岁及以上划分为"长寿老年人"。

4. 按照老年人的生活自理能力划分

（1）自理老年人。通常指通过直接观察或者生活自理能力评估，其日常生活行为完全自理，不依赖他人的护理。

（2）介助老年人。这类老年人通过观察和评估，属于"生活自理能力轻度和/或中度依赖"，日常活动需要他人部分具体帮助或指导的老年人，其日常生活行为依赖扶手、拐杖、轮椅和升降等设施帮助。

（3）介护老年人。这类老年人通过观察或生活自理能力评估，属于"生活自理能力重度依赖"，其日常生活行为完全依赖他人的护理即生活完全不能自理的老年人。

机构养老模式的优点在于通过集中管理，老年人可得到专业化的照顾和医疗护理服务，无障碍的居住环境设计也使老年人的生活更加便利。缺点在于容易造成老年人与子女、亲朋好友之间情感的缺失，而且成本较高。

根据我国现阶段的老年人结构构成及中国特有的国情，我国社会养老服务体系是建设以居家为基础、以社区为依托、以机构为补充、医养相结合的紧密联系、互相配合的养老共同体。

任务二 了解机构养老老年人的心理特点

【知识目标】

◇ 掌握老年人入住养老机构后的正性心理变化特点。
◇ 掌握老年人入住养老机构后的负性心理变化特点。

【能力目标】

◇ 运用所学知识,分析老年人出现情绪变化的心理原因,并能进行初步指导。

【素质目标】

◇ 通过对老年人心理特点的分析,培养学生的同理心。

入住养老机构的老年人,大致可分为两种情况:一类老年人是自愿进入机构养老;而另一类老年人则由子女送入养老院,而自己并不情愿。这两种情况下入住养老机构的老年人,在心理上就会呈现出完全不同的两种状态。自愿入住养老机构的老年人,对机构内的集体生活会有一定程度上的心理准备,有些老年人在入住前,也已经对机构进行了实地的参观考察,这样入住后即使有一些不适应,但也能很快进行调整。而第二类老年人,可能会出现适应能力较差、内心比较消极的情况,他们一般很难快速融入集体生活中。但无论是哪种类型的老年人,入住养老机构都会给老年人带来生活环境的变化,进而将会给老年人带来各种各样心理上的困扰。

机构养老的老年人离开原来的生活社区进入机构接受护理照料后,多数会陷入不适应环境、不习惯被照料、重建人际关系以及产生负面情绪等困境,因此住养老年人对机构的医疗护理服务、生活照料服务、精神文化生活和心理慰藉服务有着强烈的需求。充分了解养老机构入住老年人的需求,尤其是他们的心理需求,有针对性地提供相应的专业化服务,是机构养老需要不断努力的方向。

进入养老机构的老年人,其心理变化有正面的也有负面的,具体来说,表现为以下几个方面:

一、正性心理变化特点

1. 归属感

归属感也称隶属感,是指个人自己感觉到被别人或团体认可和接纳时的一种感受。心理学研究表明，每个人都害怕孤独和寂寞，希望自己归属某一个或多个群体，这样可以从中得到温暖，获得帮助和爱，从而消除或减少孤独和寂寞感，获得安全感。

老年人在离退休后，脱离了单位的集体生活，尤其是一些曾经身居要职的人，在心理上会有很大的失落感。对于一些空巢老年人或是失去配偶的独居老年人来说，孤独感和寂寞感几乎占据了他们所有的生活。除这些客观原因外，有些老年人因为自身性格问题，除了吃饭睡觉，没有自己的兴趣爱好，也没有自己的朋友，这样就更容易感到孤独。

有的老年人进入养老机构后，看到有那么多的同龄人生活在一起，大家在一起可以唱歌、跳舞、健身，参加各种各样的集体活动，甚至是一些失能、失智老年人，每天也能得到工作人员细致的照顾和关爱。面对这些场景，老年人往往能感受到被这个团队接纳，安全感、幸福感、温暖的感觉油然而生，爱与被爱都能在这里获得。

案例一：邻居李大娘有一次和儿子说："我想去养老院生活，这样你就不用给我请保姆了。"李大娘也是一个不幸的人，年轻时老伴就去世了，自己既当妈又当爹，好不容易把儿子拉扯大。不过李大娘的儿子很争气，名牌大学毕业后，通过自己打拼，在一个世界500强公司担任高管，可以说是让许多人都很羡慕的一份工作。李大娘也以儿子为骄傲，只是儿子平时工作太忙，很少回老家看望自己。

一个月前，李大娘因为高血压在医院住了一个月，这下可把儿子吓坏了，出院后说啥都要给李大娘请个保姆，而李大娘却觉得不安心。保姆毕竟不是自己人，做个简单的活或许还可以，到底有多大的责任心也不知道啊。再说家里多一个陌生人，自己也觉得很别扭，好像做事情总有人在监视一样。

李大娘说自己想去养老院生活，因为在那里可以认识新的老年人，可以建立新的朋友圈，可以一起跳跳舞、聊聊天，也可以学习新思想。这样的话自己也可以享受到说得过去的晚年生活，儿子也完全可以放心工作。李大娘说，儿子长大了，有自己的独立世界，有自己的生活空间，有自己适龄的朋友圈。自己岁数大了，以后帮不了儿子多少忙，自己不应该成为儿子的负担。而且她觉得请个保姆不放心，所以自己应该去养老院生活。

案例二：82岁的刘婆婆已经在养老院住了一年多了。与其他人相反的是，刘婆婆是自己住进养老院的。因为刘婆婆不想耽误自己的孩子，不想让孩子操心。刘婆婆有一个女儿，非常孝顺，但是刘婆婆自己身体有所不便，如果长期和女儿住在一起肯定会给女儿带来麻烦，刘婆婆不愿看到这一点，因此就自己住进了养老院。

刚开始的时候，刘婆婆也担心住进去之后，自己会过得不好，但是三个月之后，刘婆婆自己都觉得养老院的生活简直太好了。虽然这里没有家里那么随心所欲，但是在这里，有其他的老人做伴，有其他的老年人可以一起说话、聊天、打发时间，刘婆婆再也不用一个人待在院子里，看着来往的路人，寂寞地过每一天了。

天气好的时候，刘婆婆还会到院中锻炼身体，院中简单的器材足够刘婆婆锻炼身体了，一边锻炼一边还可以和其他的老年人说话，这样下来，也不会显得很累。刘婆婆生日的时候，养老院给包了饺子，而且特意给刘婆婆炒了个她爱吃的菜，这样的待遇让刘婆婆非常感动。毕竟养老院不是营利机构，这里的条件也是有限的，在有限的条件下尽量让老

人得到舒适的照顾，这样的行为怎么可能不让自己感动呢？

刘婆婆自己都说，自从进来之后，心情好了，身体也胖了很多，女儿有空的时候也会来看她，这样的生活她很满足。她感觉找到了归属感，也能让女儿放下心来做自己的工作。

2. 优越感

优越感指显示蔑视或自负的性质或状态，是一种自我意识。大多数人都会不同程度地拥有某种优越感，比方说职业优越感、长相优越感等。一般指自以为在生理方面、心理方面以及其他方面长于别人、强于别人的心理状态。

入住养老机构，尤其是高端养老机构的老年人，为何会有优越感呢？由数据分析可知，现在我国公办和社会办养老机构在结构上失衡，表现为公办养老机构已严重短缺，"一床难求"已成为一种常态。这种行业现象促使能入住养老机构的老年人有一种优越感，这种优越感的产生有利于老年人顺利融入机构养老的生活中，能减少他们因离家而产生的负面情绪。

案例：有这样一位老人，他的孩子们都很忙，无暇照顾他的日常生活，老年人在家倍感孤独与难受，平时就经常向孩子们发发小脾气。于是，他自己就想去养老机构过集体生活，一方面可以有新朋友，另一方面也减轻了孩子们的压力。但是，他自己看得上的养老机构床位非常紧张，跑了很多次，排了很久的队才获得一个床位。老人接到养老机构可以入住的通知后非常高兴，很快就入住了。虽然养老机构中同室的老年人有些缺点，但老年人觉得自己能入住这个心仪的养老机构已经比很多老年人都幸运了，因此倍加珍惜这个床位，努力让自己尽快适应养老机构中的集体生活。

3. 成就感

成就感是指一个人做完一件事或者做一件事时，为自己所做的事情感到愉快或成功的感觉，即愿望与现实达到平衡产生的一种心理感受。

老年人由于退休或身体原因无法再继续以往在单位及家庭中所担任的角色，离开了人生的核心舞台，因此会产生一种失落感，常常会觉得自己年老无用，被社会抛弃。进入养老机构后，养老机构常为他们搭建自我展示才华的舞台，让他们重拾信心，使老年人重新找到自己的人生定位，重获成就感。

案例：有位洪奶奶，是小学退休老师，经常找借口要子女送其去曾经工作过的学校去看看，有时候一个星期要出去三四次，甚至经常偷偷一个人跑出去很晚才回来，存在很大的安全隐患。子女不堪其扰，很是头痛。洪奶奶退休后就经常这样，谁的话都不听，子女也管不住。入住养老机构后，工作人员与洪奶奶进行沟通了解了她的内心想法。原来洪奶奶是因为退休在家后无事可干感到孤独寂寞，考虑到洪奶奶曾经是音乐教师，会弹琴唱歌，工作人员提出让老人教大家弹琴、唱歌，于是洪奶奶每周都为养老院的老年人免费开课，教大家唱歌、跳舞，并组建了一支夕阳红合唱队，洪奶奶成了合唱队的队长。从此以后，我们每天都能在养老院里看到洪奶奶的笑脸。

二、负性心理变化特点

1. 被抛弃感

作为一个孝文化源远流长的国家,目前仍有大部分老年人更愿意在家养老,入住养老机构,会让这部分老年人认为是自己已经年老无用,成为子女的负担,而子女则希望能摆脱对他们的照料,会让他们有一种被子女抛弃的感觉。尤其是对于一些失能老人来说,他们入住养老机构是为了能够得到更专业的护理服务,但身体得到恢复后,他们仍渴望回归家庭,但当他们想回家而被拒绝的时候,他们的被抛弃感会更强烈。

案例:李奶奶,籍贯江苏南京,1940年出生,退休前曾是小学教师,丈夫于2018年因病去世,有一子一女,子女两人家庭条件均不富裕,李奶奶于2019年6月入住养老机构。

李奶奶的丈夫去世后她一人居住,患心脏病、高血压、糖尿病,日常生活基本可以自理,因子女不放心其一人居住且无时间照顾,经再三劝说后,将其送入养老机构。李奶奶内心极其不情愿,刚到养老机构的前几天,天天以泪洗面,认为自己被子女抛弃了。李奶奶很爱干净,同寝室的老年人患有严重痴呆症,经常随地大小便,因此李奶奶常与其陪护发生冲突。李奶奶性格较为孤僻,与其他老年人合不来,平时独来独往。子女在周末和节假日时常会来看望老人,但李奶奶入住养老机构后常处于孤独、寂寞、被抛弃感中。

2. 孤独寂寞感

孤独感是一种封闭心理的反映,是感到自身和外界隔绝或受到外界排斥所产生出来的孤独苦闷的情感。有的老年人因性格原因,加上被子女送入养老机构后的被抛弃感,很难融入集体生活中,不知道如何安排自己的生活以及打发空余时间,孤独寂寞感油然而生。虽然一个机构中有很多同龄人,但这些老年人不善于结交新朋友,孤独寂寞感往往会加剧,因此常常容易出现无故发怒,夸大自身疾病,甚至出现疑病倾向或导致焦虑、抑郁的症状。

3. 排斥抵触心理

一方面,失智、失能老年人不能决定或不能表达自己进与不进养老机构的愿望,只能被动地接受入住养老机构,当子女违背老年人的意愿将老年人送入养老机构后,子女觉得是在为老年人着想,而老年人则会认为是自己不中用了,子女嫌他累赘了,迫不及待地把他送走。这样的想法让老年人在养老机构中产生排斥和抵触的心理,因此在护理人员的服务过程中表现出拒绝和不配合。

案例:徐伯,73岁,退休前为处级干部。徐伯从工作岗位退休后,有一种强烈的失落感,很长一段时间闭门不出,性格变得古怪,脾气也日益暴躁。老伴去世后,他经常与子女产生矛盾,子女不得不将他送进了养老院,希望徐伯能有更多的机会和同龄人相处,充实自己。徐伯入住养老机构后,子女因为工作忙不能常来探视,徐伯的情绪更加低落,从来不过群体生活,对于护理员的悉心照料也总是鸡蛋里挑骨头,有时还无端谩骂护理员,气哭过好几个护理员。

任务三
掌握与机构养老老年人沟通的技巧

【知识目标】

◇ 熟悉机构养老中常用的几种与老年人的沟通方式。
◇ 掌握与机构养老老年人沟通的基本步骤。

【能力目标】

◇ 运用所学知识，能独立完成沟通计划的制订。

【素质目标】

◇ 培养学生的沟通能力，使学生学会与不同的老年人进行沟通，提升职业能力。

在养老机构中，沟通工作主要由"老年人和老年人""工作人员与老年人"以及"工作人员与老人家属"三个部分组成。其中"工作人员与老人家属"以及"工作人员与老年人"的沟通有重合，但一部分发生在院外，比如工作人员向老年人亲属反映老年人的问题，或者老年人亲属打电话来询问老年人的情况等。

一、与机构养老老年人沟通的方式

在养老机构中的沟通方式主要包括面对面的直接沟通以及通过第三人或媒介的间接沟通。直接沟通包括面对面的沟通，主要通过语言、书写、图片、肢体语言等完成。与听力有障碍的老年人进行沟通时可以借助助听器，也可以采用书写的方式。与听力、视力有障碍的老年人进行沟通多建议用触摸的方式。对于聋哑的老年人，可以采用简单的手语进行沟通。间接沟通主要是通过第三者——老年人家属进行的间接沟通，还有以书信、便条、文件、广播、内部报刊、宣传栏、意见箱、举办活动、网络等为媒介进行的间接沟通。

二、与机构养老老年人沟通的步骤

1. 事前准备

事前准备是指沟通前的准备工作，准备工作做得越充分，沟通成功的可能性就越大。反之，盲目地沟通不但不能达到预期的效果，有时还会激化矛盾。

沟通前的准备工作主要包括了解分析沟通对象的情况、明确沟通的目标、制订沟通计划、预测可能遇到的异议和争议。

（1）了解和分析沟通对象的情况。沟通之前我们需要先去了解老年人的基本情况，了解他最近怎么了，发生了什么样的事情，老年人有什么特殊表现和举动，有什么样的想法和目的，说了些什么，做了些什么。老年人家属又有什么样的想法和举动，然后通过对这些现象的分析，发现需要通过沟通解决的主要问题是什么。

（2）明确沟通的目标。我们在与老年人进行沟通之前，一定要有一个明确的沟通目标，也就是说通过这一次的沟通，我想要达到的效果是什么。

（3）制订沟通的计划。在与老年人进行沟通前我们已经了解了老年人的基本情况，也明确了沟通的目标，在此基础上，我们就要对沟通的过程进行计划，决定选择什么样的沟通环境，采用什么样的沟通方式，先说什么，再说什么，怎么引导话题一步步深入，这些都需要在沟通计划中有所体现。

（4）预测可能遇到的异议和争议。在沟通过程中遇到异议和争议是很正常的事情，如果在沟通前能准确预测出在沟通过程中可能会出现哪些问题，并对这些问题做好预先的准备，我们就可以在更短的时间内妥善解决这些问题。这样一方面可以增加我们在沟通中的主动性，另一方面也有利于提高沟通的效率。

2. 确认需要

确认需要是指在沟通过程中要确认沟通双方的需要，明确双方的目的是否一致。

我们在沟通的过程中首先要确认对方的需要到底是什么，如果不能确认就无法通过沟通达成一个共识。要明确彼此的需要，就应该在沟通的过程中通过各种技巧去试探，其中提问是非常重要的一种沟通行为。因为提问可以帮助我们了解更多、更准确的信息，同时提问还可以帮助我们控制沟通的方向和谈话的内容。其次要积极聆听，要设身处地地去听，以理解对方的意思。最后要进行及时的确认，当你没有听清楚或者没有理解对方所说的话的意思时要及时提出，一定要完全理解对方所要表达的意思才能达到有效沟通的目的。

3. 表达信息

表达信息是指要向沟通对象发送和表达的自己的思想、情感信息。怎样才能把自己的信息更好地表达出来，发送给对方，这是沟通中非常重要的环节。也就是我们把自己的想法和意思说完了，对方是否听到了，听到了是否理解了，理解了是否能够接受，接受了是否有能力去完成。因此，在表达信息的时候我们要选择合适的沟通环境、适合老年人的沟通方式，采用让老年人容易理解和接受的沟通技巧。例如，我们沟通对象的听力受损，你说的话可能只有三分之一能听到或听懂，但他有文化，我们就可以通过书写的方式进行交流，这时与这样的老年人进行沟通就需要选择一个相对比较安静的环境进行，可以采用语言沟通与图片、书写沟通相结合的多元化沟通方式，以确保沟通的有效性。

4. 处理异议

在沟通中，有可能你会遇到对方的异议，就是对方不同意你的观点。在工作中你想说服别人是非常难的，同样别人说服你也是非常困难的。因为成年人不容易被别人说服，只有可能被自己说服。所以，在沟通中一旦遇到异议就会造成沟通的破裂。

当在沟通中遇到异议时，我们可以采用一种类似于借力打力的方法，叫作"柔道法"。你不是强行说服对方，而是用对方的观点来说服对方。在沟通中遇到异议之后，首先了解对方的某些观点，然后当对方说出了一个对你有利的观点的时候，再用这个观点去说服对方。即在沟通中遇到了异议，要用"柔道法"让对方来说服他自己。

5. 达成协议

沟通的结果就是最后达成了一个协议。请你一定要注意：是否完成了沟通，取决于最后是否达成了协议。沟通的协议往往不是一两次就能达成的，有时需要反复沟通才能达成协议，而沟通的结束也意味着新工作的开始。

6. 共同实施

在达成协议之后，要共同实施。达成协议是沟通的一个结果。但是在工作中，任何沟通的结果都意味着一项工作的开始，要共同按照协议去实施。如果我们达成了协议，可是没有按照协议去实施，那么对方会觉得你不守信用，就失去了对你的信任。我们一定要注意，信任是沟通的基础，如果你失去了对方的信任，那么下一次沟通就变得非常困难。所以在沟通结束后，所有达成的协议一定要努力按照协议去实施。

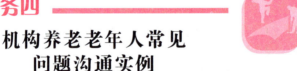

任务四 机构养老老年人常见问题沟通实例

【知识目标】

◇ 熟悉与老年人家属进行沟通的3种具体情境。
◇ 掌握其他五种机构养老老年人常见问题的沟通处理方法。

【能力目标】

◇ 运用所学知识，能初步解决实际工作中机构养老老年人出现的常见问题的沟通。

【素质目标】

◇ 通过小组合作的方式，培养学生自主学习的能力。
◇ 通过情境演练，理论联系实际，培养学生独立处理问题的能力，提升专业度。

一、与老年人家属沟通实务

入住养老机构的老年人多数存在多种慢性疾病，有些还是失能、失智老年人，生活自理能力普遍较差。在居家养老过程中，子女因为工作、身体等原因常常力不从心，迫于无奈，只能把老年人送去养老机构，希望养老机构能够给予老年人更全面、更专业的照顾。

养老机构与老年人家属沟通的问题上，通常包括入住前咨询接待、入住后探视、出院等环节。养老机构做好与老年人家属的沟通工作，可以使老年人家属更准确、全面地了解老年人入住时及入住后身体、心理各方面的真实情况，有助于老年人家属理解老年护理工作，从而得到他们的支持和帮助。

1. 咨询接待工作中的沟通实务

每一位老年人在入住养老机构前，一般都会由家人带着一起去养老机构实地考察。考察的内容一般包含两个方面：一是机构硬件条件包括居住环境、房间设施、安全防护措施、医疗保障措施；二是机构的软件条件，主要包括员工的精神面貌、仪容仪表，服务态度等。当然，也可以通过观察已入住老人的面容仪表以及饮食等，从侧面了解养老机构的服务水平。因此，咨询接待工作对养老机构来说非常重要，是做好沟通工作的第一步。

要做好咨询接待工作，需要工作人员对养老机构的情况非常熟悉，同时要注意自己的仪容仪表及服务态度。

当接待老年人及家人来访时，工作人员首先应做到礼貌接待，比如给老年人及家人递上一杯水，主动为老年人移椅子等，这些细节都能体现服务的无微不至。接待时，要注意与老年人家属面对面，首先请老年人家属对老年人的基本情况及需要提供哪些服务做一个简单的介绍，使工作人员对老年人有一个基本的了解。其次，工作人员可根据老年人的需求有针对性地介绍养老机构的基本情况。再次，主动带老年人及家属实地参观，参观时注意着重介绍居住环境、餐食情况、服务内容、人员资质等老年人及家属较为关注的方面。

2. 入住后探视时的沟通实务

老年人亲属探视时，工作人员要做到主动沟通、实事求是。

老年人家属来院时，工作人员要热情接待，实事求是地向老年人家属反映老年人的近期情况。但在介绍时应讲究技巧，要先将老年人有进步的地方告知家人，比如，老年人吃饭比以前吃得多了，老年人可以下床稍微走两步了，老年人最近参加了院里的文艺团等。不能一上来就讲老年人的缺点，比如晚上失眠、经常抱怨、又尿床了等，即便有这些情况，我们也要委婉地告知家人，而不是一开始就列举老年人的种种不是，这样会让老年人家属觉得反感，认为工作人员对老年人缺乏耐心，嫌弃老年人。当然，我们还是要以事实说话，不能报喜不报忧，但在此基础上，我们要注意讲话的技巧，既能保证如实反映老年人的情况，又让家属了解到机构的服务情况。不能为了讨好家属，回避老年人的客观事实，这样往往会让工作处于被动状态，今后万一老年人身体发生状况，老年人家属将无法接受。

3. 老年人出院时的沟通实务

老年人出院并不意味着沟通工作的终止。

老年人由于种种原因需要亲属接出院时，需要工作人员主动询问老年人家属带老人出院的原因，如是否因为养老机构的护理工作存在不足，或者是因为老年人心理不适应养老机构的生活，或者是工作人员给老年人带来了什么伤害。了解清楚老年人出院的真正原因，针对原因进行分析，有助于养老机构找出问题所在，后期进行纠正和改进。

需要对离院老年人进行跟进服务，了解老年人从院内过渡到新环境是否适应，并且了解老年人亲属是否需要老年人在入住期间的档案资料等，如有需要，在不违反院内规定的情况下，积极配合老年人家属。

总之，在各环节中做好沟通，积极争取老年人家属的理解和支持，对养老工作具有重要意义。

二、关于老年人之间矛盾的沟通实务

养老机构中老年人处在一个群体的生活状态，人与人之间的生活习惯、成长习惯、家庭背景的不同，造成了养老机构老年人之间的差异。误会、矛盾、冲突不可避免，促成老年人之间的有效沟通，与误会、矛盾双方的老年人进行有效的沟通是养老机构工作人员的日常工作。

案例：张某从2010年起住进一家养老机构，一直是一人住一个单间。今年年初，因为老人感到一个人居住比较无聊，经过申请与同院王某住进了双人间。一开始两人相安无事，关系较为融洽。但王某晚上有起夜的习惯，而且一晚上要起来三四次，每次起床动静都比较大，张某不胜其扰，晚上经常被吵醒。时间长了之后，张某忍不住向王某提出了意见，希望他晚上起夜的时候能轻手轻脚一些，但几次下来，王某依然我行我素。这天早上起来，张某因为一夜没好好休息，终于再也忍不住了，与王某发生了激烈的争吵，两位老人情绪激动，幸好工作人员及时赶到。

面对老年人之间的矛盾，我们应尽可能地做好沟通工作：

（1）平时工作中应细心注意观察，及时关注老年人情绪上的波动，了解老年人是否出现人际交往中的纠纷。

（2）事情发生后，不要急于询问，避免进一步激化老年人的情绪。先把两位老人分别安排在不同的房间，对事情进行详细了解。

（3）耐心倾听老人的诉说，让他把心里的委屈吐露出来。

（4）了解情况后，平息老人的情绪，理解老人的心情，再尝试与老人进行交流，可采用引导式的提问：①您觉得王某为什么经常在半夜里把您吵醒？待张某回答后，再提问；②您觉得王某因为身体原因要起夜，又因为腿脚不便，起身比较困难，所以动静比较大。那么，您觉得他会是故意要吵您睡觉吗？

（5）在张某说出自己的想法后，和老年人一起分析问题的根源，共同找出解决问题的方法。根据案例中的这种情况，也可以考虑为张某更换一个房间。

（6）给老年人一点思考的时间和空间。

（7）向同室老人王某了解情况，并与其进行沟通，引导老人说出自己的想法，并引导其多主动关心身边的人。

（8）促成两位老人对发生的事情进行沟通和澄清，达成谅解。

在养老机构中，经常会出现老年人之间的纠纷，而对纠纷的处理，往往不是一两次的沟通就能解决的，需要反复多次进行沟通，才能让彼此达成谅解。

此外，在安排养老机构老年人同住时，应尽量避免将心理不相容的老年人安排住在一起，尽量不要安排生活习惯、文化水平差异大的老年人住在一起。在本案例中，如果张某实在不愿意和因身体原因需要经常起夜的王某同住，在征得两位老人同意的前提下，可以考虑让两位老人分开住。

三、关于老年人意外问题的沟通

入住养老机构的老年人，年龄大，常患有多种慢性疾病，需要长期服药。尤其是老年人自身抵抗力较差，在换季时常容易感冒、发烧。老年人患病时，沟通要做到及时、客观，态度要尊重。机构要第一时间打电话给老年人家属，告知老年人目前的身体状况并征求亲属的意见是否需要转院进行治疗。机构应充分尊重老年人家属的意见，做好老年人的医疗护理工作。其他意外事件发生时，沟通要做到积极主动，以事实说话，避免矛盾激化。

老年人常见的意外情况中，跌倒排在第一位，跌倒是指突发、不自主的、非故意的体位改变，倒在地上或更低的平面上。而且跌倒比例女性明显高于男性（1.5∶1~2∶1），是因为老年女性活动少、肌力差、平衡受损、认识能力受损等因素比老年男性严重所致。由于跌倒可导致心理创伤、骨折及软组织损伤等严重后果，影响老年人的心身健康，是老年人伤残和死亡的重要因素之一。

养老机构中，老年人跌倒引发的纠纷与经营风险非常常见，现阶段已经成为养老机构不可承受之痛，养老机构如何降低老年人的跌倒概率，减少因跌倒引发的纠纷和经营风险，扎实的工作和有效沟通是行之有效的方法。

跌倒沟通失败案例：

2015年4月23日，王红前妻代表王红和观音堂养老院签订了一年的《养老服务合同》。观音堂养老院对王红的身体状况评测后判定王红为全护理老年人，每月收费3 680元。同时签订了免责协议：在王红入住期间突发疾病、原发性疾病、病原性猝死或因自身肢体退化的原因发生其他的不良事故，与观音堂养老院无关，责任自负。

2015年4月30日，意外发生了。王红于如厕时摔倒，造成弥漫性轴索损伤、创伤性硬膜下血肿、脑挫裂伤、颅骨骨折等多处伤病。

2017年9月30日，王红的儿子将观音堂养老院告上法庭，索赔150多万元。法院经鉴定后认定，王红为植物状态生存，伤残等级为一级。

王红的亲友认为，观音堂养老院作为养老服务机构，其服务设施应该安全可靠，符合老年人的日常生活所需，对入住老年人应该安排专人护理。王红如厕时摔伤，说明其服务设施、服务行为存在瑕疵。

而观音堂养老院则认为，王红入住时生活无法自理，观音堂养老院为其提供的是全护，但不是工作人员24小时陪护。老人本身有躁狂倾向，喜欢在房间里走来走去，其受伤是因自身患病所致。且室内设有呼叫器，王红如有需要可以通知工作人员，但事发时王红未使用呼叫器。观音堂有巡视制度，事发后也对王红尽到了及时救助的义务。观音堂养老院提供证据证明，王红入住养老院之前患有脑部疾病。

一审法院朝阳区人民法院认为，王红在观音堂养老院入住期间，观音堂养老院对其负有全面看护的责任。观音堂养老院在履行看护责任时，未能尽到足够的关注义务，是王红摔伤的主要原因，养老院应对王红因此遭受的相应损失承担赔偿责任。王红因自身患有疾病，亦是此次事故发生的诱因，且相关疾病也会导致损害后结果的加重，王红亦应自行承担部分损失。

法院判定，观音堂养老院赔偿王红医疗费 13 万元、护理费 105 000 元、医疗器具费 4 000 元、住院伙食补助费 5 万元、交通费 9 600 百元、复印费 1 200 元、残疾赔偿金 708 000 元、精神损害抚慰金 3 万元。共计 103.78 万元。一审宣判后，观音堂养老院提起上诉，二审法院北京市第三中级人民法院在审定后驳回上诉，维持原判。

对于此次判罚，养老院相关负责人表示："很难承受这么重的判罚，养老院面临破产风险。"目前，观音堂养老院还在向北京市高级人民法院进行申诉。

跌倒沟通成功案例：

陈某，女，82 周岁，入住某养老机构已有一年。某日凌晨，老人起床后如厕，不慎跌倒在卫生间。因养老机构卫生间配有紧急铃，老人跌倒后按响了紧急铃，工作人员及时赶到，养老机构第一时间通知了家属并把老年人送到了医院。经检查，老人被诊断为腰椎压缩性骨折，医生建议老年人回养老机构进行护理。在养老机构护理人员的精心照料下，老人慢慢好转，并且能自主站立走动了，家属对养老院表达了谢意。

在此案例中，养老机构工作人员做到了如下几点：

（1）养老机构在日常工作中，重视细节，为所有老年人配备了紧急呼叫铃，并在房间多处易摔倒处安装。

（2）发生问题后工作人员第一时间请机构医护人员进行了检查和处理，并及时通知了老年人家属，向老年人家属说明老年人具体伤情，并建议家属同意老年人转入医院进行详细诊断。

（3）在老年人转院和治疗过程中，养老机构及时了解了老年人跌倒的原因，并与老人家属进行了沟通，说明跌倒原因和养老院该承担的责任。

（4）养老机构与医院针对老年人病情进行沟通，制定出适合老年人的后期护理方案。同时与家人沟通征得家人同意，并将护理方案、护理过程中可能遇到的问题以及预后等问题详细向老年人家属进行了解释。

（5）向老年人家属解释养老机构在护理老年人过程中可能会遇到的问题以及需要老年人家属理解和提供帮助的地方，希望老年人家属能够支持和配合。

（6）对老年人发生的跌倒事件向老年人及老年人家属表达诚挚的歉意，以求获得老年人及其家属的谅解。

（7）积极耐心地倾听老年人及老年人家属的意见和建议，并做出积极反馈。

四、关于老年人投诉工作人员问题的沟通

案例：张奶奶，75 岁，于半年前入住养老院，性格较为孤僻，入院时进行身体评估，有糖尿病、高血压和心脏病，每天都需要服用各种药物。今天早晨，张奶奶向院办投诉新来的护理员小赵，说小赵工作态度差，在喂药过程中缺乏耐心，因张奶奶服药种类较多，

小赵表现出了明显的不耐烦，差点漏服高血压药。

以上案例中，老年人投诉护理人员服务态度差，在养老机构中，此类情况经常发生，只是投诉的内容不一样，面对这种情况，养老机构应做到如下几点：

（1）耐心倾听老年人的意见，尊重老年人的想法，不正面指出老年人不对的地方。

（2）收到投诉后，不私下谈论投诉的事情，避免给老年人或者护理人员造成压力。

（3）核实真实情况，很多时候老年人对护理员的投诉并非因为护理员工作不到位，而是老年人出现了误解或者是把一些不满情绪发泄到护理员身上。比如，有的老年人心里有事，就会觉得护理人员做什么都不对，甚至会刻意放大不满情绪。因此对于投诉内容要进行核实，对于含糊不清、存在疑问或矛盾的内容要进行询问查证。要有足够的耐心，要做到仔细询问、倾听、适时反馈，避免与老年人发生争辩。

（4）如果老年人提出的要求是超出工作人员服务范围的，应跟老年人说明情况，向老年人说明当时签订的服务内容，并告知养老机构提供的服务是有偿服务。如果老年人确实需要此项服务，可以与老年人商量确定后通过正式的渠道申请。向老年人及其家属解读养老机构的相关政策和规定，护理人员不能随便违反机构相关规定进行工作，非特殊情况下，任何多提供或少提供服务都是违反规定的行为，请老年人予以谅解。

（5）注意倾听，说话要简单易懂，保持耐心。理解老年人，由于受老化的影响，老年人的听力减弱、视力模糊、记忆力下降、反应迟钝，加上环境适应问题，长期病痛产生的心理反应等问题，老年人会对护理人员存在误解或者向护理人员发泄心中不满。此时当收到投诉时，在调查清楚事实后要先做到理解老年人。

（6）如果不是护理人员的错误，养老机构应做好护理人员的安抚工作，以防在工作中产生不满情绪。

五、关于老年人在养老机构死亡问题的沟通

沟通失败案例：

2016年年初，年过八旬的张老太入住了西城区广安门内的善果养老中心。这是一家集养老、康复、保健等养老服务为一体的护理型养老机构。家属和养老中心约定，如果老太太病重或突发急症，养老中心首先要根据自身的医疗条件，采取必要的措施，及时通知家属将老人送往医院。如果来不及联系家属，而且老人病情危重，养老中心就要立即联系"120"或"999"，先将老年人送进医院。

谁也想不到这个原本只是用来"防范万一"的条款，还不到一个月的时间就派上了用场。去年2月5日晚，张老太参加了善果养老中心组织的春节联欢会。次日6点左右，老太太说肚子疼，两个小时之后出现呕吐。在这段时间里，养老中心一直观察老人病情，但并未立即将老人送往医院。

大约上午11点，张老太的家属来到了养老中心。护工告知说，老人出现了腹泻。家属去给老人买了药品，服药后情况有所好转，养老院的医护人员为老人量了几次血压。从上午11点到下午5点，老人的其他子女陆续来到养老中心，但在这段时间里并无人立即决定将老年人送进医院。下午5点，老人已经不再呕吐了，但仍然腹泻。直到晚8点左

右，见老人状态越来越不好，子女们决定赶紧送医。有证据显示，老人入院时，已经处于休克状态。张老太住院治疗至 2 月 17 日，因病重治疗无效死亡。

老人的子女认为，养老中心对老人的去世负有不可推卸的责任，养老中心有重大过错，给他们造成了巨大的身心痛苦及损失。为此，老人的子女向法院提起诉讼，要求养老中心承担老人死亡 70% 的责任，赔偿丧葬费、死亡赔偿金、鉴定费、精神损害抚慰金等各项费用 26.3 万余元。

原告的起诉书显示，张老太经医院诊断为双肺炎症、呼吸衰竭、消化道感染并出现休克。入院次日就入 ICU 治疗，但仍然不幸病故。在案证据中也认定，老人确实是在休克之后才被送进医院的。但究竟是谁延误了送医的时间？双方在庭审中针锋相对。养老中心说，事发当天上午 9 点，负责人已经给老人的子女依次打电话通知，履行了合同义务——老人子女对此不认可；家属说，中间他们曾经出去买药，买药的事儿就是养老中心建议的——养老中心对这个说法也不认可，而且同时说，中心里的医生曾经在中午和下午 2 点左右建议送医院，是家属不愿意去——家属们对此同样不认可。

一连串的"不认可"，让整个事件显得扑朔迷离。9 月 30 日，家属单方面委托一家司法鉴定所对老人的死亡与养老中心的行为是否具有因果关系进行鉴定，司法鉴定所根据病历材料、该所检查，认为养老中心在死者出现呕吐、腹泻时，没有即时送患者到医院就诊，而是自行判断，并让家属外购药服用，此过程反映养老中心对患者的检查存在不完善之处，同时对患者的诊断存在一定的偏差；而根据医院诊断，患者直至休克才被送到医院就诊，就医不及时，这说明养老中心没有及时将患者送往医院就诊，延误了患者的诊断及治疗。综合分析认为，养老中心的行为与死者的死亡后果之间存在一定的因果关系。

一审法院经审理后认为，养老中心应该承担死者死亡 15% 的责任，并就此做出判决。善果养老中心不服，提出了上诉。

养老中心在上诉状中说，这个鉴定意见属于原告一方单方面委托，而且在鉴定的时候，隐瞒了重要细节：家属已经在事发当天 11 点到达了养老中心，随后的几个小时里，家人一直在老人身旁。养老中心在能通知到家属的情况下，是否送医院是应该由家属决定的。只有在通知不到家属的时候才会由养老中心决定。从当天 11 点她的家属到达医院，到晚上 8 点病情恶化才送医院，中间差着好几个小时。11 点之后如果家属就及时将老人送进医院，应该可以避免死亡后果。

二审时，由张老太家属单方面委托鉴定的鉴定意见，成为法官关注的焦点。法官认为，这份鉴定是依据病历材料及委托人的陈述做出，未征询善果养老中心的意见，鉴定书里也没有关于家属"2 月 6 日上午 11 点即陆续到善果养老中心处"的陈述，因此，该鉴定结论在确定善果养老中心是否存在延误送医问题上不具有证明效力。

法官说，如果是诉讼过程当中需要做鉴定，正常程序是通过摇号，由法院确定鉴定机构。单方所做的鉴定，没有将案件全部内容反映给鉴定机构。但是，这份鉴定意见也不是完全没有价值，法庭并没有绝对否定，毕竟在针对老人入院时的身体状况表述等还具备一定意义。根据查明的事实，善果养老中心曾在上午 9 点给家属打过电话，家属不予认可，养老中心也没有就此举证，因此这个说法不予采信。不过，11 点之后家属陆续抵达养老中心后,也没有及时将老人送往医院,因此,一审法院审理中认定的"双方对延误老人治疗时机均应承担责任"是正确的。为此法院进一步认定,当日早晨6点至11点,由养老中心承担责任,11点至晚8点,由家属承担责任。毕竟善果养老中心仅系养老机构,而非医疗机构,其医疗水平不能按医疗机构的标准来确定。家属在赶到养老中心之后,对于是否将老人送医有完全的自主决定权。况且老年人已经年满86岁,一审法院确定善果养老中心对其死亡后果承担轻微责任也是正确的。但是,一审法院所认定的15%责任比例过高,二审法院将其调整为5%。

最终,法院判决,由养老中心赔偿老人家属死亡赔偿金、丧葬费、精神损害抚慰金等共计2万余元。

沟通成功案例:

2018年9月,患病老年人赵某入住养老机构20天去世,其两个儿子和一个女儿对养老机构的工作表示认同,同时对护理人员的精心照料表示感谢。他们认为,养老机构的照料让老人减轻了痛苦,获得了尊严。

背景:赵大爷在入住养老机构时,表面上看起来精神很好,普通体检报告显示未患有严重疾病,基本评估为"生活基本自理"。入住当晚,老人就表现为失眠、不能平卧、大小便失禁,不能自行更换衣物,身体卫生不能自行清理,生活自理能力低下。

此类问题的沟通处理基本方法如下:

(1)家属办理入住手续时告知家属在联系方式栏里按与入住老年人的亲疏关系尽可能多地记载联系电话、联系地址,以确保及时联系家属。

(2)告知老年人及家属,老年人对陌生的环境需要适应,因此老年人有一个观察期,观察期内,也是老年人最容易急发老年病的时候,可能严重也可能不严重,也有的甚至出现生命危险,我们会按照相关规定予以处理,并向其告知处理程序,将处理方式载入入住协议里,家属认可签字。

(3)当老年人表现出生活自理程度与入院评估不相符且有生病迹象时,及时与老年人及家属进行沟通,采取相应措施,调整护理方法,并向家属提出转院诊治建议。

(4)及时将老年人的身体变化情况及养老机构所采取的措施、意见和建议向家属汇报,争取老年人及家属的配合与支持。

(5)老年人去世后,及时通知家属,告知老年人去世后的处理方案并让其选择。

沟通实例:

案例发生在一家养老机构。当日某老人在房间里说要买个电饭煲,自己煮东西吃。

因为机构是不允许老年人买大功率电器自己使用的,怕发生意外。所以护理员听到后,就去告知了护理部负责人。护理部负责人当即赶到老人房间询问,并告知不能使用。当日傍晚,护理员正在洗衣房清洗衣物时,老人去责怪护理员,认为他只是说说,并没有真的去买,护理员这样做是告密,是错误的行为。两人起了争执,老人情绪激动,返回房间,拿着菜刀出来,继续责骂护理员,后被其他工作人员劝开。当晚,机构负责人请护理员立即离开原岗位,对老人家也进行了劝说。第二天,护理部负责人上门给老人做工作,指出他的错误做法,并希望他将菜刀交给护理部保管。同时打电话给老人户口所在街道,告知情况。该老人系孤寡老人,一直由街道托管。但街道感到很为难，表示之前未发生过同类事件，也没有做出相应的回应。此后一周，机构与老人一直处于相持状态，没有进展。

养老机构派出心理咨询师对老人进行了一次面对面的沟通，具体情况如下：

一、收集老年人背景资料

老年人张某，男性，81周岁，4个多月前由社区小型敬老院（被撤）转入，跟此护理员之间有过小摩擦，耳聋。

二、具体沟通措施分析

在沟通过程中，工作人员除了平复老年人的情绪之外，更重要的是要了解发生冲突的真正原因，确定针对这种情况该如何介入。

当我们带着一个目标、一个框架去做事情时，真正的需求可能被忽视掉了。在对这件事情进行沟通的过程中，我们不应过多地纠结于老人为什么会有这种行为，而应该去挖掘老人心里的真正需求是什么，我们需要从不同的角度去探讨。

本案例中我们采用了面谈的方式。因老人有听力障碍，全程他讲，工作人员用笔谈。一开始，请老人坐时，他坚决不坐，说有什么事，他站着听就可以了（老人的对立情绪很明显）。所以工作人员坚持站着跟老人寒暄、弯腰写字笔聊。首先跟他表明了自己父母的年龄，表示自己对于长辈的尊重，并自然地聊到老人的经历。老人今年81岁，原在建筑公司开建筑机械，55岁因工种特殊提前5年退休。身体看上去挺健康，性格开朗。之后，消弭了对立情绪、慢慢打开心扉的老人家愿意坐下，双方开始比较深入的对话。

老人：前几天，吃不下饭，想买个电饭煲自己蒸点东西。

工作人员：哦，吃不下饭，您住在这里，不习惯他们做的饭菜，想自己弄点合自己胃口的来吃？还是身体不太舒服，没有胃口，不想吃这里的饭菜？

老人：是的，身体不太舒服，吃东西没味道。

工作人员：自己煮不安全，要吃什么请食堂帮您加工吧！

老人：不麻烦他们。电饭煲也不买了。

工作人员：您的菜刀平时有用吗？

老人：我外出的时候看到便宜买来的，剪刀加菜刀一套才38元。我有时候切切水果。

工作人员：菜刀太大了，我用水果刀跟您换吧！或者您喜欢怎样的水果刀我们帮您去买。

老人：不用不用。需要我自己会去买。

工作人员：您经常出去吗？

老人：我经常出去的，去打麻将。还经常回社区去看社区的书记、主任，他们对我很好的。

工作人员：您非常想念以前社区的书记、主任，他们对您非常好，很照顾您，是吗？那么，您住在这里，觉得这里的生活怎样呀？

老人：我就像回家一样。他们就像子女一样对我好。有一年冬天，下大雪的时候，他们给我送了帽子、手套、围巾。我心里很感动，一直记得。

工作人员：所以，你很想念他们啊，感受到家人般的温暖。但住在这里就没有这些感受吗？

老人：在这里，找不到伴。我出去挺方便的。

工作人员：哦，所以感觉您脾气挺好的呀！怎么就跟护理员吵起来了呢？

老人：我又没说要买，只是说了个想法。×××（护理员）马上去告诉×××（护理部负责人），不是告密吗？我去说她，她还跟我吵，态度很差，我火上来了，就把菜刀拿出来了，吓吓她。

工作人员：哦，是这样啊！但是刀拿出来不小心容易伤人。万一出事，对您、对护理员都不好。

老人：这个是我的错，我就是脾气上来了。过去就算了吧，我对你们、对护理员都没意见。以后保证不会了。

工作人员：我觉得菜刀太大了，切水果也不方便，还是帮您换把水果刀吧！

老人：我马上回去拿菜刀过来交给你。水果刀不用给我。要的话，我自己会去买。……

从对话数据来看，我们需要梳理老人入住在养老机构的适应问题，需要找到他的核心问题所在，并进一步跟进。对老人家来说，下面这些都是他的需求：

1. 吃不下饭——身体不好/不合胃口

"你住在这里，不习惯他们做的饭菜，想自己弄点合自己胃口的来吃？还是身体不太舒服，没有胃口，不想吃这里的饭菜？"——同理与探索，了解老人行为背后的原因。需要了解老人在养老机构的适应情况，他对这里的期望与现实中他经历到的，是否有落差？如果有，这个落差可能是造成他情绪不太好，与护理员产生冲突的原因。

2. 经常外出——没有归属感，融入不好

（1）去打麻将，院里找不到打麻将的伴。老人说这里找不到伴，反映了什么呢？需要了解老人家在养老机构的适应情况，他对这里的期望与现实中他经历到的，是否有落差？如果是，这个落差可能是造成他情绪不太好的原因。

（2）去看以前社区的书记、主任。"您非常想念以前社区的书记、主任，他们对你非常好，很照顾你，是吗？那么，你住在这里，觉得这里的生活怎样呀？"——同理心，进一步探索老人在这里生活的情况。

"所以，你很想念他们啊，感受到家人般的温暖。但住在这里就没有这些感受吗？"——同理心，封闭性提问，把话题聚焦到住在这里的感觉及感受，也是对核心问题进一步探索的技巧。

3. 与护理员的冲突

机构方提供的服务是否存在缺陷？是护理员本身缺乏沟通的能力，还是她也恰巧情绪不好、心态有问题？此时需要与护理人员进行沟通，多方了解情况。

4. 听力障碍

听力障碍是否是造成他与护理员摩擦，与邻舍陌生感的原因？有没有资源可以提供给他？

所以，对于这样的案例，资料的收集非常重要。年龄、性格、入住时间、入住原因、原工作环境、原生活环境、机构目前生活状态、与其他老人相处如何……同时用同理心慢慢摸索老人的心路历程，了解他的生存状态，取得他的信任，建立专业关系。养老机构是一个老年人系统、院舍系统、老年人家庭系统、社区系统构成的生态系统。我们常常在谈论幼小衔接，却忘记了老年人入住养老机构也需要衔接。这个衔接，要建构满足老年人精神需求和社会支持的网络，重建老年人的交往模式，提供情感上的支持（尤其在入院初期），提供认知的支持（老年人角色的变化、社会功能与能力的发挥，自决以及融入），提供行为的支持，提供具体的资源。

当我们帮助老人家梳理面对的状况时，绝对不能带着既定的框架，否则有违公正的专业立场。当然，在面对现实时，可能会有种种无法逾越的障碍。但我们心中要有一个准绳，并尽力而为。这个案例，虽然属于极端性的个案，却投射出养老机构在提供服务时存在的普遍性的问题，涉及护理、医疗、心理、后勤、员工培训等多个方面。

所以，在这次面谈后，养老机构做了大量后续的跟进。这个跟进，既有注重个体的，如案例中老年人的院舍融入辅导，包括跟其法定监护人的沟通、跟其邻舍的沟通、整合资源提供改善听力的可能……更有惠泽群体的改善：规范准入评估和资料收集；全面开展个性化照护计划；制订并实施护理员培训计划（职业操守、服务礼仪、沟通技巧）；改善膳食服务，增设点餐项目；规范医生/护士日查房制度；组建护理员的解压小组等。可以说，这次沟通起收了很好的成效。

六、与有情绪问题老年人的沟通实务

老年人由于生理老化、社会角色变化、社会交往减少以及心理功能上的变化等主客观原因，容易产生消极情绪，进而影响老年生活。相对于一般老年人，养老机构中的老年人可能要面对更多变化，也更容易产生不良情绪。

沟通实例：

余阿婆，70岁，大学学历，广西柳州人，曾做过小学教师、小学校长，经过商。丈夫已去世几年，留下的三个女儿均已成家立业。余阿婆于2017年9月不幸中风，两个月后又因摔跤导致左腿股骨骨折，造成身体半边瘫痪，生活无法自理。2018年2月，女儿们把老人送来柳州市某养老机构。余阿婆入住养老机构后，情绪低落，经常偷偷流泪。

一、沟通对象基本情况分析

情绪表征。余阿婆很容易伤心、流泪。与他人聊天时，都会说到自己遭受的不幸，很想得到他人的倾听和认同。

适应养老机构情况。余阿婆比较娇气、爱哭，晚上很吵，对护工的一点点不满意行为，都容易表现在情绪上。

资源情况。余阿婆有退休金，而且女儿们经济状况很好，并给予积极支持。余阿婆的三个女儿，哥嫂、弟弟妹妹、侄儿媳妇经常来探望，一些朋友、同学也抽空来看望。

身体状况。余阿婆因中风造成身体半边瘫痪，最好每天都能按摩、走路，即使是能站起来也是很好的，这样双腿的血液循环了，有利于身体尽快康复。

余阿婆的主要问题是：

第一，无法面对现实，情绪低落；

第二，不适应养老机构的生活环境；

第三，康复身体的愿望很强烈。虽然半身瘫痪，但在有人搀扶的情况下能行走。

经余阿婆的护工介绍，老人由于脑溢血，后摔跤导致左腿股骨骨折，身体半边瘫痪，血管硬化，所以总是一再地强调自己的身体很不好。老人也比较娇气、爱哭，晚上很吵，对护工的一点点不满意，都容易表现在情绪上。机构工作员认为应适当地给予余阿婆心理疏导，增强她的正面反应。

二、介入目标

（1）帮助余阿婆梳理情绪，正视现实，积极应对。

（2）增进余阿婆与养老院机构中其他老年人的交流沟通，帮助阿婆尽快适应养老院机构的生活、环境。

（3）帮助余阿婆康复身体。

三、沟通步骤

（一）工作前期

（1）工作人员为余阿婆提供建设性的情感宣泄机会，通过了解、接纳、积极倾听、同理、鼓励和积极帮助等支持性技巧的运用，降低老人的焦虑与不安感，并逐步建立起相互信任的关系。

（2）工作人员每天扶助老人走路，试着帮老人按摩手臂、腿股上的穴位。

（3）工作人员向老人介绍养老机构以及入住的其他老年人的情况，以改变老人对养老机构的负面看法，从而适应机构环境。

（二）工作开展阶段

（1）运用探讨、描述和疏通的反映性技巧，与余阿婆一起探讨对退休、家庭、养老机构，以及自己健康（生理、心理和社会三方面）的认识，帮助老人表达感受，宣泄情绪，减轻心理压力。

（2）运用怀旧的治疗技巧，与老人一起探讨过去工作、生活中的快乐，以及她成功的事件，协助老人找回失落的尊严与荣耀，使其重新认识自我。

（3）老人能自己拄着拐杖行走，但是还需要有人在旁边保护着。

（三）巩固发展阶段

（1）继续运用反映性技巧、怀旧技巧帮助老人表达内心的感受，认识自我，接纳自我。

（2）没有工作人员在旁边的时候，老人也能独自拄着拐杖走了，偶尔还爬一下楼梯。

（3）老人理性、积极的生活态度的建立。

四、沟通记录（第一次沟通）

时间：2018年5月6日

地点：广西某养老机构二楼×××室

面谈目的：与老人初步接触了解老人的基本情况并对老人做出初步的评估。

面谈过程：

工作人员：余婆婆您好！我是王晓丽，是机构的社工，您可以叫我小王。我今天来主要是想跟您聊聊天。听说您是华中科技大学毕业的，真巧，我也是这个学校毕业的。（工作人员自我介绍，让老人明白自己是谁。）

老人：哦，华中科技大学啊！呵呵，在关山那边吧，我50年前也在那儿上学，那会儿的学校名字叫作华中工学院哦，呵呵。（老人表现出热情与关注，有一种惊喜的表情。从老人的外表来看，气色不是很好，脸显得有些苍白，由此判断老人不大去户外活动。）

工作人员：是啊，余婆婆，那我们可是校友哦！（工作人员立即给老人以回应，建立初步的良好关系。）

老人：呵呵，是啊，是啊！那个时候学校设置的专业大都是工科方面的，我当年就是学的机械制造专业，呵呵，小王是学哪个专业的啊？（老人的热情度很高。）

工作人员：呵呵，是啊，那会儿学校的名字就叫华中工学院，现在不一样了，学校是综合性大学，理工、文史、医管学科门类都很全。我是学社会工作的。呵呵，余婆婆，您能跟我介绍一下您平时在养老院的生活吗？（工作人员积极给老人以回应，并试着引导老人讲出主要的话题。）

老人：我住进来已经快三个月了，我的腿摔骨折了，瘫痪了，不能动了，什么事儿也不能做，每天就这么躺在床上，躺着累了，我就喊小胡（机构护工）帮我翻个身，或者坐起来。（说着说着，老人的表情有很大变化，脸部逐渐阴郁，能够明显感受到老人对自己身体状况的忧虑。）

工作人员：哦，余婆婆您感觉身体哪里比较不舒服呢？（工作人员立即做出正面的回应。）

老人：家里面老头子也不在了，我去年腿也摔断了，走不了路了，我这是通身的病啊。

工作人员：哦，这样啊，不过您也不要太担心。您家里还有子女吧。（工作人员对老人表现出同理心，并给予安慰，并试着了解更多。）

老人：还有啊，我有三个女儿，她们都在柳州，女儿、女婿还是每个礼拜来看我。我那个孙儿啊，聪明得很，在学校学习成绩也好；孙女长得可漂亮了，书法、舞蹈很是厉害，比赛都得过大奖的。（老人的表情明显激动了起来。）

工作人员：嗯，那还真是厉害呢！他们还是给您带来了不少乐趣，有他们的陪伴，您心里应该感到很温暖吧。呵呵，那余婆婆您在这儿，觉得生活上有什么不满意的地方吗？

老人：是啊，我那孙子、孙女真是好啊！在这里我每天就是这么坐着，她们（指代机构护工）也就是洗衣服、安排饭菜。有时候我坐得久了，心里不舒服，唉！她们也忙，也不会坐下来跟我讲讲话，她们忙啊，忙啊……我女儿、女婿还给我买了推车，但是我下去还是不行，没有人推我，我住在二楼，下不去啊！她们（指机构护工）也不想推我下去。有一次，我看外边天气还不错，阳光很好，我让她们推我出去转转，她们不同意，说下楼的话，因为我身体不好，怕出什么问题……唉，我也是走不成了的，什么也没有用了啊！（老人的表情再度阴沉下来，讲话的语速也不像之前，时断时续的，好像有什么难言之隐，很明显的能感觉到对于机构的服务工作不是很满意。但余婆婆对机构的评价倒也存在一定的合理性，这也可能是机构今后工作的方向。）

工作人员：您怎么会觉得自己什么也没有用了呢？（工作人员试着让老人讲出更多。）

老人：我脑溢血了，腿也摔断了，我走不成了啊……每天就这样躺着，有时候吃饭都坐不起来了，我就让我女儿喂我吃，有时候礼拜天吃饭的时间她过来看我，我就让她喂我吃。唉！我现在人也老了，没用了啊，什么都是没用了啊，我还不如死了得了啊，死了人也舒坦啊，我的老头子啊……（工作人员意识到原来余婆婆潜意识里存在一些非理性的认识，对于生命的态度比较负面，老人也是一个很情绪化的人，前后情绪的起伏波动很大。）

工作人员：余婆婆您千万别激动。您应该多想想您的女儿女婿、孙儿孙女们啊！您瞧瞧他们一个个都长大成人、成家立业了，而且家庭和睦，其乐融融。您看着、想着这些心里该多满足啊！您是不是有点儿累了？累了您先躺躺吧！

老人：是啊，是啊！姑娘我不累，真是不累啊！

工作人员：那余婆婆，您在这里住着，对我们机构有什么期望吗？

老人：她们做得也还好，就是有时候叫她们都没有人答应，没有人管啊！

工作人员：她们不会不管你的，也许是有时候她们在忙别的事情，没来得及第一时间回应您，我去了解一下情况。那余婆婆，您在这里住了两个多月了，有认识什么新朋友吗？

老人：我去哪里认识新朋友哦，我平时就在房间里不出去，她们也很少推我出去。我要是有新朋友，我的心情可能就会好一点了，我平时连说话的人都没有。姑娘，你以后能不能多来陪我这个老太婆聊聊天啊？

工作人员：余婆婆，这个没问题，我以后会经常来和您聊天的，到时候您可别嫌我烦呀！时间不早了，到吃午饭的时间了，您先休息一下，我去给您看看饭菜什么时候送过来。您下次觉得无聊的时候，就让小胡来喊我，我来推您下去转转，晒晒太阳。

老人：好的，小王，今天跟你聊天，我觉得心里舒爽多了，你以后可要多来啊！

由于快到晚上吃饭时间了，工作人员结束了与老人的交谈，并告知下一次会再来看望。老人的情绪趋于平稳了，斜靠在床上，目送着工作人员离开。

通过与余婆婆的初步接触，感觉老人十分善于交谈，性格比较开放，而且对人比较友善。表面上似乎很难察觉老人有什么特殊的需求，但仔细分析，会发现老人对待生命的态度不是很积极，只是过多地强调自己的身体状况很糟糕，没有意识到应该如何采取积极的办法去应对。刚开始，感觉老人潜意识里存在着一些非理性的认识，后来随着"不如死了好，死了舒坦"等话语的出现，可以肯定老人对生命存在非理性的认识。老人的家人还是给予了老人一定的关爱与照顾，老人也能理解子女工作的辛苦、繁忙。机构对于老人的状况有所了解，但如何积极地去帮助老人增强正面的认识是做得比较欠缺的，提供的服务可能只是满足了老人最基本的生理层次的需求。

通过这样的一次面对面沟通，我们基本了解了老人内心的真实想法，也在一定程度上打开了老人的心门，与老人建立了初步的信任。这次的交谈，也让我们认识到机构在日常服务工作中存在的不足，为机构今后改进工作方法提供了一定的思路。可以说，这次沟通起到了双赢的效果。当然，要想改变一位老年人的心理状态，靠一次的沟通交流是远远不够的，还需要定期进行多次沟通，尽快引导老年人适应在养老机构的生活。

老年人沟通技巧

实操训练

1. 将学生分成3大组，学生自愿报名扮演不同情境下的老人、老人亲属和院内工作人员。

情境一：老人和老人家属前来咨询养老机构入住事宜，老人家属表示担心老人适应不了机构环境，也对于自己因工作繁忙要送老人入院表示自责，而老人既心疼自己的儿女，又对入院后的生活忐忑不安。

情境二：某养老机构内老人突然发高烧，院内医护人员对老人进行了救治，但是因天气变化反复，老人高烧一直不退，最近出现了肺部感染的迹象。院内工作人员及时与老人家属联系，沟通老人转院事宜。

情境三：机构内两位老年人因在闲聊时发生口角，大吵起来，情绪激动，院内工作人员对两位老年人进行了劝导。

要求：每组学生抽签选择情境，根据情境中的描述进行角色扮演，组内学生可以自主选择角色，其他同学观察他们在扮演过程中沟通技巧的使用，并在扮演结束后进行点评。

2. 组织学生参观养老机构，了解他们眼中的老年人，就学生想要了解的某一话题与老年人进行沟通交流，了解他们的心理需求。

作业：每组同学根据自己选择的主题，形成一份沟通记录，以电子版形式上传教学平台，学生进行互评。

项目七 特殊情景下老年人沟通训练

【知识目标】

◇ 了解安宁疗护、认知障碍、多元文化、多元文化护理、危机干预的基本定义。
◇ 掌握安宁疗护老年人的需求、多元文化背景下的沟通障碍。
◇ 熟悉老年人危机干预的步骤。
◇ 掌握四种特殊情景下的老年人下沟通技巧。

【能力目标】

◇ 能熟知四种特殊情景下老年人的特征，并能运用具体的沟通技巧与之交流。
◇ 能运用已学沟通技巧，处理特殊情景下老年人的沟通问题，并能熟练运用到实际工作中。

【素质目标】

◇ 通过对特殊情景老年人沟通的学习，培养学生的职业认同感。将尊老爱老的思想植根于学生心中，不断提升学生的职业素养。

【思维导图】

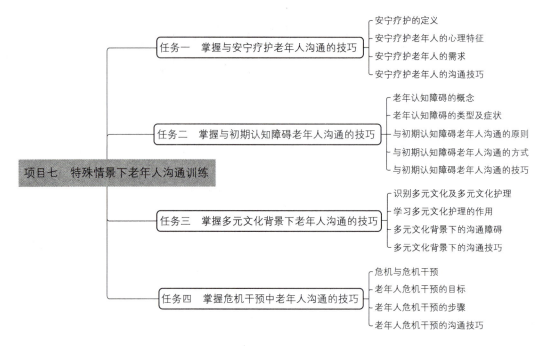

案例导入

1992年中国老年基金会、中国老年报社和松堂医院联合建立的"夕阳工程"正式启动，可是三年中从社会得到的捐款仅有9 726元。由于效果不佳，这个曾与"希望工程"遥相呼应的工程不得不停止运行。昆明市第三人民医院关怀科室成立于1996年，马克医生说："资金缺乏是困扰我们事业发展的最大困难，如果哪位伟大的慈善家能够投资400万元，我将成立一个以医疗为中心的社会服务网络，高质量地担负起至少50万人口城市的临终关怀工作。"再次，严重的封建迷信意识使临终关怀机构的发展举步维艰。有些临终关怀医院在选址阶段就遭到附近居民的强烈反对。北京松堂医院在10年中由于附近居民的反对，不得不7次搬家，李伟院长感叹："为什么偌大的北京就没有我们的容身之处？"我国面临人口老龄化的挑战，老年人口已超过了1.35亿，其中高龄和生活不能自理的占9%，在不远的将来，我们将不得不面临一对夫妇照顾4位老年人这一事实。如今的普通医院由于床位和其他条件的约束，通常都不予收治临终患者。让社会管理家庭，让社会管理老人已经刻不容缓。临终关怀在这方面提供了良好的模式，临终关怀医院发展的步履艰难也使我们感受到改变人们传统观念和医疗福利体制的重要性。

任务一 掌握与安宁疗护老年人沟通的技巧

【知识目标】

◇ 了解安宁疗护的定义。
◇ 掌握安宁疗护老年人的心理特征及需求。
◇ 掌握与安宁疗护老年人沟通的技巧。

【能力目标】

◇ 在熟知安宁疗护老年人需求的基础上,能提供满足其心理的沟通服务。
◇ 运用安宁疗护老年人的沟通技巧,能进行沟通模拟练习。

【素质目标】

◇ 在训练学生沟通技巧的基础之上,培养学生服务老年人的耐心,培养学生爱老护老的素养。

一、安宁疗护的定义

"安宁疗护"译自英文 Hospice,也称"临终关怀"和"缓和照护"等。Hospice 在传入我国之初,学术界将其译为"临终关怀"。由于中国人比较忌讳"临终"二字,国家《"十三五"健康老龄化规划》用"安宁疗护"代替"临终关怀",正式提出了"安宁疗护"这一概念,由此"安宁疗护"得到官方认定。

世界卫生组织对"安宁疗护"的定义为:安宁疗护是对没有治愈希望的病患所进行的积极而非消极的照顾;对疼痛及其他症状的控制,是为了尽可能提升病人和家属的生活品质到最好的程度。现代意义上的"安宁疗护"服务主要涵盖两方面:一是为临终患者提供安宁服务,如身体照护、缓解痛苦、心灵慰藉、宗教安适等;二是为患者家属提供关怀服务,如缓解家属的痛苦情绪,正确认识死亡,尽可能缩短病痛期等。

二、安宁疗护老年人的心理特征

安宁疗护老年人大多要经历否认、愤怒、协议、忧郁、接受等复杂的心理变化和体验过程。因此,面对死亡会产生一些共同的心理现象和特征。

1. 绝望心理

有些老年人自我意识非常强,但对自己危重病情又接受不了,特别是在治疗一段时间仍不见好转后，便会产生绝望和轻生的念头。经历着生存的病痛，可能使他们最终产生威胁感，而变成一种攻击行为，向周围人，尤其是亲人毫无理智地发泄，有的愤怒后转为抑郁，表现为对治疗和护理的不合作，进而转化为伤害自身的行为。护理人员在面对这样的老年人时要做好心理辅导工作，尊重他们的人格，经常与他们谈心、交流并给予生活上的关怀。同时，指导他们修身养性，学会控制和调节自身情绪，以得到最佳的身心状态。

2. 焦虑、抑郁心理

焦虑是人类在面临病痛、灾难等各种重大事件时的一种应激反应，是一种正常现象。而选择安宁疗护的老年人，他们面临着疾病的威胁，感到无能为力时，就会产生焦虑和抑郁感，焦虑可表现为心烦意乱，情绪易激怒，怀疑自己的能力，紧张、恐惧、失望、惊慌以及头晕、头痛、失眠等现象，并伴随有躯体和植物性神经功能紊乱。抑郁表现为情绪消沉，灰心丧气，心情压抑不满。大多数老年人的适应能力差，选择安宁疗护的老年人，他们能感受到来自身体的变化，以及身边亲人对自己态度的变化，当遇到这些刺激时，就会消沉下去，忧郁情绪就会加重。

3. 无奈转而积极对待

有些老年人性格外向开朗，认识事物比较客观，对自己的病情有一定的认识，并且建立了自己的科学生死观，对死亡具有理智的思考，对生命的有限性有积极的认识，在认清自己的身体状况又无可奈何时，积极投身其他事情，从而转移面对疾病而产生的不良心理。

案例：刘爷爷，男，80岁，伴侣在一年前去世，现在独自生活。家庭情况是同辈有一个姐姐、一个弟弟，姐姐不在本地居住，来往较少，弟弟行动也不是很方便，所以难以进行直接的照顾。老人有三个子女：大女儿、二女儿和儿子，都已经成家生子。老人身体情况：两个月前发现身体不适，去医院确诊为胃癌晚期。患病后老人的子女会到养老机构中看望并陪伴老人，老人长期在养老机构与外界的沟通联系较少，接受新鲜事物的能力不足，沟通基本是简单的与护理人员的日常交谈，大多数与外界的联系都来源于子女的看望。

刘爷爷之前并没有做好"死亡"的准备，突如其来的癌症使得其不得不面对死亡，对死亡极度恐惧。养老机构需要通过帮助老人建立正确的生死观，让老人了解死亡的意义和人生的价值，使老人能够直面死亡。

三、安宁疗护老年人的需求

随着年龄的增长，人身体的各项机能都不可避免地出现衰退的状况，尤其是当人的年龄高于65岁时，身体各项机能的退化速度将急剧增加，如视力、听力、平衡能力及运动能力等都会随之衰退，那么身心机能不同的人生活需求就会产生区别。

1. 身体需求

生存需求是人最基本的需求。对于安宁疗护的老年人，他们要满足生存基本需要的睡眠、饮食、家务等生活"必需行为"，还要面对疾病伴随而来的身体变化，他们仍然在意身体形象和别人对他们所投来的目光，尤以女性为甚。为了使安宁疗护的老年人觉得有尊严，照顾者要鼓励家人或其他专业人士协助老年人，尽量保持良好的个人卫生，也尽量让他们保持整洁的样貌。有清洁的身体和衣服，老年人就多一点自信心，而不用担心别人以奇异的眼光看着他们有病的样子，心情也自然好得多了。

2. 情感和心理方面的需求

从广义来说，安宁疗护的老年人除了身体需求外，其他心理、情绪、宗教的需求都算为心灵的需求，他们不应该被仅仅当作疾病或者垂死的情况来对待。照顾者要了解并教育家人及其他护理团队，尊重老人的需求，包括老年人的情绪、心理需求以及身体需求等。他们需要尽量保持一些能够掌控自己生活、生命和自由自主的感觉，我们要鼓励家人让老年人直接参与安宁疗护和日常生活的安排，并尽量采纳老年人的意愿，让老年人最后的旅程仍然是自主及有选择的。安宁疗护老年人亦需要我们提供一个安全的环境及容许他们表达感受的气氛，要让他们有机会谈谈自己对死亡的看法和感受。

3. 社交需求

安宁疗护老年人如果身体情况许可，让他们维持有意义的社交活动以及参与家庭和朋友良好关系的互动是非常重要的。如果安宁疗护老年人觉得自己时日不多，可能更希望与自己的家人或好朋友见面，与他们保持联系。

有些朋友或亲人会因害怕与安宁疗护老年人相见而勾起愁思，而老年人本人亦可能因身体不适而不能见面，这些情况皆可导致双方疏远。照顾者应尽量鼓励和安排并创造环境让家人和朋友与老年人守在一起，如谈心、唱歌、玩小游戏等。因为关系一旦变得疏远，各方都会因为失去有意义的联系而感觉失落和内疚，消极老人更需要以儿孙来提醒自己，自己的生命将由下一代延续下去。若是没有儿孙的老年人，他们的一生也接触和教育过年轻人，他的生命也可以通过他人继续点燃下去。老年人和家人的共同力量，就可以发挥他们处理死亡的力量。由于安宁疗护的老年人面对的恐惧和困难大致相同，我们可以加入社会支持的力量，老年人若有心力参与支持活动，亦能从中获益。面对死亡时，老年人与其他同类病人的想法和社交生活帮助他们脱离孤单感是非常重要的。

4. 灵性需求

> **知识链接**
>
> 灵性这个词源自拉丁字母"spiritus"，在《汉语大字典》中对灵性的定义有代表个人精神或思想层次相关的形容词，如精神上的、心灵的、鬼魂或超自然的；与宗教或鬼神相关之形容词或事物，如教会的、神圣的等。在《佛教大词典》中，灵性属教义名词，亦称"灵心"，指不生不灭永恒存在的净心本体，即佛性，如来藏之别称。Stallwood 将人的基本组成分为 3 个层面：最外层的是外在身体部分，第二层是心理社会层面，包括意志、情感、智力和道德观念四个部分，而最内层是灵性，这三个层面是相互影响的。

相对于宗教，灵性更具有普遍性和广泛性，没有制度上和神学上的约束；灵性的修炼相对于宗教修行，除了从教义、他人经验中学习，更鼓励个人寻找自己独特的经验，更坚定地维护了人的主观能动性。灵性与宗教的关系如图7-1所示。

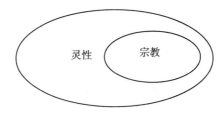

图7-1　灵性与宗教的关系

灵性照顾所谓的"灵性"主张，与"超个人心理学"所主张的灵性需求相吻合，认为人具有超越身体与思想的"灵性"存在。用一个浮在水面上的冰山（图7-2）作为隐喻：一般来说，我们能看到的只是冰山一角，即外在生理上的表象（身体层面），包括外在行为的呈现；水平线之下才是心理层面，蕴藏着意志、情感、智力、道德观念等；而灵性层面，则是更深层次的、最重要的，也是人根本的"内在"本质、生命力的核心，也是人们明白为什么活着的重要部分。

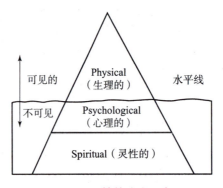

图7-2　灵性的冰山示意图

灵性使人知道为什么活着，向外影响到社会、心理甚至生理层面，促进了个体内的和谐与平静。有研究发现，针对安宁疗护老年人，护理人员持续给予灵性磋商和会谈，有助于患者哀伤调适及提升生活品质。护理人员若能将灵性评估放在每日例行身体评估中，去引导病患表达灵性上的需求，可以更有效地提供灵性照顾，从而满足其灵性需求。此外，护理人员灵性认知、灵性水平越高，患者的灵性健康状况越好，越容易从护理人员的灵性教育中得到满足。因此，协助安宁疗护老年人建立起与天人物我之间的良好关系，对其真诚关心，陪伴其走过哀伤的过程，安抚老年人心灵深处，有助于提高老年人的生活质量。

四、安宁疗护老年人的沟通技巧

1. 进行死亡教育

> **知识链接**
>
> **中国4D死亡体验馆旨在让人感受生命教育**
>
> 据美国有线电视新闻网2014年8月11日报道,上海"4D死亡体验馆"在8月底将建成,预计九月正式投入使用,体验馆的创始人表示希望参与者在体验死亡之旅的同时能思考生活的意义,领略一场生命的教育。
>
> 据报道,参与"死亡体验"的玩家将会接受一系列挑战,失败者会被"火化",躺在传送带上,通过虚拟的殡仪馆焚化炉来模拟死亡仪式。焚化炉将通过热空气和光线投影,制造"真实的焚烧体验"。"火化后"参与者会被转移到一个像子宫一样柔软的空间内,感受"重生"。
>
> 报道称,尽管在韩国、我国台湾也有类似的企业,两位创始人在初始阶段仍对自己的想法有些怀疑。临终关怀的志愿工作显示,即使死亡即将到来,也很少有人能坦然面对死亡甚至充满恐惧。为此,两位创始人开始募集资金,3个月共筹集到41万元人民币用于体验馆的建设,金额远远超出了预期。
>
> 两位创始人认为,只有亲身体验才能达到生命教育的目的,使人们思考如何过好当下生活和如何看待死亡。黄卫平表示:"死亡教育并不像教你致富或成功的课程那样有标准的答案,更重要的是自己亲身的体验。"
>
> ——引自环球网
>
> (https://finance.huanqiu.com/article/9CaKrnJFpWf)

死亡教育是就如何认识和对待死亡而进行的教育,其主旨在于使人正确地认识和面对死亡。随着患者病情的逐渐加重,死亡是整个家庭成员都需要直接面对的问题,理解生与死是人类自然生命历程的必然组成部分,是不可抵抗的自然规律。照护者要适时进行死亡教育,帮助患者和亲属正确面对和思考与死亡相关的问题,理性地看待死亡,同时要充分尊重老年人的意愿。

案例:何爷爷就是义工在参与服务过程中遇到的一位对死亡充满恐惧的老年人之一。"我的一个远房亲戚在××年被杀害了,我老了,活着也没什么意思。"当义工去陪伴这位爷爷时,爷爷向义工叙述了这样一段故事。从爷爷的眼神和呼吸之间都能感受到老人对死亡的恐惧和对自己未来生活的不确定。陪伴的义工意识到老人可能遇到了生命的困境,于是采取了一种比较轻松的方法来帮助老人转变对死亡的态度。陪伴的义工轻缓地抚摸着爷爷的手和后背,在听老人诉说的同时,播放了一首《慈经》。通过音乐的沟通,让老人感受其中的慈悲和宁静,老人紧张和恐惧的神情慢慢舒展了,呼吸变得平缓了,情绪也渐渐平静下来。结束时,义工送了一首《春暖花开》给爷爷,向其表达我们对世界的爱和对自己生活的热爱,临走时爷爷还不断告诫我们要热爱生活,做一个善良的人。我们看到了老人超越生命的泪花,通过义工的爱和陪伴,唤醒了老人内在的灵性,使其找到了生活的信心和力量。

2. 尊重安宁疗护老年人及其家属

护理人员在跟安宁疗护的老年人进行接触时,可能会抱着可怜他们、施舍他们的态度,如果我们像对待小孩一样对待老年人,给他们灌输大道理,这些反而会让老年人产生抗拒的心理和行为。在对待安宁疗护老年人时,我们更需要抱有尊重的态度,尊重老年人的想法和态度,尊重老年人的宗教信仰,保护老年人的隐私,还要尊重老年人的生活方式和生活习惯。除此之外,还要重视家属的意见,识别、预测并满足老年人的需求,以确保老年人无痛、舒适地度过生命的最后时光。

3. 以同理心倾听老年人的倾诉

安宁疗护老年人在生命的最后时刻往往希望得到别人,尤其是亲人的理解和支持。他们需要倾诉内心的愿望和嘱托,需要与人沟通和交流。因此,要认真、仔细地倾听老年人诉说,使他们体验到大家的理解和支持。除此之外,在倾听的过程中还需要运用同理心,即注入感情的倾听,这时候护理人员需要和老年人的情绪是同步的,老年人开心时要给予微笑,老年人痛苦时要给予同情。对虚弱无力的老年人,除了诚恳地与他们进行语言交流、及时了解老年人真实的想法和临终前的心愿外,还要通过表情、眼神、手势等非语言形式表达友好和爱意。通过诚恳的交谈,能够及时了解老年人的心里想法,但在与老年人交谈时,要尽量照顾老年人的自尊心、尊重他们的权利、满足他们的各种需求,尽可能减轻他们的焦虑、抑郁和恐惧情绪,使他们没有遗憾地离开人世。

4. 在创造性和体贴的聆听中进行提问

进行恰当有效的提问会给老年人说出心中的气恼和迷惑的机会,帮助他们形成对未来的计划,驱除孤单被遗弃的感觉,给人的安慰会让临终老年人放心。高度重视病人的尊严,绝不要不和他商量就做决定或以命令的口吻和他们说话。提问是和他们商量的一种有效的方法,提问可以填补对话中的沟壑。特别是对攻击型临终者,主动沟通,提一些问题,引导发泄,找出症结所在。不要问带有侵犯性或不礼貌的问题,要问显示你真正关心的、对他来说很重要的问题,如"今天,您感觉还疼吗?"

5. 注重非语言技巧

在跟安宁疗护老年人沟通时,运用适当的非语言暗示,如用点头、微笑和手势等做出积极反应,可以让老年人感到你尊敬他,愿意与他沟通。在运用非语言技巧时,可以从仪表和身体的外观,身体的姿势、步态,面部表情,眼神交流,抚触等方面展开。比如,可以从自己的服装和修饰着手,力求给临终老年人带来美感,提高老年人的生存质量;可以借助轻松的姿势和步态营造一种轻松的气氛,避免给老年人带来紧张和压力;可以使用亲切的眼神传递表达对老年人的理解和同情;可以使用温暖的抚摸把关心传递给老年人。

6. 鼓励家属陪伴,巧用生命回顾

鼓励老年人家属多关心老年人,抱着理解与宽容的态度对待老年人,使老年人得到精神依靠，同时不断调整老年人的心理状态。家庭中的情感是调整安宁疗护老年人心理的重要环节，老年人家属及亲友是其精神依靠，在一定程度上有利于安抚安宁疗护老年人心理，减少不良情绪对老年人的影响。安宁疗护老年人最难割舍的是与家人的亲情，最难忍受离开亲人的孤独。老年人也容易接受、依赖自己亲人的照顾。参与临终照护是老年人和家属的共同需要，也是一种有效的心理支持和感情交流措施，它可以使老年人获得心理慰藉，减轻孤独感，增强安全感，有利于稳定情绪，有利于老年人安详地度过生命的最后一段历程。家属在陪伴老年人的过程中，可以回忆过去一生中温馨和开心的时刻，回顾生命中精彩的瞬间，加深彼此之间的交流，可以让老年人安详地走过生命中最后的时刻。

案例：一位义工在实习时接触了这样一位老年人。"我这一生回过头看就没有做过什么大事，我只是个农民，现在老了更没用了。"王爷爷向我们谈起他过去的生活经历。我们用心倾听会发现王爷爷对农活很有研究，当谈到这部分内容的时候，我们给予了真心的赞美和回应："原来您这么厉害呀？您能从干农活中悟出人生的哲理，真厉害！"老人顿时露出欣慰的笑容。我们发现，老人的情绪和对自己的态度逐渐开始变得正向。通过用心的倾听，彼此的肯定和认同，老人在人生回顾中意识到自己的人生价值。

韩奶奶是一位历经苦难的老人，儿女的意外去世，让老人陷于深深的自责当中。"我至今都不敢去想我的儿子、女儿去世的消息，白发人送黑发人，早知道我应该好好疼他们，可当时条件太苦。"在和奶奶交流的过程中，我们能够感受到老人对女儿的思念，老人一直在诉说当年困苦的日子，我们知道她需要爱、需要理解、需要认同。我们用目光支持着奶奶，用心表达内心的感受："奶奶，我们了解您，懂得您的不容易。"奶奶顿时流下了激动的眼泪。那一刻，我们知道，奶奶和我们的心灵已经融合在一起了。运用心灵呵护服务技术，对老年人的人生进行回顾，可以帮助老年人在爱与陪伴中被理解、被肯定，从而正向地面对自己、面对过去的人生。

7. 适当增加社会关怀

临终老年人容易产生被孤立、被遗弃感，因此，应鼓励老年人的亲朋好友、单位同事等社会成员多探视老年人，尽可能与老年人接触。要鼓励老年人关心他人、关心社会，积极与社会联系，从而体现人生最后的价值。除此之外，还可以动员医院和社会团体的力量，通过适当的心理干预给老年人精神慰藉。

案例：A市爱与陪伴老年人呵护中心是2014年11月在A市民政局注册成立的社会服务机构，是为临终老年人提供爱与陪伴和临终关怀的生命成长公益平台。该机构的服务内容以养老机构服务、社区入户陪伴、福利院服务等为主。在服务过程中也运用到很多临终关怀的技巧，即"临终老年人心灵呵护十大技术"：祥和注视、用心倾听、同频呼吸、经典诵读、抚触沟通、音乐沟通、动态沟通、"三不技术"（不分析、不评判、不下定义）、零极限技术、同频共振。主要服务形式有与临终老年人聊天、唱歌、欣赏舒缓音乐，彼此给予爱和陪伴。

任务二 掌握与初期认知障碍老年人沟通的技巧

【知识目标】

◇ 了解老年认知障碍的概念、类型、症状及初期认知障碍的特征。
◇ 掌握与初期认知障碍老人的沟通方式及沟通技巧。

【能力目标】

◇ 在熟知老年认知障碍的特征的基础上,能提供有针对性的沟通服务。
◇ 运用与初期老年认知障碍的沟通方式及技巧,进行沟通模拟练习,提高学生理论联系实际的能力。

【素质目标】

◇ 在进行沟通模拟训练的过程中,培养学生对认知障碍老年人的耐心,培养学生的职业素养。

案例一:

王奶奶今年78岁,是一位退休教师,老伴早年去世。刚退休时,身体健康,经常参加社区活动,讲究家居整洁,爱收拾。8年前,王奶奶的家人就发现老人性格和行为有些异常:经常会手上抓着钥匙却四处寻找钥匙,东西也经常随处乱放,却常常责怪孙子把屋子弄得乱七八糟。把电视机遥控器放冰箱里、下楼忘了关煤气、去菜场买菜走到楼下却不知道自己要干什么的事情也时有发生。家人认为老人年纪大了,辛苦了一辈子,太孤独了,脑子不好使,老糊涂了。于是子女商量着就给老人在商品小区买了房子,想给老人换个轻松舒适的环境。老人搬到新房子后,他们发现老人性格有很大的变化,不爱说话、不爱出门,有时还半夜起床看电视,容易发脾气。家人认为老人怀旧、换了新环境不适应,于是子女决定抽时间陪老人到小区活动室,找其他的老人一起打麻将、唱越剧、跳舞。一段时间后,子女发现老人不但没有高兴起来,反而更糊涂了,有时下楼散步后,深夜也没回来。家人下楼去寻找,发现老人在楼下不停地转悠。当儿女问她为何不回家时,她说不知道家里住几层楼。子女误认为这是老人不喜欢新环境而做出的抵抗行为,决定让老人搬回原来的居住地,他们发现事情并没有好转,老人连自己居住多年的房子都不认得了,多年街坊邻居也好像全然不认识。这时,家人才意识到问题的严重性,连忙带老人到医院就诊。

王奶奶是"老糊涂",还是生病了?像王奶奶一样的个案在广州越来越多。经常听到有人在抱怨家里的老人是越来越怪僻:饭量大,不知饱;经常丢三落四;脾气古怪,完全像变了个人;等等。对于老人的这些行为,较多的人都认为是年纪大、记性不好、"老糊涂"的缘故,得不到应有的重视和及时就诊。而实际上,这是一种疾病,是继心血管病、脑血管病和癌症之后,成为老年人健康"第四大杀手"的认知障碍。

案例二:

周大爷,63岁,患高血压、糖尿病多年,半年前发生过一次脑中风,头颅CT检查发现有多发性脑梗死灶,经过住院治疗后,基本恢复正常,没有明显的肢体瘫痪,生活能自理,家里人都很高兴。可是最近三个月来,家人发现周大爷好像换了一个人似的,脾气变得很差,常为一些鸡毛蒜皮的事大发脾气。近一个月来又发现他记性变差,做事丢三落四,反应迟钝,常常忘记刚发生的事,上顿饭吃过什么,甚至忘记自己的年龄,有几次出门迷路,被他人送回。子女将老人送至医院求治。经过医生的详细检查,医生发现周大爷患了血管性痴呆。

一、老年认知障碍的概念

认知障碍是一类慢性、进行性精神衰退疾病,其病性隐蔽且发展缓慢,由各种原因引发感觉、知觉、记忆、语言、判断、推理和数学计算等认知功能受损。老年认知障碍症按国际惯例是指65岁及以上老年人的认知出现障碍的症状。最早往往是以逐渐加重的健忘开始,逐渐表现出记忆、智能、言语能力的减退,不能回忆起自己的生活工作经历、遗忘年龄。以定向力障碍、分析和判断能力的减退、计算能力降低、情感及步态出现异常等具体呈现。严重者人格改变,失去伦理道德,不知道饥饱,大小便失禁,完全失去工作、学习和自理能力,失去自控力。

痴呆是认知功能障碍的主要临床表现,具体指在意识未发生改变的情况下,由于各种身体疾病导致持续性高级神经功能全面出现障碍的状态,包括逻辑、定向、记忆、理解、计算、学习、言语表达和判断功能等智能多方面衰退和精神功能发生全面衰退的一种综合征,并导致部分或者全部工作和生活能力丧失的一种状态。老年认知障碍会造成老年人不同程度的行为异常和精神异常,严重影响老年人和家属的生活质量。老年认知障碍也叫老年痴呆,老年痴呆的某一种并发因素即存在认知障碍症,也就是说患有老年痴呆的人除出现认知障碍之外,还包括其他的情况,比如情绪上的暴躁易怒、瘫痪等。

初期认知障碍的老年人社交会谈能力仍保留得很好,但若沟通有关计划、事件、约会、吃药或要回忆起某人,就会有困难,老年人对信息的吸收、了解和思考时间延长;老年人开始对人名、地点、事物的回溯记忆发生困难,例如,知道人却无法说出对方的名字,混淆使用同种类的名词,例如,把"儿子"叫成"女儿",命名困难,想要讲"钥匙"却只能说出"那个锁门的东西"来说明想要指认的东西。

二、老年认知障碍的类型及症状

按病状划分，可以分为阿尔茨海默病、血管性痴呆、混合型痴呆、外伤性认知障碍。在这四种类型中以阿尔茨海默病和血管性痴呆占比较大，占所有认知障碍症的90%以上。

按认知程度划分，可以分为纠结型认知障碍、病情时好时坏型、假性认知障碍、经过治疗可以康复型四种类型。

调查显示，我国60岁以上老年人的老年性痴呆患病率约为4.6%，且随着年龄增大，老年痴呆患病率明显增高。65岁以上人群中，每20人中就有1个阿尔茨海默病；85岁以上人群中，每4个人中就约有1人罹患该病。女性患病率显著高于男性，我国北方地区患病率明显高于中部和南方地区，且都高于我国香港和台湾地区。有研究指出，我国老年痴呆患病人数将以每20年翻一番的速度增长，预计在2030年将会有2 000万名老年痴呆患者；到2050年，数量将达到4 000万人。

老年认知障碍早期十大症状：①记忆力明显减退；②完成日常家务变得困难；③语言障碍；④搞不清时间地点；⑤判断力下降；⑥抽象思维能力障碍；⑦常用物品放错地方；⑧行为及情绪改变；⑨性格明显改变；⑩对日常生活不感兴趣。

案例：张大妈从去年开始记忆力有些不好，有时会忘记钥匙、钞票放在什么地方。她到处找，找不到就对老伴发脾气，不过经家人提醒后还能想得起来。除了记忆和脾气有些不好外，家人没发现有别的什么问题，买菜、烧饭、打扫卫生等家务照样干。再看张大妈的邻居，64岁的徐大妈，也是这样子。张大妈老伴和儿子都认为岁数大了有点记忆不好和糊涂是正常现象。徐大妈的女儿是医生，她带妈妈去医院看病，并且还让妈妈吃上了药。徐大妈串门时对张大妈说，医生检查后说自己除了记忆有些不好，没别的问题，可能是良性健忘，但要三个月去看一次，如果有条件也可以开始吃药。徐大妈劝张大妈也去看看，张大妈和家人都觉得没有必要。

三个月过去了，张大妈和徐大妈都是老样子，张大妈说徐大妈真是有钱没地方花，要去买药吃。一年半过去了，张大妈记忆更差了。她常常忘事，事后再也想不起来，提醒了也没用，并且常常反复问同一个问题，忘掉了早先的答案。明明是老熟人却叫不出对方的名字。还变得多疑猜忌，自己东西找不到了，总怀疑别人。计算力也下降了，上街买菜，挺简单的账算起来很费力，甚至根本不会算了，还和卖菜的人吵架。家人觉得她有问题了，要带她去看医生。到了医院一检查，家里人傻眼了，CT报告说是脑萎缩，医生全面检查后说是阿尔茨海默病，也就是老年性痴呆，还说已经是中度了。徐大妈来看她，她已经叫不出徐大妈的名字了。而徐大妈和一年前没有什么明显的变化。张大妈的老伴怎么也想不通，开始差不多的两个人，为什么一年后会有这么大的差别呢？

实际上，两位老人开始都是一种轻度认知功能障碍的表现，可能两人本身的轻度认知功能障碍是不同的类型，也可能是采用了不同的处理方式，导致了最后不同的结局。初期认知障碍的老年人一般具有以下特征：①家属或知情者反映患者存在记忆障碍；②客观检查证实患者存在记忆障碍，记忆力与自己的年龄不相符；③一般的认知功能保持完整；④日常生活能力保留；⑤不存在痴呆。

三、与初期认知障碍老年人沟通的原则

1. 尊重老年人及老年人的感受

尊重老年人包括尊重老年人的人格、需求、生活习惯等方面，充分理解老年人，尊重老年人的感受。面对认知障碍老年人提出的任何问题、意见或想法，照护者都应该认真对待，并给予老年人充分的支持。

2. 接受而不是改变

因为认知障碍是一类进行性精神衰退疾病，老年人很多认知方面的改变都是病理性的，目前这类疾病还没有良好的根治措施。因此，老年人本身、照护者以及老年人的家人都应做好接受疾病进行的心理准备，并做好相应的缓解措施。

3. 保持同情心

认知障碍老年人出现的症状包括不恰当的举动都是因病情发展引起，而不是故意的，病人自己也很痛苦，所以不能因沟通不好而对患者生气，而应非常理解他们。照护者要设身处地从老人的角度看待问题，理解老年人的无奈，并对老年人保持同情心，充分掌握老年人的认知退化发展过程，对老年人保持极大的耐心和爱心。

4. 给老年人表达的机会

认知障碍老年人不论病情轻重都还有心理功能，要有极大的耐心和爱心，要时刻关注他们的自尊心，充分发挥其余的心理功能。在与老年人沟通的过程中，多给老年人表达的机会，最大限度地征求老年人的意见，让老年人参与到生活决策中来。

5. 不要任意哄骗老年人

初期认知障碍的老年人社交会谈能力仍保留得很好，老年人对一些客观事物还保留较好的判断能力，所以在跟老年人沟通的过程中应尽量保持实事求是，初期阶段不要哄骗老年人，如果老年人发现被欺骗也会带来很多不良后果。

6. 关心与爱护

虽然认知障碍逐渐剥夺老年人的认知能力，但是他们依然保留情感，保留对美好事物的感知能力，疾病最后损害的是皮层功能，认知障碍的老年人对情感的感受和表达是最后消失的，也就是说即使认知障碍重度的老年人依然能感受到亲友的关爱。在与轻度认知障碍的老年人沟通时，老年人的基本认知能力都还存在，照护者的微笑、抚摸、温和的语音语调等老年人都能感受到。

四、与初期认知障碍老年人沟通的方式

与初期认知障碍老年人的沟通包括非语言沟通和语言沟通两大类。沟通者应掌握其特点和方法以及注意事项，更好地帮助认知障碍老年人通过沟通表达情感和要求，得到安全感，提高生活质量。在与初期认知障碍老年人沟通的过程中，除了具备与一般老年人沟通

的技巧外，还应了解以下内容：

1. 非语言沟通

非语言沟通对于越来越无法表达和理解谈话内容的老年人来说极其重要，虽然老年人可能较为依赖非语言交流，但并不意味着他们的心智和认知状态也退回到了孩童时代。因此，要注意观察何种沟通模式是老年人反应良好的特定方式，并予以强化和多加运用。

（1）倾听。要善于听老年人讲话，要注意其讲话的声音、声调、流畅程度及选用的词句，老年人的面部表情、身体姿势及动作，尽量理解其想表达的内在含义。在倾听的过程中，要全神贯注、集中精力。要注意保持眼神的接触，做到"心领神会"；双方保持的距离以能看清对方的表情、说话不费力但能听得清楚为度；距离也可随说话的内容而调整，以自然为要。双方谈话时位置平持，稍向患者倾斜，切勿使患者处于仰视位。在倾听的过程中还应有一些总结性的反馈并辅以动作表达，如点头、微笑等。用心倾听不仅表达了对老年人的关心，还表达了对话题的兴趣，以鼓励老年患者继续说下去。

（2）面部表情。面部表情常清楚地表明人的情绪，在某种程度上反映内心隐衷。面部表情反应极为灵敏，能迅速而真实地反映各种复杂的内心活动。应保持脸部表情平和、面部不紧绷、不皱眉，说话声音要略低沉平稳且带有欢迎的热情，可适时夸大面部表情以传达惊喜、欢乐、担心、关怀等情绪。微笑是人际交往的"润滑剂"，对老年患者的精神安慰可能胜过良药。在微笑中为老年患者创造出一种愉悦的、安全的、可信赖的氛围。

（3）触摸。沟通者适当的触摸可表达对老年人的关怀之情，而老年人通过触摸他人或事物也可帮助其了解周围环境。触摸是一种简单的表达情感的方式，有助于我们与认知障碍老年人交往。当我们倾听或者和他们谈话时，握着他们的手或胳膊是一个显示我们感兴趣或引起他们注意的方式。但是如果触摸使用不当，可能会增加老年人的躁动或侵犯老年人的尊严。要避免不适宜的拍抚头部等让老年人感觉不适应和难以接受的动作，而且，因为老年人处于意识不太清楚的状态，容易对抚触做错误的理解。因此，在沟通过程中要掌握以下注意事项：

第一，让认知障碍的老年人知道沟通者的存在方可触摸。

第二，老年人因视、听力的逐渐丧失，容易被惊吓，因此应尽量选择从功能良好的那一边接触老年人，绝不要突然从背后或者暗侧给予触摸。

第三，逐渐开始触摸，持续观察老年人对触摸的反应，逐渐从单手握老年人到双手合握；与老年人交谈时，应保持适当的距离，由1米左右开始，渐渐拉近彼此的距离。离得太远，患者听不清楚；靠得太近，患者又会感到害怕。在触摸的过程中，还要注意观察老年人的面部表情和被触摸的部位是松弛还是紧绷，身体姿势是向后靠还是向前倾，以判断老年人是否接受，以便为下一步措施的选择提供依据。

第四，注意适宜的触摸位置。最容易接收到的部位是手，其他适宜触摸的部位有手臂、背部与肩膀，头部一般不宜触摸。

第五，要注意保护老年人容易破损的皮肤。避免使用拉扯或摩擦力，可适当涂抹乳液。

第六，要尊重与了解老年人的个性和文化传统背景，以免触怒老年人。

第七，对老年人的触摸应予以正确的反应。应学习适当地接受老年人用抚触头发、手臂或脸颊来表达谢意。

（4）身体姿势。

在日常沟通中，身体姿势能有效地辅助表达，但需要注意以下事项：

第一，与认知障碍老年人沟通前，必须先让他知道沟通者的存在，以免惊吓到老年人。

第二，对于使用轮椅代步的老年人，应适时地坐或蹲在旁边，并保持双方眼睛在同一水平线上，以利于平等的交流与沟通。

第三，身体姿势与导向：说话时倾身向前以表示对对方的话题感兴趣，但是注意不要让老年人有身体领域被侵犯的不适。

第四，如果老年人不介意，在他觉得舒适的情形下，可以借一个拥抱来表达爱及温暖的关怀。

（5）重视眼神的交流。眼神的信息传递是脸部表情的精华所在。与老年人交谈时，要看着他们的眼睛，微笑、亲切的目光和表情会给老年人以鼓励。眼睛接触时必须坦诚且温柔。但认知障碍的老年人，往往因知觉缺损而对所处情境难以了解，容易走神，故保持眼对眼的接触对沟通的效果是非常重要的，必要时可以正面触摸老年人以吸引其注意力回到沟通的情境中来。但有的老年人会觉得直接眼对眼的接触，具有威胁感，这种情况则需特别处理。

（6）沉默。沟通中利用语言技巧固然重要，但并不是唯一的可以帮助老年人的方法，不是所有的时间都应该说话，有时待在一起就足够了。当老年人不愿意说话或者受到情绪打击时，沟通者可以和对方说："如果您不想说话，您可以不说，我希望能够坐在这儿陪您一会儿，好吗？"这时沟通者以沉默的态度表示关心，也是尊重老年人的愿望，会很有效。它可以表达沟通者对老年患者的同情和支持，起到此时无声胜有声的作用。此外，沉默片刻还可以为沟通双方提供思考和调适的机会。

（7）沟通环境。认知障碍老人沟通交流能力和处理外部刺激的能力往往存在缺陷，故应为其创造一个适应其沟通能力的舒适环境：安全、安静、相对固定、相对独立。另外，沟通的空间距离最好保持在90~120厘米。

2. 语言沟通

良好的语言沟通可以正确地表达情感、意念、信仰与态度，促使沟通双方能够互相理解和接受。虽然认知障碍老年人语言沟通能力有不同程度的减退或障碍，但良好的语言沟通仍然是促进其与外界交流和了解的重要途径，沟通者也能清楚而迅速地将信息传递给老年人。沟通者要用对老年人真诚相助的态度，同时预估老年患者的教育程度和理解能力，以便选择合适的语言表达方式。

语言沟通的方式很多，口头沟通对外向的老年人，是抒发情感和维护社交互动的良好途径，而书面沟通则更适合性格内向的老年人。认知障碍老年人由于其语言表达能力、理解能力、判断能力、适应能力等均有所减退，人格也发生了一些变化，故可能使其变得退缩、寂寞和沮丧。此时，最好的解决办法是提供足够的社交与自我表达的机会，予以正向鼓励。

（1）口头沟通。口头沟通是与认知障碍老年人沟通的重要方式，采取不同的方法、角度、频率与其进行沟通，能有效地鼓励其增强战胜疾病的信心，以维持和保留原有的能力，延缓衰退的速度。

（2）书面沟通。对有识字能力的老年人，结合书写方式沟通能比较好地克服老年人记忆减退，起到提醒的功能。如果患者出现表达混乱时，也可以尝试让他们写下想要表达的内容。

沟通实例：
工作人员与认知障碍患者苏珊的沟通过程

笔者走进病区去看苏珊，一个我从来没见过的患者。在此之前，笔者已经细读过她的背景和生活经历，笔者希望能够跟她交谈。同时，我也希望能够为团体治疗创建一个小组，苏珊是第一个我认为可以加入我那个还未成立小组的成员。

我细细打量了一下眼前的这个场景：一个很大的房间，被一排接着一排的床塞得满满的。褐色的帘子张开着，把一张张床分开。女人们都坐在扶手椅上，两眼空洞地盯着高高地放在她们床架上的电视。

当我的目光转到病房里时，我看到一位老人意志消沉地坐在轮椅上。我核对了一下她床上的身份号码，是与我之前获取的号码相吻合的，当然这号码一直是不对外公开的。她肯定是苏珊了。我走到她身旁，坐在她的旁边，微笑着说："你好苏珊，我是朱迪。"没有回应。我又试了一次，不知道她能否听到。我是以一定角度对着她的，所以我就放低头以便她能看到我。然后，我又重新介绍了一下自己，很慢而且很大声。在一个很长的停顿之后，她费力地抬起她那消瘦苍白的脸。

"你好苏珊，今天感觉怎么样？"

她的回答很难听到："不太好。"

"身体上不太好吗？"我指着身体画了个圈，继续问道。没有反应。"心情不好吗？"用同样的手势指着我的头。

"都有。"她最后回答道。

"啊，那比较棘手。有哪里很疼吗？"我问。

"没。"她回答道。

"你感觉很烦恼吗？"我问。

这引起了她的注意。当我说对她的感觉的时候，我想她才明白了她自己的感觉是什么。她更近地凝视着我，接着，我问她是从哪里来的，我们继续沟通。她阴郁的蓝眼睛掠过面前的病房，用一种低沉而且不平稳的声音向我诉说着。

"那边的那个人，"她指着值班护士说，"她是这里的领导。那边的那个，"指着另外一个人，"不要向她要任何东西，她不会给你的。"我怀疑那个人是不是曾经对她态度很恶劣。

> 她的声音开始变得有力量些了。"所有这些,"她边说边用她的胳膊画了一个120°的弧,"是人们在一起时坐的地方。"
>
> "这是一个餐馆,对不对?"我这样说是为了认同她。
>
> 她笑着看我,脸上掠过一丝解脱。我内心雀跃不已,意识到我已经知道了我的治疗小组的第一个成员。
>
> 苏珊以后再也没有重复把餐馆概念化,即使我们每次见面都是在病区的餐厅。实际上,在人们集中在一起进行团体治疗之前,我们的治疗就开始了。我会单独问候每个人,向他们介绍我自己,并且问他那天是否想参加团体治疗。如果对方没有接受我的邀请,我会很礼貌地说:"没关系,谢谢。"
>
> 当听到其他人说话的时候,苏珊就会说:"你真可爱,你真是一个好人。"当我重复苏珊的话以便让大家都能听到时,他们开心的脸上都会放射出感激的光芒。苏珊有时候会伸出她的手,轻轻地触摸着一个人的手臂说:"我爱你。"
>
> 当我总结她回答我的问题时说的话时,她就会非常高兴地说:"你说对了。"

五、与初期认知障碍老年人沟通的技巧

做好以下几点,对与认知障碍老年人进行有效沟通会有所帮助。

1. 安静的环境

手机、电视,甚至是其他噪声,都可能会分散老年人的注意力,使他们在谈话中忘了所说的内容,安静的环境能让交流更加容易。减少环境中造成老年人分心的因素,比如噪声、混乱的环境或陈设以使老人注意力集中。

2. 一对一交流

说话的人越多,内容会越复杂,同一时间不要多个人同时与老年人交流;旁人不要随意插话和代替回答问题,以免老年人目不暇接或感到回答不及时而产生焦虑和挫折感,一对一的交流能够有效减轻老年人的思维负担。

3. 确定老年人听觉及视觉是否正常

老年人的眼镜度数是否仍然合适,助听器的功能是否正常,必要时可进行一次全面的检查。

4. 引起了老年人的注意并维持老年人的注意力

直接碰触其肩膀、手臂或手掌,有助于吸引其注意力,但碰触时必须小心谨慎地观察其反应。在征得老年人同意后,可以亲切地称呼老年人的名字,这样也可能引起老年人的注意。与老年人交流时要面对面,并要保持目光的接触。如果老年人坐着或者躺着时我们不要站着,不妨坐下或蹲下与其保持同一高度,不要居高临下,互动过程中称呼其名字,

并保持眼对眼的接触，以维持其注意力。

5. 注意沟通的程序

首先向老年人做自我介绍，说明你和他的关系，且提供有助于定向感的信息，避免一再的考验或询问。要从老年人的正面走进，告诉他你是谁，要以缓慢、温和、不仓促的速度接近老年人。因为老年人对于快速移动很敏感，如手势的改变，容易因此受到过度刺激和焦虑，而误会他人，出现攻击他人或伤害自己的行为。记住认知障碍老年人活在当下，每个新的场合可能都需要重新解释——一个微笑，一个温暖的问候，再一次进行自我介绍。

6. 注意说话的语音语调

讲话要慢，语调要平和，语气要温和、轻松，吐字要清楚，但不要大声讲话，除非老年人有听力问题，尽可能用他熟悉的方言、俗语。永远不要喊叫，一个尖锐或过于响亮的声音会显得你是不高兴甚至是愤怒的，老年人会害怕甚至可能发生过激反应。注意说话时的口吻，应避免用对幼儿的语气对认知障碍老年人说话，这样会伤害老年人的自尊心，助长老年人的孩童心智和依赖心理。

7. 交流的语言应简单易懂

与老年人交谈时，采用简短及易懂字句，避免使用复杂的长句子，一次只给老年人一个建议或想法，每句话尽量只带有一个信息。要避免不清楚的表达。给老年人简单的解释，避免使用复杂的逻辑和过多的理由解释问题，仅提供给老年人一个完整的、明确的、简洁的解释。如果一件事情需要很多步骤完成，可以给老年人分步指示，把要做的事情分解成简单清楚的步骤给老年人，一步步地引导老年人完成。问题要简单，每次只提出一个问题，还要避免向老年人提出有许多答案可选的问题，答案不宜多于两个，例如，"你吃苹果还是梨？"比"你喜欢吃什么水果？"的提问方式好。询问其问题时，应该是一些以"是"或"否"作为回答的一些问题而不是思考性问题，例如，"您想出去走走吗？"而不是"你想做些什么？"问题可附带一些选择，例如，"您是在北京还是在天津出生的？"可以把问题变成答案，试着向老人提供解决问题的方法，而不是提出问题。比如你可以直接告诉他们厕所在这里，而不是问他们是不是需要使用厕所。把否定句变成肯定句，试着说"我们来这儿吧"，而不是"不要去那儿"，强调一个句子里你最想引起老人注意的关键词，比如，"这是您的茶"，避免使用代名词如"他""他们""这里""那个"等，应以人名、地名或物件名称做直接沟通，减少用抽象的概念，例如，"饥饿""口渴"是抽象的，"吃饭"和"喝水"是具体的。

8. 适当重复信息

如果没有听清楚老年人的话，则可以重复说一遍以确认老年人的需求；在跟老年人交谈时，如果老年人对提出的问题没有回应，稍等片刻，然后再问一遍；重复信息时应该使用同样的方式和同样的语言。认知障碍的老年人在沟通的过程中，可能会一遍又一遍重复问相同的问题或者发表相同的评论，这时候照护者需要保持极大的耐心来关注他们的问题，如果问题已经做出合理分析，在必要的情况下，可以用别的事适当转移其注意力。

9. 委婉处理老年人的知觉障碍

当老年人坚信错的或不存在的事物时，不要与之争论，可针对老年人的情绪给予安慰。假如当一位丧子的老人说，她盼望着儿子不久能回家，照护者适当的反应为"您一定曾经很疼您儿子，有时甚至觉得他仍在这里"。如果照护者明白或隐含的表示同意她儿子会"回家"，则会增强老人错误的期待或导致老人的失望；但若断然地告诉她"您儿子已经不在了"，则可能增加老人的焦虑。如果老年人说话找不到合适的词语或应对出现困难时，努力地寻找一个字或一个词表达自己的意思，不宜马上纠正，以免令对方难堪。

案例：福利院里的老梁曾经是延安老干部，得了老年痴呆症后，他觉得刚进来的同屋老年人是敌人派来的特务，潜伏在他身边监视他的一举一动。于是他向院长报告了情况。有经验的院长和他说："好，我已经知道了，感谢你的报告，你放心吧，我会处理的。你的任务已经完成了，时间不早了，快回去休息吧！"老人听完马上就回去了。院长把老梁的室友转走后，老梁再也没有报告过"敌情"。

10. 合理控制老年人的情绪

当老年人情绪愤怒、拒绝合理解释时，可以使用老年人感兴趣的话题转移老年人的注意力，让老年人放弃坚持要做的事情，同时尊重老年人，千万不可勉强，这对沟通十分重要。

> **案例**
>
> 住在养老院的王大妈得了老年痴呆，随着病情的进展越来越容易发脾气，每次让她吃药或者做什么的时候她总是一脸的不高兴，有时候甚至破口大骂，还怀疑照护人员给她的饭菜下了毒，照护人员对这种情况头疼不已。但在一次和她闲聊时发现她唯独对二女儿满口称赞，说她听话，学习好，人长得漂亮……此后，照护人员在她产生一些精神行为症状时，试着和她说需要她做的事情是她二女儿要求的，她便乖乖地听话了，并且屡试不爽。

没有两位认知障碍的老年人是一模一样的，必须尊重每一位认知障碍老年人的独特性。由于认知障碍老年人的状况会随病程而改变，针对初期认知障碍的老年人，照护者更要保持巨大的耐心。用接纳的态度面对认知障碍老年人，只要我们愿意像对待具有健康智能的正常人一样关爱他们，保持接触，亲近他们，倾听他们的诉说，就会发现他们仍有许多话要说。尽管认知障碍老年人的情感表达很直接，这对周围人来讲，有时是痛苦和尴尬的，但这让我们知道他们内心的体验。虽然有时候不知道他们在说什么，但只要细致地观察，从他们的言语表情、动作等方面，就可以了解到一些信息，感受他们的需求，使我们更快找出适合的照顾方式，陪伴老年人继续走下去。

任务三 掌握与多元文化背景下老年人沟通的技巧

【知识目标】
◇ 了解多元文化及多元文化护理的概念。
◇ 理解多元文化背景下的沟通障碍,掌握多元文化老年人的沟通技巧。

【能力目标】
◇ 能够运用多元文化背景下老年人沟通的技巧,进行沟通模拟练习。
◇ 在熟练掌握基础知识的基础上,提高学生解决多元文化背景下老年人问题的能力。

【素质目标】
◇ 在沟通模拟练习的过程中,培养学生的应变能力和服务意识,培养学生的职业素养。

一、识别多元文化及多元文化护理

1. 文化与多元文化

文化是指人类在社会历史发展过程中所创造的物质财富和精神财富的总和,包括知识、信仰、艺术、道德观念、风俗习惯等。

多元文化是由于不同国家和地区在地理状况、历史发展上的差异,价值观念、宗教信仰、审美观、风俗习惯、语言文字、伦理道德等方面的差异,产生了不同的行为规范,导致了不同的社会发展,构成了国家、地区与各民族之间的多元文化。

人类社会越来越复杂,在信息流通越来越发达的情况下,文化的更新转型也日益加快,各种文化的发展均面临着不同的机遇和挑战,新的文化也将层出不穷。我们在现代复杂的社会结构下,必然需要各种不同的文化服务社会的发展,因此造就了文化的多元性,也就是复杂社会背景下的多元文化。而在不同文化环境中生活的人就会形成不同的文化背景,文化背景可以影响疾病发生、影响就医行为、影响对医疗护理的要求、影响对疾病的反应、影响死亡认知。文化背景是沟通主体长期的文化积淀,即沟通主体较稳定的价值取向、思维模式、心理结构的总和(表7-1)。

表7-1 东西方文化的比较

文化背景	东方	西方
宗教信仰	多信仰佛教	多信仰基督教

续表

文化背景	东方	西方
宇宙观	天人合一	天人分离
思维方式	辩证和整体思维	逻辑和分析思维
学习目的	超越现实	改变世界
时间观	自然节奏	固定节奏
沟通方式	高语境	低语境

> **知识链接**
>
> 一个人试图了解或适应另一不同文化人群时所感受到的不适应、无助和一定程度的惆然现象称为文化休克。引起文化休克的原因包括沟通交流、日常生活活动的差异、孤独、风俗习惯、态度与信仰等。

2. 多元文化护理

多元文化护理也称为跨文化护理，是指护士按照不同护理对象的世界观、价值观、宗教信仰、生活习惯等采取不同的护理方式，为不同文化背景下的人们提供共性的和差异的护理，满足他们的健康需求。

不同文化对健康、疾病与照顾等的信念、价值、表达方式和行为习惯等存在差异。而这种文化差异不仅存在于不同文化之间，而且存在于同一文化之中的不同个体之间，表现为即使是同一文化内，对同样刺激的反应也是不同的。因此，每一对护患之间都存在差异，都有其特殊性。护理工作应因人而异、因类施护，注意老年人的个性特征，实行整体和全面的照护。

多元文化护理的主要特征：

（1）文化照顾是人类生存的必需条件。

（2）不同文化的族群具有文化照顾的共性和差异。

（3）文化照顾分为普通照顾和专业照顾。普通照顾是人类一种天性的具体表现，它存在于普通的日常生活中；专业照顾是一种有目的、有意义的专业活动，是一种工作而不是一种属性。

二、学习多元文化护理的作用

世界交往的日益频繁，社会文化的日益多元化，对照护提出了更高的要求，老年人服务专业的学生只有掌握多元文化的护理知识，才能准确理解患者的各种行为，才能明确不同文化背景的患者的需要，提供适合患者文化背景的护理。

学习多元文化护理，可以满足不同文化背景患者的需求，鼓励和促进开放性思维，促进护理人员提升自身文化素质，提高护理的文化品位。

从多元文化护理观念出发，老年人服务人员要了解与研究不同种族、民族、区域的健康观、疾病观及护理保健手段，增加不同种族、不同民族的文化知识，以融入文化护理。

三、多元文化背景下的沟通障碍

1. 一位加拿大老年人在专家牌前祷告。
2. 一位新入院的回族老年人扔掉了送来的猪蹄黄豆汤。
3. 护士在为一位德国老年人的前臂伤口换药时未关门，遭到投诉。
4. 一位斯里兰卡女士住院，选择手术子宫肌瘤切除术，手术时护身金佛被临时取下，患者不满，要求术前一天出院。

想一想：为什么会出现上述这些情况？

1. 语言障碍

语言障碍包括语言障碍和语义障碍。语言是文化的载体，是民族文化和民族心理表达、传递、储存、延续及社会交往的重要工具，语言交流和情感沟通是重要的护理内容。即使是相同的语言，在不同的文化背景下也可能导致不同的解释。

2. 风俗习惯与宗教信仰问题

东方人主张"孝"道，因此东方老年人易产生依赖思想。西方人却主张独立和个人奋斗，在生活护理上给予过多的协助往往使他们不快。作为照护者不但要了解患者所患疾病，还要了解他们的信仰、风俗习惯等，要尊重他们。同时，不同的文化群体饮食习惯也有所不同，每个文化群体都有其明确的饮食戒规，照护者应尊重这些民族的饮食习惯。在不影响治疗的情况下，满足老年人对饮食的需求，有利于老年人的心理健康。

3. 伦理、价值观的多元化

不同文化背景下的老年人的伦理观和价值观不同。拥有东方文化思想的人在心理受到挫折时往往用否认、逃避来应对。对恶性癌症患者，东方人认为不告知他们是关心他们，并有助于延长其生命，而西方人则认为告知他们，以便他们能在有限的时间内充分发挥自己的潜能来提高自身价值。针对不同服务对象的不同文化需求，照护者应制定个体化的护理计划，提供相应的文化护理，以满足护理对象的文化、精神、价值观的需求。

澳大利亚珀斯市老人院多元文化护理体会

护理人员特别是新来的护士应尽快熟悉不同患者的文化背景，可通过和患者、家属、同事聊天或查看病例获得患者的国籍、语言、文化、爱好、信仰、习俗等信息，从而有目的，有计划地开展多元文化护理活动，也可以避免因不熟悉文化差异引起的护患冲突。对神志清醒但有语言障碍的老年人，我们加用非语言交流，如肢体交流，使用图画卡片，图板等，而且护理人员有统一的肢体语言交流方式，如评估脑损伤病人的神志状态时，护理人员会用同一句话问患者一个问题：如果你能听懂我说话你就眨眨眼。对昏迷的病人治疗和护理时也要称呼患者，并解释护理操作目的步骤，充分显示了对人性的尊重。

当人们从一个熟悉的生活环境初次进入一个陌生的生活环境时，因失去社会交流的符号和手段而产生一系列思想混乱和心理上的思想紧张综合征，称之为文化休克或文化震荡。本老人院多数病人入院时因文化差异或和环境人物陌生而有不同程度的忧虑、焦虑、紧张、烦躁、冷漠等情绪反应。护理人员应根据他们的文化、信仰、语言、习俗等制定和实施多元文化护理措施。患者入院时护士主动热情给患者做自我介绍和环境介绍，提供合适的私人空间。根据不同民族的饮食饮习惯提供西餐、中餐、意大利餐等，安排鼓励同一国家或民族的老年人在一张桌子上吃饭，在一起聊天和参加娱乐活动，并鼓励家属探视患者。护士经理还根据患者的文化语言合理安排护理人员排班。如老人院住着一位中国广东老太太，不会讲英语，只会说汉语，入院时由于对环境陌生加上语言障碍，常常出现烦躁、焦虑、易怒等负性情绪，这时护士经理就安排一名中国护士负责护理这位老太太，该护士用汉语和她聊天，还教其他不会汉语的护士一些常用汉语对话和老太太交流，还不断有华人教堂的人来给老年人讲道，后来老太太情绪慢慢稳定下来，适应了老人院的生活。护理人员还根据患者的文化爱好提供音乐疗法，播放英语歌、华语歌、印度歌等，使老人们在轻松的环境中疗养。老人院护士还安排了每周娱乐活动项目，如周一上午在电视上看电影，周二下午在室内打篮球，周三下午做手工剪纸，周五下午有教堂的人或某个乐队的人来给他们祷告、讲道、唱歌、跳舞，大大丰富了老人们的娱乐生活，消除了孤独寂寞的感觉。如果有老年人过生日，老人院食堂还准备蛋糕和生日卡片，在房间里挂上气球，给老年人庆祝，使老人们有如在家的感觉，把因文化冲击引起的心理情绪反应减少到最小。

——引自《中外医疗》

四、多元文化背景下的沟通技巧

在多元文化背景下，照护者应该采取与老人文化背景一致的沟通方式。不同文化经历者对沟通交流的期待和方式不同，所以照护者应该掌握和理解患者及其家庭的文化背景、语言、互动方式、对角色关系及关系的期待、对健康和疾病的态度。来自不同文化背景的个人或群体，存在不同的交流表达方式，因此照护者应熟悉不同文化中人们的语言表达方式，才能与老年人进行有效沟通，达到了解老年人的健康状况、心理感受，与老年人建立良好关系的目的。

此外，对待老年人应该公平，不分性别、年龄、肤色、种族、身体状况、经济状况或地位高低，绝不能歧视。在多元文化背景下的老年人沟通策略如下：

1. 尊重患者的价值观念和传统习俗

照护者应该了解老年人的文化背景、宗教习惯等，有针对性地引导老年人，满足老年人的需求。如泰国的老年人信仰佛教,每天都要做礼拜;美国的患者信仰基督教,他们时常的祈祷和祷告能帮助他们找到心灵的寄托。在饮食方面,我国的回族和维吾尔族禁食猪肉、锡伯族禁食狗肉等。还有一些其他方面的忌讳,比如,我们中国人不喜欢"4",西方人忌讳"13",日本人忌绿色,巴西人以棕色为凶丧之色等。因此,照护者在安排老年人的居住空间和床位的时候就要充分考虑老年人的文化习俗,这样才能更好地为老年人服务。

2. 了解不同语言沟通的差异

沟通是人与人之间互通信息的过程,沟通的效果受文化背景和文化观念的影响。不同语种或方言会导致沟通障碍,即使是同样的话题,其文化背景不同,含义也不相同,如在中国可以互问年龄和婚姻,在西方国家如果问这种问题就会被认为不礼貌。因此,跟老年人沟通时,照护者应了解沟通中的文化差异,在护理中使用通俗易懂的语言,与患者进行有效沟通。

3. 了解各国在病情观察、疼痛护理、临终照料、尸体料理等方面的差异

在疼痛护理方面,意大利人似乎主要关心疼痛体验的直接性,对他们在特定情境中体验到的实际疼痛感觉到不安,而犹太人主要关心疼痛的症状意义。

4. 了解不同背景下的礼仪文化

不同的动作,在不同的文化背景下有着不同的含义,例如,中国,把大拇指向下,意味着"向下""下面",英国、美国、菲律宾,大拇指朝下含有"不能接受""不同意""结束"之义,或表示"对方输了",墨西哥人、法国人则用这一手势来表示"没用""死了"或"运气差"。跨文化护理要求照护者在平时护理中注意自己的细节动作,不以自己所认为的礼仪笼统对待各种文化背景下的老年人。

5. 其他方面的差异

我国是多民族国家,各民族的文化背景和所处的社会环境不同,其生活方式、宗教信仰、人生观差异较大,对同一问题的心理体验和内心感受也各不相同,照护者应尊重、理解老年人的语言和行为,尊重老年人的内心感受,正确引导和照护。

知识链接

各国文化护理例举

亚洲人:交流语言包括中国话、日本语、韩语、越南语和英语。直接的目光接触和触摸头部是不礼貌的。大多数成员注重家庭观,遵照传统的惯例,珍惜家族荣誉,早期的家庭教育是非常重要的。男人在家庭中起到重要的作用。宗教包括道教(佛教)、伊斯兰教和基督教。在饮食或患病治疗时,注重阴阳平衡,阴的食物是冷的,阳的食物是热的,一个吃了热食物的患者容易引起热性疾病,如果吃了冷的食物,就容易引起冷性疾病。常见疾病有高血压、心脏病、癌症、乳糖不耐受和地中海贫血。治疗中避免直接地触摸患者头部,避免直接的目光接触。明确回答患者的问题及患者所期望的健康护理效果。保持灵活性,避免用强硬的态度,可以通过中药、针灸、食物来协助治疗。鼓励家庭成员参与治疗。

欧美人（白裔）：交流语言包括民族语言和英语。沉默可能在不同的地点用来表示尊重或不尊重。时间对他们来说是非常珍贵的，守时是很重要的，对于没有时间观念的人他们不会有很大耐心。人与人之间的关系比较冷漠，握手是一种很正常的问候。注重各自的小家庭发展，患病后有坚忍的毅力去承受一切。宗教信仰主要是基督教。常见的疾病有癌症、心脏病、糖尿病和各种急慢性损伤。临床护理时要注意观察患者的肢体语言，因为出现疼痛他们可能会忍着，所以要特别注意。尊重私人空间。

美国黑裔：他们能够使用标准的英语和黑裔英语，可能在发音、语法、词汇上有些差异。点头不意味着同意。集中性的目光接触可能会被认为是粗暴的或侵袭性的行为。非语言交流是非常重要的，个人问题首先是被避免询问的，否则会被认为是一种人身侵犯。没有很严格的时间观念，因为他们认为友情比时间更重要，所以时常会迟到。重视亲情、友情，老年人会受到尊重，单亲家庭较多。宗教信仰主要依赖教堂教会。常见疾病有镰状细胞贫血、高血压、心脏病、癌症、乳糖不耐受和糖尿病。在开展护理工作时，首先应建立在信任的基础上运用语言或非语言交流，保持灵活，鼓励家属参与治疗。

西班牙人：交流语言包括西班牙语和葡萄牙语。习惯用文字来表达，另外，保密性也是相当重要的。戏剧性的肢体语言用来表达激动的情绪或疼痛。对家庭成员、朋友、熟人习惯性的接触，比如，握手、拥抱，是他们表达感情的方式。注重核心家庭。宗教包括天主教、福音教、耶和华鉴证会和摩门教。常见疾病有乳糖不耐受、糖尿病、寄生虫病、高血压、心脏病等。在护理工作开展前与患者家庭成员讨论患者的治疗过程和方案，可以找个牧师来协助治疗。保护患者隐私，可以选用其他治疗方式，比如，中草药治疗，咨询信仰宗教疗法治疗者等。另外，特别需要注意的是耶和华鉴证会的成员由于宗教信仰的缘故不能接受输血或吃带血的食物及血制品。在患者特殊情况下，不能为了急救而擅自为患者输血。否则，即使挽救了患者生命，那么医护人员同样会被起诉或投诉。

任务四 掌握与危机干预中老年人沟通的技巧

【知识目标】

◇ 了解危机及危机干预的概念，掌握危机干预的目标。

◇ 掌握危机干预老年人的步骤以及干预过程中的沟通技巧。

【能力目标】

◇ 运用老年人危机干预的步骤，解决老年人的危机问题。
◇ 在掌握老年人危机干预沟通技巧的基础之上，能进行沟通模拟练习。

【素质目标】

◇ 在老年人危机干预的练习中，提高学生的应变能力，培养学生尊老爱老的意识，培养职业素养。

一、危机与危机干预

每个人在其一生中经常会遇到应激、压力或挫折，一旦这种应激或挫折自己不能解决或处理时，则会发生心理失衡，这种失衡的状态便称为危机。老年人危机是在一定的诱发因素下产生的，表现为老年人对自己所经历的困难情境的一种心理失衡状态。

老年人的危机依据其来源可划分为三大类：成长性危机、境遇性危机和存在性危机。对于老年人来说，所面临的发展性危机主要是对退休生活的适应。老年人在丧偶、身患重病时较容易产生境遇性危机。存在性危机往往出现在老年人自我实现需求无法得到满足、无法实现自我价值时而陷入心理冲突和焦虑。

危机干预是一种短程的帮助过程，是对处于困境或遭受挫折的人予以关怀和帮助的一种方式，有时也被称为情绪急救。例如，老年人在遭遇丧偶和残疾带来的巨大悲痛时，通过与老年人建立信任的关系重新帮助老年人树立坚强的生活信念，缓解老年人的悲伤情绪，从而可以预防可能出现的危机情况。

二、老年人危机干预的目标

一般来说，危机干预有以下三个层次的目标：

1. 最低目标

缓解危机者的心理压力，防止过激行为，如自杀、自伤或攻击行为等。

2. 中级目标

帮助老年人恢复以往的社会适应能力，使其重新面对自己的困境，采取积极而有建设性的对策。

3. 最高目标

帮助老年人把危机转化为一次成长的体验并提高老年人解决问题的能力。

在危机干预的三个目标层次中，最低目标的核心是"劝阻"，中级目标的核心是"恢复"，最高目标的核心是"发展"。

三、老年人危机干预的步骤

1. 确定问题

危机干预第一步要从老年人的角度出发,确定和理解老年人所面临的问题是什么,明确是成长性危机、境遇性危机还是存在性危机。对于很多老年人来说,他们的危机往往是由多个错综复杂的问题交织而成,危机干预者必须能设身处地地感知和理解危机情境,清晰地界定每一个问题,否则他所采用的任何措施都无法取得满意的效果。

2. 保证老年人安全

在危机干预过程中,危机干预者要将保证老年人安全作为首要目标。将老人在身体上和心理上对自己和他人造成危险的可能性降到最低。如家庭暴力的受害老人可暂时离开施暴者,地震幸存者应离开危险的建筑等。除了保证老人的生命稳定以外,还要让老人具备基本的心理自我平衡,这意味着患有精神病急性症状、高自杀风险、严重焦虑或抑郁的老年人,在干预之前需要一些其他的干预措施,包括恰当使用药物等。

3. 给予支持

给予支持强调干预者与老年人的沟通和交流,使老年人了解危机干预者是完全可以信任,是能够给予其关心帮助的人。当然,对于处于危机情境下的老年人来说,很难轻易相信危机干预者是值得信任的人。危机干预者必须以尊重、无条件积极关注的方式接纳老人,无论老年人的态度如何。提供支持就是提供这样一种机会——让老年人相信"这里有一个人确实很关心我"。如当老年人处于极度孤独的状态下,危机干预者可以说:"这样一个特殊的时刻,我非常关心你的安全,我很愿意为你提供帮助,我是某某,这是我的电话号码,当你觉得无助时,可以随时联系我,好吗?"

沟通实例:

下面是危机干预工作者跟一个丧偶老人的工作对话:

危机干预者:阿姨,我知道周叔叔去世对您是一个沉重的打击。你感到很无助,很悲伤,是吗?任何一个人失去了自己亲爱的人,都会有这种心理感受的!不过,我想让您知道,我们会帮助您的。平时您对我们大家都很关心,现在您遇到困难了,我们不会不管的,我们会经常来看您,就像您家人一样,好吗?

高老太:……

危机干预者:阿姨,我知道您心里不好受,很痛苦,如果您愿意告诉我的话,我愿意和您一起分担!我把我的联系方式贴在这边了,如果您想找人聊聊,可以随时打电话给我,好吗?

高老太:……

(过了几天,危机干预者又来回访)

危机干预者:阿姨,刚才的饭菜做得怎么样?还合您的胃口吧?

高老太:(点点头)挺香的!

危机干预者:那就好!您下次想吃什么,就告诉我,我再给您做!

高老太：谢谢你啦！这些天我这个不中用的老太婆太麻烦大家了，尤其是你！我……（眼泪又流了下来）

危机干预者：（一边帮她擦眼泪，一边说）阿姨，其实大家都很关心您，根本没觉得您不中用，反倒是大家希望您身体好一些了，教大家怎么绣花呢！

高老太：（有点不好意思）我的手艺不行，不行！

4. 提出应对方式

提出应对方式是帮助老年人探索其可以利用的替代方法，促使老年人积极地搜索可以获得的环境支持、可以利用的应对方式，发掘积极的思维方式。例如，老年人在经历重大疾病时，会造成心理上的孤立和社会隔绝感，可以让重点人群确认自己的社会支持网络（如家人、朋友以及社区内的相关资源等），明确自己能够从哪里得到怎样的具体帮助（如情感支持、建议或信息、物质方面等）。再如可以与老年人讨论：在危机发生后，你都采取了哪些方法来应对？如多跟亲友或熟悉的人待在一起、积极参加各种活动、尽量保持以往的作息时间、做一些可行且对改善现状有帮助的事等，避免不好的应对方式（如冲动、酗酒、自伤、自杀）。

5. 制订具体计划

危机干预工作者要与老年人共同制定行动步骤来矫正其情绪的失衡状态。要针对当时的具体问题以及老年人的功能水平和心理需求来修订干预计划，同时还要考虑有关文化背景、社会生活习惯以及家庭环境等因素。一般来说，危机干预的计划应满足两点：一是确定有另外的个人、组织团体或相关机构能够提供及时的支持；二是提供的应对机制必须是老年人现在能够采用的、具体的、积极的、切实可行的，并有助于老年人解决问题。

6. 获得承诺

获得承诺是帮助老年人向自己承诺采取确定的、积极的步骤，并从老年人那里得到会明确按照计划行事的保证。在随访核查的过程中，工作人员应该从老年人那里得到诚实、直接和适当的承诺，并用理解、同情和支持的方式进行询问。

沟通实例：

危机干预六步法应用

王奶奶，72岁，为一国企退休员工，丧偶，育有一子，名下有一套房产，儿子已婚，有一个5岁的孙女，儿子一家与王奶奶生活在一起，平时儿子一家的生活起居基本由王奶奶一人照料。儿子因单位裁员，在家中待业，由于无经济来源脾气变得暴躁起来，经常拿王奶奶出气，王奶奶的儿媳平时对她态度也不是太和善。儿子在一次醉酒之后动手打了王奶奶，王奶奶悲痛欲绝，遂求助于危机干预者。

运用危机干预的六步法，对王奶奶进行干预如下：

1. 确定问题

在初步建立信任关系后，危机干预者首先要了解王奶奶求助的原因是什么，事情的经过如何，当前存在的主要问题是什么，什么问题是必须首先解决的，然后再处理的问题是什么，有无严重的躯体损伤，有无自杀或自伤的危险。

危机干预者通过积极的倾听技术、开放式的提问获取信息，明确王奶奶的问题是一个家庭暴力后的危机状态，及时评估王奶奶的身体、情绪状况以及应对方式等。

2. 保证老年人安全

在明确问题的同时，工作者必须注意王奶奶自杀与伤人的可能性。要采取封闭式的提问探究她的安全状况。例如，"您身边有没有安眠药？""您有想死的念头吗？"而且要让王奶奶尽快脱离危险的现场，以避免进一步的伤害。

3. 给予支持

危机干预者以尊重、无条件、积极的方式接纳王奶奶，耐心倾听并热情关注患者所有的心理反应。身体前倾、眼神关切、鼓励王奶奶宣泄她的愤怒和无助。可用温和、关切的语调向王奶奶传递干预者的理解："听起来您正处于崩溃的边缘，您不知道该怎么办，是吗？""别着急，慢慢说。""如果您现在不想说，也没有关系，我会陪着您的。"

4. 提出应对方式

为了缓解当下的危机压力，干预者和王奶奶一起设想可能的选择方案。和王奶奶讨论在危机发生后，她都采取了哪些方法来应对。为了找到最恰当的方案，让王奶奶回忆过去类似的情境中，她曾做过哪些努力，哪些方法是有效的。通常老人都能从过去的经验中想出好的解决方案。

危机干预者：王奶奶，你说你现在感觉要崩溃了，左右为难，你想看以前遇到这样的困境时你是怎么做的吗？虽然这一次可能与以前有所不同，但我猜想你在情绪方面一定也有崩溃的感觉，是吗？

王奶奶：是的，这样的感受不太好。虽然儿子和媳妇以前也对我发过脾气，骂过我，但事情从来没有像这次这么糟。

5. 制订计划

危机干预者：让我们来看看您可以选择的方案，您觉得哪些对你最合适？

王奶奶：我觉得需要把孙女安排好，可以把她送到外婆家，赶紧托人帮儿子找份工作，然后我去我妹妹家住几天。当我感觉情绪控住不住时，我会打你的电话，请你帮助我。

危机干预者：要是您儿子让您回家，您该怎么办？

王奶奶：我需要先冷静一下，给自己一点时间和空间，不能整天围绕着他们转。

老年人沟通技巧

6. 获得老年人的承诺

从王奶奶那里获得对行动计划的承诺应该是简明扼要的，并且及时去执行。如果可能的话，干预者留下王奶奶的电话号码，并约定会在某个时间打电话给王奶奶，以了解计划的执行情况。

四、老年人危机干预的沟通技巧

干预双方建立良好的关系是老年人危机干预的前提和基础，从上述案例中，我们也可以看到老年人危机干预的一些沟通技巧，只有在信任、真诚、安全、接纳的氛围中，给老年人提供的干预支持才易于被接受。对于干预者而言，建立良好的关系不仅需要其助人的积极心态，还要在学习中不断积累和演练相关的技术技巧。在老年人危机干预的过程中，我们应该注意以下技巧：

1. 积极倾听

准确和良好的倾听技术是危机干预者必须具备的能力，实际上有时仅仅倾听就可以有效地帮助老年人，在倾听老年人谈话的过程中，要让老年人充分表达自己的意思。有效倾听要求危机干预者做到以下四点：全部精神集中于处于危机中的老年人；领会老年人言语和非言语的交流内容（有时老人未讲出的内容比讲出来的更重要）；捕捉到老年人准备与别人特别是干预者进行情感接触的状态；通过言语和非言语的行为表现方式建立信任关系，使得老年人认可危机干预的过程。

一位具有良好倾听技巧的咨询师会透露给对方一种信息"你的意见和感受，对我来说很重要"。干预者对老年人的尊重有助于获得老年人的好感和信任，人们常常会说："你那么耐心地听我说，真是太感激了！"如果干预者跟老年人谈话的过程中不停插话，谈一些积极面对人生、引导别人面对困难的经验，或者不停发问等，都会让老年人感到厌烦，不愿意再说下去。

当然，老年人在倾诉的过程中可能会有一段时间的沉默，这也是非常正常的，表明他需要一个空间，或者不知道一些事情该如何说，该不该与干预者说。这个时候，干预者需要做到的就是耐心地引导以及恰当地回应。

2. 有效询问

在危机干预的过程中，需要通过向当事人提问来了解情况。问题提得是否妥当对干预过程至关重要。问题提得好，可以促进干预双方的交流；问题提得不好，可能阻碍干预顺利进行。在提问时应注意语气语调的运用，以免显得过于咄咄逼人，例如，"您当时为什么没有把这件事告诉您爱人呢？"这种语气很容易引起老年人的反感，因此在提问的过程中应采用共情式、疑问式、语气温和的发问，这种方式会在老年人心里产生更好的印象。在提问的过程中，合理选择开放式和封闭式的提问方式。开放式的提问有利于获取老年人的信息，封闭式的提问有助于确定老年人的真实想法，以便于在制订计划之后，得到老年人的承诺。

3. 及时反馈

语言反馈是干预者经过分析、概括、总结、提炼，将老年人的语言和思想经历用简短的语言反馈给老年人，启发老年人用不同的视角来剖析自己的困扰，从中发现问题的关键和解决之道。例如，"这段痛苦的经历让您非常伤心，您觉得自己被欺骗了，您决定从此不再信任他"。又如"我再重复一下您的意思……您看对吗？"语言反馈技术是和倾听及询问结合在一起应用的，同时整个过程也贯穿着情感的交流和互动。在交谈时，尽量使用第一人称，例如，"我们应该这样""我们会觉得……"有助于缩短干预者与老年人的距离，让老人觉得干预者真正参与并理解了自己的体验，有利于双方建立良好的关系。

4. 注意情感反应及表达

情感反应及表达是干预双方的情感互动，包含多方面的内容，有老年人对干预者陈述事件时的情感反应，也有干预者有意识和无意识的情感流露，更主要的是干预者把老年人语言与非语言行为中包含的情感整理后，反馈给老人，使其对自己隐藏的情绪有明确和清晰的认识，引出丰富的情感世界，并加以疏通、调理和释放，以促进老年人的心理康复。

情感反应的基本作用是引导老年人厘清其模糊不清的主观情绪世界，促进其对自己的整体性认知，觉察重新接纳自己后的感觉，使干预者更加了解危机老年人，也使危机老年人更加了解自己。

情感反应与语言反馈的不同之处在于，前者是对信息加入的情绪成分进行反应，后者侧重的则是对信息内容的反馈。

实操训练

1. 情境：一位70岁男性，英国人，入住××养老机构，工作人员用简单的英语与他进行交流。

   要求：分组自行设计沟通方案，并展开角色扮演，尝试与外国患者进行沟通。

2. 情境：作为护理员，你的照护对象是王奶奶（68岁，已离异，一儿一女，儿子跟前夫，过去经商），胃癌术后两年，已出现骨及肝转移，将不久于人世。你觉得她已觉察到自己来日不多，而且她够坚强，可以知道真相。但医生不告诉她实况。你一直在回避她，因为你担心她会问你有关她的病情。在你给她做晨间护理时，她突然问你："我还能活多久？"

   （1）角色扮演，根据情境，分小组，分别扮演照护对象"王奶奶"与"护理员"。扮演"王奶奶"的同学准确展示她的身体、心理和社会方面的问题。扮演"护理员"的同学以恰当的方式与王奶奶交流，收集资料，确定并解决王奶奶的问题。可根据自己的知识及想象适当发挥。

   （2）开展小组讨论：是否能告知病情？该如何面对安宁疗护老年人？怎样交往沟通才能建立良好关系，促进患者健康？

   （3）尝试针对该服务对象，设计对话。

参 考 文 献

[1] 张日昇. 咨询心理学 [M]. 北京：人民教育出版社，2006.
[2] 德斯蒙德. 莫里斯. 肢体行为人体动作与姿势面面观 [M]. 上海：文汇出版社，2012.
[3] 马浩天. 微表情心理学 [M]. 苏州：古吴轩出版社，2017.
[4] 内奥米·费尔. 认可 [M]. 北京：新华出版社，2017.
[5] 马歇尔·卢森堡. 非暴力沟通 [M]. 北京：华夏出版社，2016.
[6] 浦登记. 世界上最简单的沟通术 [M]. 海口：南海出版公司，2013.
[7] 韩琳. 护患沟通典型案例解析 [M]. 北京：人民卫生出版社，2018.
[8] JOHN W, JAMES J W, F R. 哀伤平复自助手册 [M]. 胡连，译. 北京：人民卫生出版社，2011.
[9] 霍华德·G. 罗森塔尔. 最受欢迎的心理咨询技巧 [M]. 陈曦，田彬，李川云，译. 上海：上海社会科学院出版社，2014.
[10] ROBERTS K R, YEAGER K R. 助人者危机介入的随身指南 [M]. 方汇德，吕伯杰，等译. 新北：心理出版社，2013.
[11] 钟冬秀，谢红英. 护理操作与护患沟通情景一体化操作流程 [M]. 北京：人民卫生出版社，2015.
[12] 李惠君，郭媛. 医患沟通技能训练 [M]. 北京：人民卫生出版社，2015.
[13] RILEY J B. 护理人际沟通 [M]. 隋树杰，等译. 北京：人民卫生出版社，2010.
[14] KNIGHT B G. 老人心理治疗 [M]. 康淑华，邱妙儒，译. 台北：心理出版社，2001.
[15] 刘文清，潘美意. 老年服务沟通技巧 [M]. 北京：机械工业出版社，2017.
[16] LONDON J L. 怎样与老年痴呆症患者沟通 [M]. 张荣华，译. 北京：中国轻工业出版社，2011.
[17] 盖伊·温奇. 情绪急救 [M]. 上海：上海社会科学院出版社，2015.
[18] 王维利. 思维与沟通 [M]. 北京：中国科学技术大学出版社，2014.
[19] 田秋姣，周素娟，姚慧. 老年认知症照护指导 [M]. 北京：中国医药科技出版社，2018.
[20] 赛序波. 老年介护基本技术与家庭介护技巧 [M]. 北京：中国协和医科大学出版社，2017.
[21] 琳达·卡明斯，朱迪斯·塞维尔，劳拉·培德瑞克. 社会工作技巧演示 [M]. 韩晓燕，陈赟，译. 上海：格致出版社，上海人民出版社，2015.
[22] 谢培豪，卢柳霞. 实用老年沟通技能 [M]. 北京：科学出版社，2018.
[23] 张恒，黄梅. 老年社会工作服务指南 [M]. 北京：中国社会出版社，2017.

［24］ 王建民，谈玲芳．老年服务沟通实务［M］．北京：中国人民大学出版社，2015．

［25］ 高龄者住在财团．老年住宅设计手册［M］．北京：中国建筑工业出版社，2016．

［26］ 徐洁洁．老年期嗓音的生理特征及保健［J］．山东大学耳鼻喉眼学报，2019，33（3）．

［27］ 李文河．中小企业有效激励机制研究［J］．山东科技大学，2006．

［28］ 李印杲．赞美有效的激励［J］．人力资源，2003（9）．

［29］ 马莉．公诉人提高沟通能力的必要性及其方法［J］．法制与经济（中旬刊），2010（10）．

［30］ 张漫宇．运动捕获技术在三维动画角色面部表情设计的运用［J］．天津美术学院学报，2013（12）．

［31］ 费广会．试论大学英语课堂教学中的微笑教育［J］．湖南中学物理·教育前沿．2009（12）．

［32］ 王求是．心理咨询中沉默的处理与运用［J］．教育导刊（上半月），2010（04）．

［33］ 马秀珍．学生工作中"倾听"的功效［J］．辽宁科技学院学报，2012（11）．

［34］ 刘文清，潘美义．老年服务沟通技巧［M］．北京：机械工业出版社，2017．

［35］ 倪红刚，彭琼，贾德利．老年人沟通技巧［M］．北京：北京师范大学出版社，2015．

［36］ 王建民，谈玲芳．老年服务沟通实务［M］．北京：中国人民大学出版社，2015．

［37］ 黄玲，瞿聪．安宁疗护在癌症临终期患者护理中的应用价值［J］．中国继续医学教育，2019，11（9）．

［38］ 马永兴，阮清伟，保志军，等．中老年认知障碍的早期干预［J］．中华保健医学杂志，2013，6（15）．

［39］ 孟金平．澳大利亚珀斯市老人院多元文化护理体会［J］．现代护理，2009，6（30）．

［40］ 刘瑞成．危机干预介入院舍老年人突发性抑郁情绪——以Z案主的个案实践为例［D］．武汉：华中科技大学，2018．

［41］ 李园卉．城镇独居老人自杀风险的社工干预研究［D］．咸阳：西北农林科技大学，2015．

［42］ 李园卉．临终世界——湖北慈善香港英皇关爱老人护养中心的爱与怕［D］．咸阳：西北农林科技大学，2015．

［43］ 具体化技术．［EB/OL］．（2008-04-20）［2021-04-05］．http://baike.baidu.com/view/3599512.html．